Robin Menges · Selbst.Wert.Gefühl

Robin Menges

Selbst.Wert.Gefühl

Ein Handbuch zur Stärkung von Kindern und Jugendlichen

ENNSTHALER VERLAG STEYR

Erklärung

Die in diesem Buch angeführten Vorstellungen, Vorschläge und Therapiemethoden sind nicht als Ersatz für eine professionelle therapeutische Behandlung gedacht. Jede Anwendung der in diesem Buch angeführten Ratschläge geschieht nach alleinigem Gutdünken des Lesers. Autoren, Verlag, Berater, Vertreiber, Händler und alle anderen Personen, die mit diesem Buch in Zusammenhang stehen, können weder Haftung noch Verantwortung für eventuelle Folgen übernehmen, die direkt oder indirekt aus den in diesem Buch gegebenen Informationen resultieren oder resultieren sollten.

www.ennsthaler.at

2., überarbeitete Auflage 2022

ISBN 978-3-7095-0099-6
Robin Menges · Selbst.Wert.Gefühl

Ennsthaler Gesellschaft m.b.H. & Co KG, 4400 Steyr, Austria
Satz und Umschlaggestaltung: Thomas Traxl & Ennsthaler Verlag
Umschlagbild: © Juanmonino / iStockphoto.com
Bei der abgebildeten Person auf dem Cover handelt es sich um ein professionelles Model. Die Person steht in keinem Zusammenhang mit den Inhalten dieses Buchs. Die Abbildung dient ausschließlich der Illustration.
Druck und Bindung: PBtisk a.s.

FSC www.fsc.org MIX Paper from responsible sources FSC® C004378

Für Christian, Francesca
und Alexandra

Inhalt

Vorwort für mein Selbst

Ich schreibe dieses Buch für mich, daher auch ein Vorwort für mich. Warum auch nicht? Nein, ganz ohne Witz – ich habe viele Selbstgespräche im Lauf der Arbeit an diesem Buch geführt. Manche sogar aufgeschrieben. Viele Gespräche mit meinem Selbst, manch ermutigende, manch entmutigende und sogar entwertende Gespräche. Also innere Selbstgespräche, die diesem Buch und meinen Fähigkeiten ihren Wert absprachen.

Immer wieder schlichen sich selbstabwertende Gedanken und Gefühle ein. Solche, die mir selbst den Wert absprachen: Hast du was zu sagen? Warum bist du auf diese Idee eingestiegen? Was willst du damit? Nimmst du dich da nicht selbst viel zu wichtig?

Vielleicht kennst du solche Sätze auch. Die meisten Menschen kennen sie, manche mehr, manche weniger. Insofern fühle ich mich auch in dem Wissen sicher, dass ich nicht allein bin mit diesen Fragen.

Immer wieder bin ich aber zum Computer zurückgekehrt, habe das Handtuch nicht geschmissen und mich neu entschieden: Ich schreibe dieses Buch! Ich schreibe dieses Buch in erster Linie für mich. Ich schreibe dieses Buch zu diesem Thema, das mich schon lange fasziniert und mich laufend mit Fragen zu mir selbst konfrontiert. Ich schreibe dieses Buch, um mein Wissen, meine Gedanken, meine Gefühle und Erfahrungen mit jenen der Welt zu verbinden – mit der Fachwelt der Psychologie, Soziologie, Philosophie, aber auch mit meiner Erlebenswelt; der Welt der Menschen, die mir tagein, tagaus begegnen, mit denen ich arbeite, mit denen ich lebe, mit denen ich lache. Ich fasse meine Gedanken, Erfahrungen und mein Wissen rund um dieses Thema zusammen und freue mich, wenn es nicht nur mich, sondern auch dich inspiriert.

Ich schreibe dieses Buch aus meinem Selbst an die vielen Selbste (ich weiß, es gibt diese Mehrzahlform nicht, aber ich werde sie trotzdem gelegentlich verwenden) meiner LeserInnen, damit wir uns auf einer tief menschlichen, verletzlichen, aber auch wirklich verbindenden Ebene begegnen können. Damit meine Gedanken auf Resonanz stoßen, damit sie Töne und Klänge erzeugen und wir auf diesem gemeinsamen Boden auch dem jeweiligen Selbst der Kinder und Jugendlichen, die wir begleiten, ein Gefühl von Wert geben können, sie in ihrem Kern stärken.

Ich schreibe diesen Text auch aus meinem Selbst, das von vielen persönlichen, authentischen Menschen inspiriert, konfrontiert, gesehen und gefordert wurde. Ich baue auf das Fundament anderer Denker, Frager, Lerner und Gestalter auf. Besonders nennen will ich hier Jesper Juul, Helle Jensen und Thomas Harms. Sie haben meinen Zugang zu mir selbst nachhaltig verändert, mir persönlich geholfen, einen neuen Blick auf mich und die Welt zu bekommen. Ich habe ihre Ansätze in dieses Buch integriert und mit eigenen Gedanken, Wissen und Erfahrung zusammengeführt.

Während ich an diesem Buch gearbeitet habe, musste ich mich von meinem langjährigen Mentor und freundschaftlichen Begleiter Jesper Juul verabschieden (der dänische Familientherapeut starb 71-jährig am 25.7.2019, Anm.). Dieses Buch möchte ich ihm widmen. Er war der Mensch, der mir zeigte (für mich war es eine Offenbarung), wie man sich öffnen, anderen zur Verfügung stehen und doch so ganz mit sich selbst verbunden bleiben kann.

Manch andere haben mich durch ihre Bücher und Texte irritiert, zum Nachhaken und Weiterfragen angeregt, wiederum andere durch Beschreibungen und Erklärungen inspiriert. Einen möchte ich hier herausheben, da er nicht in den Referenzen im Buch sichtbar wird: Irvin Yalom, seine Texte ermutigten mich durch seine persönliche Art zu schreiben; sich selbst in und durch seine Arbeit zu zeigen. Sein Schreibstil ist für mich eine sehr wertvolle Inspiration und eine Aufforderung, meinen zu finden. Meinen Schreibstil, meine Fragen und Antworten. Mich in meinem

Schreiben selbst zu spüren. Und diesem persönlichen Aspekt auch durch Worte und Beschreibungen Wert zu geben.

Du – Er – Sie – Es

Du hast es schon gemerkt, ich spreche dich mit du an – warum, erkläre ich ein bisschen weiter unten. Zum Glück ist das Selbst sowohl männlich als auch weiblich, da muss ich nicht weiter überlegen, wie ich es für alle ansprechend, einladend, inklusiv schreibe. Aber sonst werde ich je nach Kontext entweder abwechselnd weibliche und männliche Formen verwenden oder mit dem Binnen-I arbeiten. Umso mehr ich mich damit auseinandersetze, desto mehr mag ich das Gendern. Es macht sichtbar, dass wir alle männliche und weibliche Anteile in uns tragen und es viele Facetten dazwischen und darüber hinaus gibt.

Ich meine immer alle Menschen und möchte, dass das auch sichtbar ist. Ich habe mich aber der Lesbarkeit halber entschieden, bei Wörtern wie PädagogIn sowohl den weiblichen Artikel als auch im Anschluss an das Binnen-I extra die weibliche Form zu verwenden, da im pädagogischen und sozialpädagogischen Feld mehr Frauen als Männer arbeiten. Es ist ein Versuch, in diesem Feld genderbewusst und nah an der aktuellen Realität dran zu sein.

Es bist immer du gemeint. Auch bei den Kindern und Jugendlichen sind immer Jungen und Mädchen gemeint. Ich werde mich in diesem Buch nicht mit spezifischen, möglicherweise geschlechtertypischen Unterschieden oder Feinheiten aufhalten, da diese aus meiner Erfahrung in der Tiefe unseres Themas kaum eine Rolle spielen. Geschlechtliche Unterschiede zeigen sich in unserer Kultur und im sozialen Umgang miteinander. Sie prägen dadurch auch Konflikte und vieles mehr, aber in der Tiefe unseres Seins als Mensch spielen sie keine Rolle.

Eine Einladung an dein Selbst

Du hältst jetzt dieses Buch in deinen Händen. Wirst du es lesen? Was erhoffst du dir? Wer bist du? Mehr, als dass du dieses Buch in die Hand genommen hast, weiß ich von dir nicht. Aber ich hoffe, du bist neugierig. Ich hoffe, du hast eine Ahnung, dass schnelle Lösungen für komplexe Fragen meist zu kurz greifen. Ich hoffe, du bist mutig, denn das wirst du auch für die nächsten Seiten brauchen. Und ich hoffe, dass du dich ganz persönlich inspirieren lassen willst; dass du nach menschenwürdigen Wegen in schwierigen Situationen suchst.

Ich hoffe, du willst auch dein Gefühl und nicht nur deinen Verstand nutzen. Ich hoffe, du wirst am Ende dieses Buches deinen Wert noch besser kennen und schätzen, und ich hoffe, du wirst noch mehr als bisher mit deinem Selbst auf Du und Du stehen.

Ich lade dich in die faszinierende, verschlungene Welt unseres zutiefst menschlichen Seins ein. Wir werden uns dem Selbst, dem Selbstwert und dem Selbstwertgefühl vom Kopf, vom Herzen und vom Bauch nähern. Dieses Buch macht zum einen psychologische Prozesse und menschliche Entwicklungen sowie Verwicklungen verständlich. Zum anderen will es ein Gefühl für die feinen Zwischentöne des Miteinanders vermitteln, die in jeder Beziehung die Musik machen und entscheiden, ob es chaotischer Lärm oder ein stimmiges Zusammenspiel wird. Eines, das auch schräge und individuelle Töne verträgt und doch im großen Klang Musik mit Tiefgang und nachhaltiger Wirkung ist.

Schließlich will ich dir zeigen, welche Möglichkeiten du im Zusammenspiel hast, das Selbstwertgefühl von Kindern und Jugendlichen zu stärken, ihre Entwicklungsprozesse hin zu einem gesunden Selbstwertgefühl zu unterstützen und warum es auch auf dein Selbstwertgefühl ankommt.

Dieses Buch ist ein Begleitbuch zur starken Achtsamkeitsbewegung in Schulen und pädagogischen Einrichtungen. Achtsamkeit ist, wie wir unten sehen werden, eine wichtige Kompetenz, um unser Selbstgefühl zu stärken und uns mit uns selbst zu verbinden. Aber auch diese darf sich nicht am Außen orientieren, sondern braucht von Begleitpersonen ein Verständnis für das Selbst des Kindes und seine Facetten.

Dieses Buch ist darüber hinaus auch eine Ansage! Eine Ansage an die manchmal grassierende Resignation im sozialen und pädagogischen Bereich. Eine Aufforderung, sich jedem Kind zu widmen, egal woher und wie destruktiv und tiefgreifend die bisherigen Erfahrungen waren. Und auch egal wie sinnlos sich manchmal die Arbeit anfühlen kann. Ich kenne Fachleute, die angesichts der geringen sichtbaren oder großen Erfolge und der gefühlten Beliebigkeit des Tuns (manchmal nach dem Motto: »Hauptsache, wir machen irgendetwas, dann kann man uns nicht vorwerfen, wir hätten nichts getan.«) resignieren; die irgendwann an ihrem eigenen Wert und ihrer eigenen Würde zweifeln.

Das Buch ist auch eine Ansage an die Trennung zwischen Wissen und Fühlen, zwischen sachlich und persönlich, zwischen Kopf und Körper und zwischen Kind und Umwelt. Wir als Menschen sind ganze Menschen. Wir als Menschen, ob groß oder klein, sind Teil eines Systems, Teil unserer Umwelt. Jede innere und äußere Spaltung, egal ob bei Kindern oder Fachleuten, ist langfristig keine gesunde Lösung. Erst integrative Lösungen sehen das ganze Kind im Kontext seiner Realitäten.

Und das Buch ist eine Ansage an die Lösungsorientierung als Maßstab – als Maßstab für Interventionen und Finanzierungen. Lösungsorientiert handeln orientiert sich meist an sichtbaren, messbaren, verhaltensmodifizierenden und meist auch schnellen Lösungen. Es sieht und definiert ein Problem, und dieses braucht eine Lösung. Hier mit den Worten einer ambulanten Familienbegleiterin[1]:

Die Lösung suchen
»Ich bin bei einer Familie und die Mutter erzählt mir, was alles schiefläuft. Häufig, was das Kind nicht tut oder kann, oder wie es sich in der Schule aufgeführt hat, was die Lehrerin gesagt hat, oder … es kann aber auch etwas anderes sein.

Während ich zuhöre, laufen in meinem Kopf Überlegungen und Gedanken wie ein Hamster im Rad. Ich suche zeitgleich nach einer Möglichkeit, die Mutter auf die Not des Kindes aufmerksam zu machen, während ich aber auch schon eine Lösung für sie selbst suche, die praktikabel ist. Ich kenne ja meist die Umstände und spüre die Überforderung in der Familie. Ich will hilfreich sein, will unterstützen und nicht auch noch fordern. Also brauchen wir eine Lösung für das Problem. Und diese Lösung muss und will ich finden, ich bin ja die Fachfrau und habe Wissen, das die Mutter nicht hat. Keine Lösung zu finden, fühlt sich unprofessionell an und, wenn ich ehrlich bin, auch hilflos, ohnmächtig.«

Lösungen sind per se nicht ein Problem, aber wir werden sehen, warum Lösungen von außen gerade bei Selbstwert-Themen oft kontraproduktiv sind.

Nicht zuletzt ist das Buch eine Ansage an eine »harte« Pädagogik, in der Verletzlichkeit, Verwundbarkeit, Zartes, Weiches, Lebendiges keinen Raum haben.

Bist du dabei?

Hinweise zum Lesen

An wen richtet sich das Buch?
Dieses Buch richtet sich grundsätzlich an alle, die sich über die Selbststärkung und das Selbstwertgefühl von Kindern, Jugendlichen und Erwachsenen Gedanken machen. Ich hinterfrage in diesem Buch gängige Konzepte und Annahmen und mache mich auf die Suche nach dem Selbst. Das Selbst, das uns auch in stürmischen Zeiten innere Stärke und Sicherheit geben kann. Das betrifft uns alle, die Kinder und Jugendliche auf ihrem Weg begleiten.

Wen meine ich, wenn ich »Fachleute« schreibe?
Auch wenn dieses Buch für jeden lesbar sein soll, der sich dafür interessiert, habe ich beim Schreiben die SupervisandInnen, SeminarteilnehmerInnen und KollegInnen im Kopf gehabt, die ich über die Jahre begleiten durfte. Das waren SozialpädagogInnen, SozialarbeiterInnen, LehrerInnen, ErzieherInnen, ambulante FamilienbegleiterInnen, FrühförderInnen, PsychologInnen, ErgotherapeutInnen und LogopädInnen und viele andere mehr, die im Sozial- und Bildungsbereich arbeiten.

Das Buch ist für Menschen, die Fachwissen ohne Fachjargon suchen und die an der Umsetzung und Integration in ihrem (Arbeits-)Leben mehr interessiert sind als an Analysen und Interpretationen.

Hinweis für Eltern
Wenn du als Mutter oder Vater dieses Buch liest, wirst du hilfreiches Hintergrundwissen, Tipps und Hinweise finden. Die Beispiele stammen zum größten Teil aus fachlichen Beziehungen

und bilden in ihrer Heftigkeit nicht die durchschnittliche Eltern-Kind-Beziehung ab. Auch sind die Möglichkeiten, die du als Mutter oder Vater hast, dein Kind wahrzunehmen, zu sehen und zu lieben, andere als die einer Fachperson: Persönliches und ehrliches Aufeinanderzugehen, Neugier für das Kind sowie liebevolles Begleiten schwieriger Gefühle ist das Beste, was du für das Selbstgefühl und Selbstwertgefühl deines Kindes machen kannst. Meine Herangehensweise fußt auf meinen Erfahrungen mit Jesper Juul und seinen KollegInnen. Du findest in ihren Büchern[2] konkrete und alltagsnahe Hinweise, wie du dein kompetentes Kind stärken kannst, ohne sein Ego aufzublasen.

Kinder sind keine noch nicht ausgereiften Erwachsenen

Ein Problem wissenschaftlicher Erkenntnisse ist, wenn sie pauschal und ohne entwicklungspsychologisches Basiswissen einfach auf alle Altersstufen übertragen werden. Nur weil man bei Erwachsenen beispielsweise entdeckt, dass sie durch Achtsamkeitsübungen mit dem Fokus »Dinge anzunehmen, wie sie sind, und gelassen zu reagieren« psychisch gestärkt werden, wissen wir noch lange nichts über die Sinnhaftigkeit von Gelassenheitstrainings für Kinder unterschiedlichen Alters.

Ich beobachte manchmal, dass Kinder aufgrund ihrer natürlichen Abhängigkeit von Erwachsenen solche Strategien zwar übernehmen und auch als hilfreich erleben, aber dadurch auch lernen, Gefühle zu unterdrücken – weil sie den Eindruck gewinnen, dass Erwachsene nur an gemäßigten und reflektierten Gefühlen interessiert seien (und ihrer Ansicht nach alle anderen falsch seien). Das wiederum steht einer gesunden emotionalen Entwicklung im Weg.

Ein Werk vieler Hände, vieler Herzen und Köpfe

Ich schreibe und denke nicht allein. Viele Menschen haben dazu beigetragen, dass diese Gedanken es aufs Papier schafften. Am Ende des Buches würdige ich sie und ihre Unterstützung. Wir sind alle eingebunden in Netzwerke, Rahmenbedingungen, Vorerfahrungen und vieles mehr, die unsere Gedanken und Formulierungen prägen. Alle Beispiele, sofern nicht angeführt, stammen aus meiner eigenen Erfahrung oder sind mir von KollegInnen zur Verfügung gestellt worden. Sie sind in konkreten Details verändert, manchmal auch aus ähnlichen Situationen zusammengesetzt und anonymisiert. Alle Übersetzungen aus englischen Texten sind von mir selbst vorgenommen worden.

Work in Progress

Dieses Buch ist ein aktueller Spiegel meiner Erfahrungen, meiner Schlussfolgerungen aus den Recherchen und meiner bisherigen Lebensprozesse. Es ist ein Zwischenstand auf dem Weg, das Menschsein, unsere Art und Weise, miteinander in Beziehung zu treten, und unsere Entwicklung und Reifung zu verstehen.

Die Gedanken und Erkenntnisse in diesem Buch sind nicht fix und fertig ausgereift. Ich stelle sie hier zur Verfügung und zum Austausch »noch ehe alle Überzeugungen und Zweifel ausgereift sind«[3]. Manchmal bedingen die Komplexität und die Begrenztheit unseres Wissens, dass sich Gedanken widersprechen. Das heißt aber auch, dass diese Ausführungen und Vorschläge ein selbstständiges Einbinden und Verdauen durch dich als LeserIn brauchen und du deine eigenen Antworten und Wege finden musst, sie in deinem Leben zu verwirklichen.

Grundsätzlich sehe weder ich mich noch andere Menschen jemals als »fertig« an. Das Menschsein ist aus meiner Erfahrung mit Prozessen der immer tieferen Menschwerdung verbunden; ein Ringen, Werte zu leben und an sich selbst und anderen zu wachsen. In diesem Sinn freue ich mich auf Auseinandersetzungen, Anregungen, Zweifel und Fragen, um gemeinsam weiter lernen und verstehen zu können.

Selbst.Wert.Gefühl: Der Rahmen

Dir ist schon aufgefallen, dass ich immer wieder mit den drei Worten Selbst, Wert und Gefühl spiele. Ich lade dich im Abschnitt »Selbst:redend« zu ein paar grundsätzlichen Überlegungen zur Beschäftigung mit dem Selbst ein. Im darauffolgenden Abschnitt »Wert:geben« gehen wir der Frage nach, wie wir Dingen einen Wert geben, und im Abschnitt »Gefühl:voll« schauen wir, wo das Selbstwertgefühl eigentlich zu Hause ist.

Warum ich nicht einfach die Begriffe Selbstwert oder Selbstwertgefühl verwende, werde ich im Abschnitt »Das Selbst und seine Begleiter« erläutern. Wir werden uns anschauen, welche unterschiedlichen Facetten zusammenspielen, um uns ein Gefühl für uns selbst zu geben, und wie wir als Menschen lernen, diesem Selbst einen Wert zu geben. Wir werden verschiedene Konzepte und psychologische Phänomene betrachten und voneinander unterscheiden, damit wir wissen, worum es im Detail geht.

Der Abschnitt »Tools« macht anhand von Beispielen deutlich, wie wir intuitives Wissen und Haltung leben können und wie unsere Handlungen wirksam werden können. Ich werde – aufbauend auf dem Know-how des zuvor Beschriebenen – ein mögliches Handwerkzeug für deine eigene Arbeit beschreiben. Ich sage bewusst »mögliches«, weil es notwendig ist, dieses Handwerkszeug individuell anzupassen – anders als etwa bei einem Nagel, wo wir wissen, dass wir nur mit einem Hammer zum gewünschten Ziel kommen.

Es ist notwendig, eigene Worte und die eigene Stimme zu finden. Ich werde Hilfen und Hinweise geben, wie dies zunehmend gelingen kann und du dich selbst als wichtigstes Werkzeug für die Selbst-Wert-Unterstützung anderer nutzen kannst. Ich will dir Dinge an die Hand geben, die du in deinem beruflichen Alltag nutzen kannst. Die du flexibel und für dich sowohl sinnstiftend als auch unterstützend einsetzen kannst.

Wie oben erwähnt, habe ich das »Du« für die Ansprache in diesem Buch gewählt, auch wenn es für ein Sachbuch in dieser Form ungewöhnlich sein mag. Der Hauptgrund ist, dass ich als Person mit dir als Person in Kontakt treten will. Ich bin in erster Linie Person und in zweiter Linie Fach-Person, genauso wie du im Kontakt mit Kindern immer einfach Mensch bist – der Mensch, den sie gerade vor sich haben. Kinder scheren sich nicht um deine Qualifikationen, um deine Rollen und deine Aufgaben oder Begrenzungen. Das ist die Grundlage jeder Beziehungsarbeit.

Es kommt in jeder fachlichen Beziehung auf dich als Person an, und deswegen will ich dich auch einladen, mit mir ins Boot zu steigen, um die Welt des Selbst bei Kindern zu erkunden; um Strukturen zu entdecken, Phänomene zu erfassen und Ideen zu entwickeln, worauf es ankommen kann. Der Fixstern, an dem ich mich orientiere, ist die menschliche Würde und Integrität.

Selbstwert ist ein derart vielschichtiger und komplexer Teil des menschlichen Seins, dass unser Einfluss zwar immer relevant, aber nicht linear und kausal ist. Das heißt, dass ich nie sagen kann: »Mach das genau so, dann wird der Selbstwert des Kindes gestärkt und sich das Problem lösen.« Aber ich weiß, dass du als Gegenüber eine gewichtige Rolle für das Kind hast. Wir werden uns daher der Selbstwerdung des Kindes dialogisch nähern. Wir werden fragend hinschauen und Antworten entfalten.

Ich weiß, wir wollen Antworten haben. Ich weiß, wir brauchen immer wieder Orientierung und Halt im Umgang mit schwierigen Kindern; in der täglichen Herausforderung mit verletzten Kindern, mit Kindern, deren Zartheit hinter einer stacheligen Barrikade oder »Drachenmauer«, wie jener von Sarah, von der wir später noch hören werden, versteckt ist. Wir brauchen eine

Antwort, wie wir weitertun können, wenn der kleine Junge in der dritten Klasse nur noch mit seiner Sucht nach Aufmerksamkeit nervt und die anderen Kinder zu kurz kommen.

Wir werden Halt und Orientierung finden, die konkreten Antworten für dein eigenes Tun jedoch wirst du selbst entdecken! Das ist die Idee dieses Buches und auch die Erfahrung, die ich immer wieder in meiner Arbeit mache. Die besten Ideen sind die eigenen – und, ganz ehrlich, es sind auch die einzigen, die wir umsetzen können.

In diesem Buch geht es in erster Linie um Kinder, die nicht auf die Butterseite des Lebens gefallen sind, um Kinder und Jugendliche, die Unterstützung über das gewöhnliche Begleiten in Schule und Institutionen hinaus brauchen.

Ich denke an Kinder, die Aufmerksamkeit fordern, an Kinder, die einen schwierigen Start hatten, an Kinder, die viel Materielles, aber wenig Immaterielles bekommen. An Jugendliche, die sich selbst als dunklen Charakter mit Drachenhaut beschreiben. An Jugendliche, die selbst, wenn sie sich ritzen, erleben, dass es keinen interessiert.

Und es geht in diesem Buch um das Sichtbarmachen, Benennen und Unterstützen der wertvollen Arbeit, die viele Menschen – unsichtbar und manchmal auch angefeindet – für diese Kinder und Jugendlichen leisten.

Die Tatsache, dass selten genug unmittelbare sichtbare und nachhaltige Entspannung und Entlastung eintreten oder sich alles »zum Guten« wendet, führt oft zu Unsicherheit. Sie äußert sich auch darin, dass man sich inkompetent und unzulänglich fühlt. Die einen versuchen dem Gefühl von Ohnmacht und Hilflosigkeit mit einem Wissenszuwachs (noch eine Ausbildung oder Zusatzqualifikation) zu begegnen. Die anderen legen sich eine raue Schale zu und versuchen mit klaren Methoden und Grenzen, den Schmerz auf Distanz zu halten. Eine Methode des Distanzhaltens ist beispielsweise das vorschnelle Interpretieren, Diagnostizieren und Schubladisieren des Verhaltens des Gegenübers.

Mein Buch soll Mut machen, genau da, wo man ist, und genau mit den aktuellen Kompetenzen, die man hat, wertvolle und menschlich gesehen sinnvolle Arbeit zu leisten. Es soll auch Mut machen, unkonventionelle, aber simple Lösungen zu suchen; persönliche Lösungen, bei denen das Kind und sein Gefühl für sich im Mittelpunkt stehen.

Selbst:redend – Von wem reden wir eigentlich?

Was meinen wir, wenn wir vom Selbst reden? PhilosophInnen, PsychologInnen, SoziologInnen und wahrscheinlich so ziemlich jeder und jede von uns versuchen im Lauf des Lebens immer wieder eine Antwort darauf zu finden. Meist ist es aber so, dass wir uns dieser Frage nur nähern – weil sich für viele Menschen keine Antwort so richtig stimmig anfühlt. Auch die meisten Psychotherapieschulen haben ihr eigenes Konzept, wie sie das Selbst verstehen. Sie unterscheiden sich vor allem darin, wie auf das Selbst geschaut wird, welches Weltbild den Betrachter prägt.[4]

Aber zurück zu uns, zurück ins Hier und Jetzt: Weißt du, was dein Selbst ausmacht?

Hier ein paar persönliche Gedanken an einem Samstag zu Beginn dieses Buchprojekts:
Wer oder was ist das in mir, das heute Morgen fast noch vor dem Aufwachen um 5 Uhr realisierte, dass meine (erwachsene!) Tochter vom Ausgehen noch nicht heimgekommen ist? Wer oder was entscheidet: anrufen oder nicht? Die oder das überlegt: »Bin ich eine zu besorgte Mutter? Sie ist doch schon längst erwachsen! Sie

hat allen Grund, ihren Abschluss zu feiern – kein Grund, sich Sorgen zu machen.«?

Wer ist mein inneres Ich, mein Selbst, das sich doch für das Anrufen entscheidet, weil es innere Beruhigung sucht? Das Selbst, das beunruhigt ist; das Selbst, das sich erst durch die Rückversicherung sicher fühlt (zumindest vermeintlich, merkt gleich mein kritischer Kopf an). Wer oder was ist dieses Selbst, das sich nach einem Lachen am anderen Ende der Leitung wieder entspannt ins Bett legt? Dieses Selbst, das einige Stunden später mit mir einen Morgenspaziergang macht ... und jetzt auf einer Bank sitzt und diese Gedanken niederschreibt. Wer ist dieses Selbst in mir?

Vielleicht geht es dir manchmal auch für einen Moment so. Für gewöhnlich (wenn ich nicht gerade ein Buch zum Thema schreibe ...) setze ich mich nicht laufend mit solchen philosophischen Fragen um das Selbst auseinander. Zum Glück leben wir im Normalfall einfach so vor uns hin und sind uns unseres Selbst mehr oder weniger bewusst. Aber die Frage nach dem Selbst stellt sich im Lauf des Lebens immer wieder – und löst eine Unsicherheit aus. Also wenn du dir beim Lesen oben gedacht hast: »Oh, nein! Das ist mir jetzt aber zu steil«, bist du ziemlich sicher in guter Gesellschaft. Es ist den meisten von uns häufig zu steil.

Im günstigsten Fall erleben wir die Unsicherheit, wer wir wirklich sind, als unangenehm. Viel häufiger löst sie persönliche Krisen aus. Oder ist es umgekehrt? In Krisen, wie zum Beispiel in der Pubertät oder Midlife-Crisis, berichten Menschen oft, dass diese Krisen mit einer starken Selbstverunsicherung einhergehen. Sie haben das Gefühl, dass kein Stein auf dem anderen bleibt.

Und doch gibt es faszinierenderweise in uns so etwas wie einen fast unkaputtbaren Kern – ein stimmiges Gefühl für eine gewisse innere Konsistenz. Ich werde im Kapitel »Das Selbst – Die innere Saite« noch weiter auf dieses Phänomen eingehen, das der Neurobiologe Gerald Hüther als persönliche Würde, Jesper Juul als Integrität, der Körpertherapeut Will Davis als Endo-Self und viele spirituelle Lehrer[5] mit einem etwas anderen Fokus als unantastbaren Kern umschreiben.

Will Davis[6] beschreibt, wie selbst schwer traumatisierte Menschen (die Trauma-bedingt einen Teil ihres Selbst abspalten, um den Schmerz und die Bedrohung nicht zu spüren) einen Zugang zu einem bisher ungekannten Gefühl von innerer Sicherheit und Ruhe entwickeln können. Sie können mit sich selbst unter den traumatisierten Anteilen in Kontakt kommen.

Die meisten Menschen verfügen grundsätzlich über ein mehr oder weniger konsistentes Gefühl zu sich selbst. Sich seines Selbst bewusst und sicher zu sein, ist kein durchgehendes und immer gleiches Gefühl. Es wechselt sich mit Phasen ab, in denen wir nicht mehr sicher wissen, wer wir sind, an uns zweifeln und uns neu suchen.

Wir kommen also alle nicht um das Thema herum, und gleichzeitig kommt keiner von uns rein vom Verstand her ganz dran. Was ist nun das Selbst? Was macht dein Selbst aus, egal ob du dich gerade sicher fühlst oder gerade an dir zweifelst?

Manchmal stelle ich in Seminaren diese Frage. Meist schauen mich dann viele große Augen an und hoffen, dass ich das rhetorisch gemeint habe und ihnen eine Antwort geben werde. Dann kommt eine Stille, eine spürbare Verunsicherung, eine Stille, die die Einzelnen nach innen zu sich selbst führt. Dann lade ich ein, sich zu zweit oder dritt auszutauschen, gemeinsam zu reden und zuzuhören – und betone, dass es nicht um einen gemeinsamen Nenner geht, sondern um die Vielfalt ihrer unterschiedlichen Eindrücke, Gedanken, Gefühle und Empfindungen. Nach einigem Murmeln und Hin und Her nähern sich die Teilnehmer der Frage mehr oder weniger so wie auf der folgenden Flipchart.

Was ist dein Selbst?

- Die Summe/das Produkt meiner Erfahrungen
- Stärken, Schwächen, Bedürfnisse, Werte, Gefühle, Gedanken, Empfindungen
- Es ist etwas Freies
- Zufriedenheit/Frieden mit dem Selbst
- Etwas Inneres, das nach außen wirkt
- Stimmigkeit zwischen Emotionen, Bauchgefühl und Werten
- Erfährt man durch sein Gegenüber
- Essenz/Seele
- Kann mich überraschen
- Braucht Körper
- Geprägt von kulturellem/familiärem Feld
- Ich bin der Chef/die Chefin

Vielleicht kannst du das eine oder andere, was auf der Flipchart steht, nicht wirklich nachvollziehen. Vielleicht würdest du auch noch etwas ganz anderes hinzufügen.

Je mehr ich mich fachlich damit befasse, desto schwieriger wird es, das Selbst zu fassen. Wenn ich mich jedoch mit mir selbst befasse, zunehmend beobachten lerne, wie ich gedanklich, emotional und körperlich auf eine Situation oder bestimmte Umstände reagiere, klärt sich das Gefühl für mich selbst. Anders gesagt: Wenn ich nach Theorien und Gedanken Ausschau halte (nach außen sehe), wird es diffus, wenn ich aber nach innen schaue, zu mir selbst, wird es ruhiger, klarer, sicherer.

Trotzdem oder vielleicht gerade deswegen wage ich in diesem Buch mit dir einen Blick auf das Thema. Ich will zart, verletzlich, vorsichtig entfalten, was wir fachlich wissen, damit du es sowohl mit deinem Fühlen als auch deinem Denken verbinden kannst.

Zu den faszinierendsten Aspekten des Selbst zählen seine Individualität und die vielfältigen Ausdrucks- und Erlebensformen. Es ist wie ein seelischer Fingerabdruck. So filigran und sensibel, so komplex und einzigartig. Dieser innerste Kern ist immer da, egal ob wir ihn bewusst wahrnehmen oder nicht; egal ob wir uns selbst abwerten und klein machen oder uns aufwerten und größer darstellen, als wir sind; egal ob wir uns narzisstisch im Spiegel betrachten oder ein differenziertes, realitätsnahes und stimmiges Gefühl zu uns selbst entwickeln.

Unser Selbst ist da, es gibt uns den Mut, unser Leben zu gestalten, und umfasst die Fähigkeit, uns selbst zu beruhigen und zu versorgen. Für viele Menschen ist das Selbst auch in einem größeren Ganzen, einem spirituellen Grundgefühl eingebettet.

In diesem Werk widme ich mich aber nicht so sehr den Ausdrucksformen und Qualitäten des Selbst, sondern vor allem unserem Umgang damit. Der Fokus liegt auf dem individuellen Zugang zum Selbst. Wie wir mit unserem Selbst umgehen, auf unser Selbst schauen, hat weitreichende Konsequenzen in unserem Leben.

Zuckerguss oder Zweifel

Hast du dich schon mal gefragt, was deinen Blick auf dich selbst prägt? Wie du dir selbst einen Wert gibst? Und welchen Wert du dir gibst? Wie schaust du auf dich?

Bist du eher der Typ, der sich kritisch hinterfragt und nach einer Maxime lebt, die schon die Philosophen der Antike als Grundstein menschlicher Entwicklung sahen: »Erkenne dich selbst« und »Im Zweifelsfall nimm das Negative als real an«? Oder bist du der »Ich mag mich einfach«-Typ oder denkst du: »Zumindest bin ich besser als der Durchschnitt«?

Viele Menschen in unserer heutigen Gesellschaft tendieren zur kritischen Selbstanalyse und zu Selbstzweifeln, dazu, sich selbst ständig zu hinterfragen. Viele Kinder hingegen entwickeln nach der gesunden egozentrischen Phase verstärkt narzisstische Züge, weil sie nicht als die gesehen werden, die sie sind.[7] Sie entwickeln ein aufgeblähtes Ego, weil sie die Erfahrung machen, dass sie Lob und Anerkennung nur für Leistungen und Äußeres bekommen oder laut nach Aufmerksamkeit heischen müssen, um zumindest an der Oberfläche gesehen zu werden. Währenddessen verkümmert ihr Inneres, weil es wenig Resonanz bekommt.

Natürlich gibt es auch Menschen, die einen gelassenen und selbstliebenden Zugang zu sich haben: »Ich bin so, wie ich bin, und das ist gut so«, »Ich liebe mich, auch wenn es sonst keiner tut« und »Wie sich selbst lieben anfühlt, weiß ich auch«. Aber das scheint die Ausnahme zu sein.

Egal ob du dich eher in der ersten oder zweiten Gruppe wiederfindest: Du gehörst höchstwahrscheinlich zur großen Mehrheit der Menschen, die sich – so paradox das auch klingt – überschätzen, die sich für besser als der Durchschnitt halten, für die besseren AutofahrerInnen bis hin zu »überdurchschnittlich nett und freundlich«[8]. Dieser Effekt wird auch Better-than-Average-Effekt genannt.

Wir reden hier nicht davon, wie wir uns präsentieren, uns nach außen geben. Das steht auf einem anderen Blatt. Wir reden davon, wie wir uns selbst sehen, mit welchem Blick wir uns selbst anschauen. Und natürlich, wie wir auf Kinder schauen, auf Kinder, die vielleicht nicht so »funktionieren«, wie wir uns das vorstellen. Auf Kinder, die im Leben zu kurz kommen, die Gewalt ausgesetzt sind, über Kinder, die materiell gut versorgt, aber emotional verwahrlost sind. Auf Kinder, die mit Beeinträchtigungen zu kämpfen haben, und auch einfach auf Kinder, die aus nicht offensichtlichen Gründen nicht gut im Leben stehen und uns an unsere Grenzen bringen.

Es geht hier darum, wie wir Kinder sehen: Sehen wir sie durch eine rosarote Brille, mit Zuckerguss oder mit Zweifel an? Mit Blicken der Verniedlichung oder Sorgenblicken? Sehen wir sie als Egomanen und Tyrannen, die Anpassung lernen müssen? Sehen wir sie als inkompetent und unfähig an, als kleine Personen, die erst von Erwachsenen lernen müssen, wie das Leben läuft? Oder sehen wir sie als unabhängige kleine Wesen, die wir nur lassen müssen und die sich dann am besten ohne unser Zutun zu glücklichen Erwachsenen entwickeln?

Nach wie vor werden auffällige Kinder vor allem als verhaltensgestörte Individuen betrachtet, die sich anders verhalten sollen bzw. deren »Störungen« wegtherapiert werden müssen. Das Verhalten der Kinder wird in erster Linie als unangepasst und falsch verstanden. Es wird meist nur am Rand als Reaktion auf die aktuelle Situation oder ihre bisherigen Erfahrungen innerhalb ihres Familiensystems interpretiert.

Diese Sichtweise, dass das Kind sein Verhalten ändern muss und nicht auf die Zusammenhänge geschaut wird, hat nicht nur Folgen für die Therapie, sondern vor allem für das sich entwickelnde Selbstbild des Kindes. Die verletzenden und demütigenden Erfahrungen werden von den Fachleuten, denen es anvertraut wird, weitergeführt.[9]

Die Verletzung des Kindes wird fortgesetzt, weil die Zusammenhänge entweder übersehen oder nicht angeschaut und in der Folge nicht ernst genommen werden. Dadurch wird dem Kind vermittelt, dass es selbst das Problem sei, solange es sich nicht so verhält, wie es von ihm erwartet wird. Beim Kind entsteht die Gewissheit, es sei dieser Aufmerksamkeit und Zuwendung (im wahrsten Sinne des Wortes) gar nicht wert. Die paradoxe Aussage in dieser Herangehensweise: »Du musst dich ändern, aber tut uns leid, das verletzende und demütigende Verhalten anderer lässt sich nicht ändern.«

Auch bei einem Kind, das viel sich selbst überlassen wird – sei es aus Vernachlässigung oder aus der ideologischen Überzeugung, dass Erwachsene Kindern mehr schaden als nutzen –, entsteht das Selbstbild, dass es der Zuwendung und aufmerksamen Interaktionen mit Erwachsenen nur wert ist, wenn es sich den Erwartungen entsprechend verhält. Sei es als stilles, selbstversorgendes Mauerblümchen oder als »Pippi Langstrumpf«.

Die Sichtweise dieses Buches ist, dass menschliches Verhalten immer einen guten Grund hat (auch wenn er nicht immer bewusst ist) und kindliches Verhalten eine Form der Kooperation mit seinem Bezugssystem ist. Ich sehe Kinder und Erwachsene als aufeinander bezogen an und das jeweilige Individuum als kompetenten Partner und einzige aussagekräftige Instanz in Bezug auf sich selbst. Und ich verstehe Menschen als fühlende, spürende und denkende Wesen.

Der Blick auf das Selbstwertgefühl

Kinder ins Leben zu begleiten, ist ein empfindlicher, empfindsamer und verletzlicher Prozess. Sowohl für Eltern als auch für alle anderen Begleiter. Man kann nicht alles richtig machen. Alles, was man macht, wirkt sich aus. Es ist das Leben selbst in verdichteter Form. Wir wollen fühlend und denkend darauf schauen.

In der Arbeit mit Kindern sind du und ich zeitgleich Betrachter, Anschauende sowie Gestalter, Beeinflussende. Wir sind Fragende und Antwortende. Wir sind Lernende und Lehrende. Wir sind immer in einem Austausch mit uns selbst und mit dem Kind.

Auf Kinder, die es schwerer haben als der Durchschnitt, blicken wir allzu oft unsicher, zweifelnd, sowohl auf ihre Entwicklung als auch auf ihr Selbst. Im Widerspruch dazu steht der Anspruch, lösungs- und ressourcenorientiert zu arbeiten. Dass wir damit das Ziel der Selbstwertstärkung nicht erreichen, frustriert viele.

Dennis – Halt und Stärke durch Zuwendung

Dennis lebte zum Zeitpunkt, als ich von seiner Situation hörte, schon seit circa zwei Jahren in einer betreuten Jugendwohngemeinschaft. Er war in einer schwierigen Familie als Nachzügler groß geworden. Alkohol und Vernachlässigung hatten sein Aufwachsen geprägt; es gab keine offensichtliche Gewalt. Es hatte sich einfach kaum jemand um ihn gekümmert. Im Gegenteil, er hatte Verantwortung für seine Mutter und die Tante übernommen und sehr früh Kompetenzen entwickelt, die ihn auch überforderten.

Aufgrund seiner Entwicklung in der sozialpädagogischen Einrichtung und der Tatsache, dass er bald 16 werden würde, hatte das zuständige Gericht entschieden, ihn einstweilen über den Sommer wieder zu Hause einziehen zu lassen (was auch sein eigener Wunsch war). Im Herbst war eine Unterbringung in einem Schülerheim vorgesehen, da er die weiterführende Ausbildung nicht im Heimatort absolvieren würde.

Die Betreuer in der Wohngemeinschaft hatten großes Zutrauen in den Jungen. Sie sahen seine Stärke in seiner Selbstständigkeit und seine sozialen Kompetenzen, die er in der Wohngemeinschaft gezeigt hatte, und waren sehr zuversichtlich, dass dieser Zwischenschritt zu Hause sehr gut bewältigt werden würde.

Die zuständige Sozialarbeiterin machte sich allerdings schon ein paar Wochen, nachdem Dennis zu Hause eingezogen war, große Sorgen um ihn. Er ging kaum noch aus dem Haus und saß viel vor dem Computer, seine Selbstständigkeit war wie verschwunden. Sie hatte den Eindruck, dass sein Selbstwertgefühl und Selbstvertrauen täglich mehr schwanden. Und die Pläne für seine Ausbildung fingen an zu wackeln.

Was geschehen war, ließ sich recht einfach rekonstruieren. Dennis' Selbstständigkeit war in der Geborgenheit und Zugehörigkeit der Institution aufgeblüht. Er hatte seine Kompetenzen mit dem Halt der an ihm interessierten Pädagogen entwickeln und leben können. Sein Selbstvertrauen, sein Selbstwertgefühl und seine Selbstständigkeit waren gewachsen.

Zurück in seiner familiären Umgebung, die von Desinteresse, Einsamkeit und Isolation geprägt war, gingen seine Initiative, sein Interesse an Dingen und seine Selbstständigkeit stark zurück. Er hatte ohne den Blick und den Halt von außen nicht genug innere Stabilität, sich selbst zu stärken und eigene Ziele zu verfolgen.

Wie jetzt tun? Ganz offensichtlich waren bei Dennis in seiner familiären Umgebung das Gefühl von Selbstkompetenz, sein Selbstwertgefühl und Selbstvertrauen zurückgegangen, um nicht zu sagen fast verloren gegangen.

Wir werden hier nicht weiter hinterfragen, was warum und wie passiert ist und auch nicht, ob jemand anders hätte handeln sollen. Aus der Perspektive des Gerichts hat die Entscheidung, Dennis wieder zu Hause wohnen zu lassen, Sinn gemacht (»Er muss ohnehin bald für sich selbst sorgen«); ebenso aus der Perspektive der Wohngemeinschaft (»Er ist so selbstständig und kompetent«), und auch die Sozialarbeiterin hatte keine Bedenken (»Er will es selbst und kann gut mit den Diensten zusammenarbeiten«).

Die wesentlichen Fragen sind: Wer ist der Junge? Und wie geht es ihm? Was zeigt diese Situation ihm und der Sozialarbeiterin über sich selbst? Wer ist dieser Junge, der jetzt vor der Sozialarbeiterin sitzt und für den sie Entscheidungen treffen muss? Das sind Fragen, die nach und nach in Beziehung eher zur Entdeckung als zur Beantwortung einladen.

Dennis braucht niemanden, der sagt: »Aber du bist doch so selbstständig!«, niemanden, der sagt: »Du willst doch im Herbst in die Schule gehen!« und auch niemanden, der fragt: »Was willst du denn?« Er braucht jetzt zumindest eine Person, die ihren Blick auf ihn ohne Druck und ohne Absicht im Hier und Jetzt richtet. Er hat gerade eine sehr wichtige neue Erfahrung gemacht. Und wenn sie gut begleitet wird, wahrscheinlich auch eine sehr wertvolle Erfahrung. Er hat am eigenen Leib erlebt, wie viel inneren Halt er durch Zugehörigkeit bekommen hat und wie viel Stärke das in ihm erzeugt hat. Durch den Wegfall bricht auch in ihm etwas weg.

Dennis hat erlebt, dass innere Stärke mit Zugehörigkeit einhergeht. Sieht das jemand? Richtet sich unser Blick auf sein aktuelles Befinden nur mit dem Anspruch, es zu ändern – oder kann jemand seinen inneren Zustand sehen und damit einfach »sein«? Das annehmende gemeinsame Sein mit seiner inneren Zerrissenheit könnte ihm ermöglichen, sich selbst besser zu spüren.

Sieht jemand Dennis' innere Würde? Seine Würde wird verletzt, wenn er in der aktuellen Reaktion nicht ernst genommen wird. Seine Würde wird verletzt, wenn ihm diese Erfahrung als nicht notwendige Reaktion abgesprochen wird. Sätze wie: »Aber du bist doch so gut in der Schule« oder »Ja, das ist schwierig, aber du schaffst das schon« werden häufig vermeintlich ressourcenstärkend eingesetzt. Sie können aber nach hinten losgehen, wenn das Kind keine innere Sicherheit hat, dass sein eigentlicher Schmerz wirklich gesehen wird.

Die Traumatherapeutin Luise Reddemann sagt sehr treffend: »Immer dann, wenn Erkrankungen ... hoffnungslos erscheinen, wenn das Leid überwältigend erscheint, wenn wir nicht mehr weiterwissen, dann entsteht der Impuls, unbedingt etwas machen zu sollen. Dieser Impuls kann ... zu Würdeverlust führen.«[10] Unser Impuls, zu unterstützen, dem Kind aus der Not zu helfen, kann in sich schon die Würde verletzen und damit auch das Selbstwertgefühl schwächen.

Dennis' Sozialarbeiterin braucht, genauso wie wir alle in solchen Momenten, Vertrauen in sich selbst, in die Entwicklung des Lebens, in die inneren Kräfte und in die Würde des Gegenübers. Sie braucht Respekt vor der Autonomie des Menschen und zugleich die Gewissheit, dass für jeden Menschen gute BegleiterInnen im Leben eine Notwendigkeit sind.

Wert:geben – Qualität leben

Werte werden im Duden als »einer Sache innewohnende Qualität, aufgrund deren sie in einem gewissen Maße begehrenswert ist« definiert. Das Psychologielexikon beschreibt menschliche Werte als das, was wir im Leben wichtig finden, aber auch als langfristig persönlich wünschenswerte Lebensziele.[11]

Wem oder was gibst du einen Wert? Was schätzt du wert? Woran orientierst du dich? Was ist dir wichtig?

Du definierst dich wahrscheinlich genauso wie ich und jeder andere zum Teil über deine Werte. Sie machen also einen Teil unseres menschlichen Selbstbildes aus und wirken als persönliche Leitlinie für das Leben über Situationen und Zeit hinweg.

Wir haben ökonomische Werte, ästhetische Werte, soziale, politische und einige andere Werte mehr. Ich werde im Folgenden auf die persönlichen Werte eingehen, auf jene Werte, die unsere Sichtweisen (von denen ich oben schon gesprochen habe) auf uns selbst und andere prägen.

Vielleicht ist Freundlichkeit für dich so ein Wert? Ich bin noch niemandem begegnet, der mir freiheraus gesagt hat, dass er Freundlichkeit nicht schätzt oder sich für scheißunfreundlich hält. Erlebst du Freundlichkeit in deinem Alltag? Vielleicht sehnst du dich manchmal nach mehr Freundlichkeit oder auch nach mehr Fehlerfreundlichkeit, wenn dir mal ein Lapsus passiert.

So wie eine Freundin von mir, die letzthin das erste Mal mit einem Lastenfahrrad unterwegs war. Mit so einem sperrigen Rad, das vorn einen Ladebereich hat. Sie fuhr schwerbeladen noch dazu. Vom Innenhof kommend, wo sie das Fahrrad beladen hatte, musste sie gleich eine relativ steile Rampe zwischen Gehsteig und Straße überwinden. In ihrer Unsicherheit blieb sie stehen und blockierte den Gehweg. Ein Passant hat sie schon beschimpft, noch bevor ihr bewusst war, dass sie vielleicht ein Hindernis darstellte. Er meinte mit einer rhetorischen Frage, ob sie denn da »noch blöder mitten auf dem Weg stehen« müsse. Die Antwort auf diese Frage war sehr offensichtlich: Ja. Warum er hingegen so unfreundlich reagierte, ist unbekannt.

Was meine Freundin noch Wochen später beschäftigte, waren folgende Fragen: Kann eine fremde, unbeteiligte Person nicht wahrnehmen, dass es sich kaum um Absicht handelte? Kann man keine Empathie für jemanden entwickeln, der offensichtlich mit der Technik eines Lastenrads überfordert ist? Warum kann die Person es nicht einfach gut sein lassen? Und warum konnte sie sich selbst nicht gelassen an diese unangenehme, eher seltsame Erfahrung erinnern, die nichts mit ihr zu tun hatte?

Irgendwas an dieser Geschichte hatte meine Freundin so gekränkt, dass sie mir diese etliche Wochen später noch betroffen, verwirrt und verärgert erzählte und sich über sich selbst wunderte, dass sie schon wieder über das Erlebnis sprach. Das Erstaunliche ist – schenkt man der Forschung Glauben –, dass sich dieser ältere Herr, der meiner Freundin einigen Frust beschert hat, selbst höchstwahrscheinlich als freundlichen und vielleicht auch zuvorkommenden Menschen sieht. Wir können annehmen, dass er sich sogar freundlicher als der Durchschnitt sieht.[12]

Lebe ich das, was mir wichtig ist? Lebe ich meine Werte auch unter Druck und Stress? Genau in diesen Situationen kommt es nämlich darauf an! Genau in einer Situation, in der ein anderer Mensch offensichtlich überfordert, unsicher, verängstigt oder enttäuscht ist, ist eine freundliche Zugewandtheit notwendig.

Wenn der ältere Herr seine Freundlichkeit (die ich ihm jetzt als persönlichen Wert unterstelle) in diesem Moment hätte leben können, hätte er wohl mit einem gewissen Humor die Lage kommentiert oder einfach gesagt: »Kein Stress! Kann ich Ihnen behilflich sein?« Vielleicht hätte er auch nur gelächelt und wäre kurz stehen geblieben. Wie auch immer er seinen Wert individuell und der Situation angepasst gelebt hätte – die Situation hätte zu einem Moment der Begegnung geführt und vielleicht ihrer beider Tag etwas entspannt.

Menschen können spannenderweise, wie im konkreten Fall, komplett konträr zu ihrer Wertüberzeugung handeln, wenn sie einen guten und persönlichen Grund dazu haben.[13] Wir müssen uns also auch mit der Umsetzung unserer Werte im Alltag auseinandersetzen.

Werte sind in unserem Sprachgebrauch auch immer etwas Erstrebenswertes, Wünschenswertes und Begehrenswertes, wie der Duden schreibt. Sie leiten uns und geben uns das Gefühl, dass wir Dinge in eine Richtung lenken können. Indem wir etwas Wert geben, gestalten wir auch etwas. Oft genug hängen wir auch Hoffnungen daran.

Leistungsorientierung

Vor einigen Jahren kam eine vollkommen erschöpfte Mutter eines chronisch kranken Kindes zu mir und sagte: »Was habe ich falsch gemacht? Ich bin doch so leistungsorientiert!« Sie hatte sich jahrelang an diesem Wert festgehalten. Es hatte ihr die Hoffnung gegeben, dass sie selbst mit schweren Schicksalsschlägen fertig werden würde; die Hoffnung, dass sie funktionsfähig, wie sie es nannte, bleiben könnte. Sie merkte jedoch, wie sie zunehmend unter den zahlreichen Klinikaufenthalten ihres Kindes litt. Sie wurde vielfach für ihre Unterstützung, Kooperationsbereitschaft und ihr Engagement für ihr Kind gelobt – aber keiner erkundigte sich nach ihr als Mensch. Sie fühlte sich in der Zwischenzeit selbst wertlos und leer. Sie hatte sich seit Jahren nur um das Kind gekümmert und ihren eigenen Gefühlen keinen Raum mehr gegeben. Gekoppelt mit ihrer inneren Überzeugung, für andere »keine Belastung« sein zu wollen und dass »Gefühle nicht hilfreich oder relevant sind«, war sie an die Grenzen ihrer psychischen Kraft gekommen. Ihr Selbstwertgefühl, Selbstvertrauen und Selbstbewusstsein nahmen stark ab. Sich um sich selbst zu sorgen, Gefühle zu zeigen, eigene Bedürfnisse zumindest anzuerkennen, all das hatte zu viele Jahre keinen Wert und Raum bekommen.

Werte, denen Menschen nacheifern, können zweischneidig sein. Ein Wert allein (wie etwa die Leistungsorientierung) ohne Bezug zu unserer Würde als Mensch wirkt sich kalt, leer und unmenschlich aus. Wir sehen an obigem Beispiel, wie dies zur Selbstschädigung und Überforderung geführt hat.

Werte sind zweischneidig und brauchen Würde

Der Begriff der menschlichen Würde fristet oft ein Schattendasein, obwohl viel Kraft und Potenzial darin stecken. Wir sollten Werte und Würde gemeinsam denken. Wir bemühen das Wort immer wieder, wenn es um Menschenrechte geht, aber kannst du dir wirklich etwas darunter vorstellen, wenn es heißt, die Würde des Menschen ist »unantastbar«? Am ehesten spüren wir, was damit gemeint ist.

Der Philosoph Immanuel Kant14, auf den grundlegende Gedanken zu den Menschenrechten zurückgehen, beschreibt die Würde als schwer zugänglich, unverlierbar. Er betont, dass die Pflicht des Menschen sich selbst gegenüber darin bestehe, die Würde der Menschheit in seiner eigenen Person zu bewahren. Würde ist also eine innere Eigenschaft, ein Gefühl, ein Zustand. Eine Qualität, die schwer zu fassen und zu beschreiben ist.

Der Neurobiologe Gerald Hüther bezeichnet die menschliche Würde als einen inneren Kompass[15], sehr ähnlich wie Jesper Juul Integrität[16] beschreibt, und beides fußt auf unserem Zugang zu unserem gefühlten Selbst.

Wir beschäftigen uns also mit einem feinen, aber doch robusten Faden, der von innen aus dem ganz persönlichen Sein des Menschen im Zusammenspiel mit seiner Umwelt gesponnen wird. Eine besondere Rolle kommt dabei unserer Art zu sprechen zu. Denn unser Handeln wird von den Begriffen geprägt, in denen wir denken und reden. Wie ich etwas sage und was ich fühle, prägt in der Folge mein Tun. Wie das aussehen kann, bringt eine berührende Aussage des Sohnes der Schriftstellerin Lena Gorelik zum Ausdruck. Sie schreibt auf Facebook: »Die Kinder fahren zum ersten Mal alleine ICE zu den Großeltern. Der Kleine (7) erzählt am Telefon, dass er, als der Zug losfuhr, Angst hatte, dann habe ihn sein Bruder (9) beruhigt: ›Er hat mir gesagt, er kennt das und was nach der Angst kommt.‹ – ›Was denn?‹ – ›Keine Angst.‹«[17]

Ist »keine Angst« eine innere Option für dich? Wir tendieren dazu, dem Schwierigen und Negativen mehr Raum zu geben als dem Leichten, Positiven, der »anderen Seite«. Es liegt mir fern, schwierige Gefühle schönreden zu wollen oder zu vermitteln, wir müssten bei Angst und Panik einfach nur »anders« denken und reden. Auf die Rolle von Emotionen und den Umgang damit werde ich im nächsten Kapitel eingehen.

Es ist eine Tatsache, ja eine tiefe Weisheit des Menschseins, dass die Begriffe, die wir benutzen und in denen wir denken, auch Auswirkungen auf unser Sein haben. Wenn wir viel und immer wieder von Angst reden, können wir Angst schüren, wenn wir andererseits viel von Vertrauen sprechen, trauen wir uns selbst mehr zu.

Welchen Werten wollen wir also Wert, Raum und Zeit in unserem Leben und Arbeiten geben? Prangern wir Missstände mehr an, als dass wir Alternativen leben?

Werte: Fundament und Perspektive zugleich

Ich möchte im Folgenden meine Gedanken zu einigen Werten teilen, die mir persönlich am Herzen liegen. Werte, die mir sowohl Halt als auch Orientierung geben. Werte, die meine Arbeit prägen. Das heißt nicht, dass ich es immer schaffe, sie in meinem Leben so umzusetzen, wie ich mir das vorstelle, aber es sind Werte, an denen ich lerne und mich weiterentwickle. Es sind diese Werte, an die ich mich zurückerinnere, wenn ich mich nicht auskenne oder ohnmächtig fühle. In diesem Zusammenhang ist mir vor Kurzem der Begriff »Wertgedächtnis« begegnet, den ich sehr schön finde. Er betont die Notwendigkeit, sich an seine Werte zu erinnern.

Diese Werte sind:

- Persönlich authentisch
- Gleichwürdigkeit
- Fehlerfreundlichkeit
- Verletzlichkeit
- Subjekthaftigkeit (Der Mensch ist immer Subjekt)
- Persönliche Verantwortung
- Entwicklung und Werden

Diese Werte und noch einige mehr bilden für mich den Rahmen, in dem Menschlichkeit wachsen und gedeihen kann. Sind das auch deine Werte? Kommt bei dir noch etwas anderes hinzu?

Persönlich authentisch

Und da bin ich schon mittendrin im ersten Thema. Das hier ist ein Sachbuch, es bezieht sich auf viele spannende wissenschaftliche Untersuchungen. Aber genau in diesem Sachbuch schreibe ich dich persönlich an. Ich schreibe von meinen Werten, von den Dingen, die mir persönlich ein Anliegen sind. Warum?

Weil du und ich als Personen diejenigen sind, die mit Kindern und Jugendlichen in Kontakt kommen. Weil die Werte, die mir wichtig sind, nicht übertragen werden, indem ich darüber spreche, sondern indem ich mit dir spreche. Nicht weil ich meine Werte gut erklären kann, nimmt mich eine Person ernst, sondern wenn ich mich selbst ernst nehme und spürbar überzeugt zu mir stehe.

Authentizität steht manchmal im Kreuzfeuer, weil man sich durch sie auch verletzlich zeigt. Aber ist das nicht genau das, was ein starkes Selbstwertgefühl ermöglicht? Sich zu zeigen, wie man ist. Sich seiner Würde bewusst zu sein; zu wissen, wo und wie man sich schützt, ohne sich verstellen zu müssen?

Im Alltag stellt sich die Frage, was gemeint ist, wenn ich »authentisch« sage. Ich kann einem Kind »authentisch« das Erstbeste, was mir gerade einfällt, um die Ohren schmeißen. So wie der Vater, den ich gestern auf der Straße sagen hörte: »Ja, spinnst du denn?! Du kannst ja nicht …« Die Wut, auch Beschämung kamen sehr direkt rüber. Aber ist es das, was der Vater tief drinnen sagen wollte? Ist es das, was sich in seinem Inneren als stimmig anfühlte? Ich vermute, der Vater hatte Angst um das Kind, das unreflektiert gehandelt hatte.

Wenn wir zu den zwei kleinen Brüdern zurückkommen, die gemeinsam mit dem Zug fahren, können wir mit sehr hoher Wahrscheinlichkeit annehmen, dass die Aussage des großen Bruders, dass nach der Angst »keine Angst« kommt, seine vollste Überzeugung war. Er hat sie nicht als Strategie benutzt, um seinen jüngeren Bruder zur beruhigen, oder war selbst unsicher. Höchstwahrscheinlich war er stolz und selbst von der Erfahrung, dass nach der Angst eine Beruhigung eintritt, beeindruckt.

Uns alle beruhigen solche Momente,

- in denen wir spüren: Jemand kennt meine schwierigen Gefühle.
  – Das gibt uns den Eindruck »Ich bin nicht der oder die Einzige«, und das ermöglicht ein Gefühl der Zugehörigkeit.
- in denen uns jemand Orientierung gibt.
  – Das vermittelt uns in den Momenten Halt und Sicherheit, wenn unsere Gefühle den Verstand etwas vernebeln.

- in denen wir einer Person wirklich trauen.
  – Wir alle haben die Fähigkeit zu spüren, ob die Aussage unseres Gegenübers kongruent ist, das heißt, ob sie mit den jeweiligen Gefühlen und Überzeugungen übereinstimmt, und Kinder haben da noch viel feinere Antennen.

Jesper Juul beschreibt persönliche Sprache als Sprache, die die Gefühle und Gedanken eines bestimmten Menschen in einem ganz bestimmten Augenblick einer bestimmten anderen Person zeigt. Persönliche Sprache »besitzt persönliche Substanz und ›Körper‹ und ist somit wärmer als das, was ausschließlich vom Kopf ausgeht. Sie erleichtert den Sprecher und beeindruckt den Hörer. Das ist die authentische Qualität der persönlichen Aussage.«[18]

Eine weitere Qualität persönlicher Sprache ist, dass sie immer von der Person handelt, die spricht. Unsere Sprache wird nicht durch das Wörtchen ICH persönlich. Sie wird persönlich, weil sie authentisch mein inneres Denken, Fühlen, Wollen und Sein zum Ausdruck bringt. Sobald etwas kritisch, belehrend, erklärend ist, ist es keine persönliche Aussage.[18]

Auch die Entwicklungspsychologin Susan Harter hat in ihren umfangreichen Untersuchungen entdeckt, wie bedeutsam Authentizität und Genauigkeit (sie verwendet den Begriff Accuracy) für die Entwicklung eines gesunden Selbstgefühls und Selbstwertgefühls sind. Sich ehrlich und offen zu zeigen, ist hier genauso relevant wie das Erleben von glaubwürdigen anderen Menschen.

Meine Kollegin Katrin Stauder hat die Herausforderung, persönliche Sprache zu entwickeln, sehr schön auf den Punkt gebracht. Sie war überzeugt, dass sie auch glauben muss, was sie sagt, wenn sie ankommen will. Aber eine Zeit lang versuchte sie das Pferd von hinten aufzuzäumen, wie ihr bewusst wurde:

> »Die Schwierigkeit war …, den Weg zu dieser inneren Überzeugung zu finden. Wie kam ich bloß dahin, das zu fühlen, was ich sagen wollte?

Nach vielen Auseinandersetzungen, Selbstversuchen, Selbsterfahrungen und einem stetigen Ringen um meinen persönlichen Ausdruck ist mir heute klar, dass meine Vorstellung von der Richtung des Erkenntnisprozesses ... falsch war. Nicht meine Idee und Vorstellung davon, was ich sagen will, muss den Weg zu meinem Gefühl finden, sondern meine persönlichen Gedanken, Werte und Gefühle können mittels persönlicher Sprache so authentisch wie möglich vermittelt werden und auch noch ein Erkenntnisprozess für mich selbst sein.

Indem ich mich offen und neugierig darauf einlasse, wahrzunehmen, zu spüren und zu fühlen, was bei mir gerade da ist; was mich umtreibt, voranbringt und abhält; indem ich darum ringe, dem, was ich da in mir begegne, die wirklich passenden Worte zu geben, erkenne ich mich selbst und kann mich so meinem Gegenüber authentisch zeigen und erst dadurch wirklich in Berührung und Kontakt kommen.«[19]

Gleichwürdigkeit

Gleichwürdigkeit ist ein Begriff, den Jesper Juul erfunden hat.[20] Es ist die Kombination von Gleichheit und Würde. Gleichwürdigkeit beschreibt sehr treffend eine wichtige zwischenmenschliche Beziehungsqualität.

Gleichwürdig handeln hat nichts mit Gleichbehandlung zu tun. Es hat auch nichts mit Gerechtigkeit zu tun. Es bedeutet, dass ich mein Gegenüber (Erwachsene und Kinder) genauso ernst nehme wie mich selbst. Dass ich seine innere Würde respektiere und die Tatsache, dass er oder sie Träume, Wünsche, Bedürfnisse und Ambitionen hat. Und zwar eigene.

Gleichwürdigkeit erfordert einen starken Respekt vor Unterschiedlichkeit. Gleichwürdigkeit fordert in letzter Konsequenz auch einen Respekt vor den Werten anderer, die vielleicht meinen eigenen widersprechen. Respekt, Verständnis und Gleichwürdigkeit verlangen aber nicht notwendigerweise, dass ich den Wünschen und Bedürfnissen des anderen entspreche. Die Verkettung unglücklicher Annahmen zeigt sich in Sätzen wie diesen: »Ich verstehe sie ja, aber man kann doch nicht …«

Respekt bedeutet nicht, Verstehen und nach den Maximen des anderen handeln. Respekt in Gleichwürdigkeit heißt, das Bedürfnis oder die inneren Anteile, die mir gezeigt werden, anzuhören, sie anzuerkennen und in Erwägung zu ziehen. Je nach Verantwortung in der Beziehung (siehe »Exkurs: Asymmetrie und Macht«) kann das heißen, dass wir einen Konsens finden müssen. Es kann aber auch heißen, dass ich in der Verantwortung stehe, die Entscheidung zu treffen, und die genannten Aspekte in Erwägung ziehe und sie, wo möglich, integriere. Oder auch dass ich, wenn eine Umsetzung oder Integration nicht möglich ist, dies anerkenne, indem ich die Realität benenne, nämlich dass ich dem nicht nachkommen kann.

Was dann kommt, ist noch wichtiger als dieses Benennen: Es ist der Moment, in dem ich zum einen mit mir selbst in Kontakt sein und zum anderen die Gefühle der Enttäuschung, der Wut, der Verzweiflung des anderen aushalten muss.

Mit mir selbst in Kontakt sein, heißt Antworten auf folgende Fragen suchen: Was will ich? Was macht diese Sache mit mir? Ganz ehrlich und authentisch? Finde ich es auch schade, oder bin ich froh, dass das keine Option ist, oder …? Es gibt in jeder Situation eine Vielzahl an Möglichkeiten. Ich muss mich für meine entscheiden.

Wenn ich gleichwürdig handeln will, darf ich mich nicht abwenden und erwarten, dass der andere meine Meinung verständnisvoll annimmt oder versteht. Um meine Würde und die des anderen zu erhalten, muss ich die Reaktion meines Gegenübers auch würdigen und stehen lassen.

Hier ein Beispiel zu einem schwierigen Elterngespräch:

Auf das Gegenüber mit Würde zugehen

Ein Junge, ca. 13 Jahre alt, war seit einem Jahr in einer sozialpädagogischen Wohngemeinschaft untergebracht. Den Eltern wurde gesagt, dass die Situation nach einem Jahr neu evaluiert werden würde. Sie machten sich große Hoffnungen, ihn wieder zurückzubekommen.

Das Gericht hatte sich allerdings dagegen ausgesprochen, dass der Junge zum aktuellen Zeitpunkt wieder heimkommen sollte. Ein Grund war, dass es ihm nun sichtlich besser ging. Er war zugänglicher, das Interesse für seine Umgebung und auch für die Schule war gestiegen und die Betreuer der Wohngemeinschaft sahen viel Potenzial, wenn sie ihn noch über einen längeren Zeitraum begleiten konnten. Er hatte sich auf die Beziehungen zu ihnen eingelassen.

Die Sozialarbeiterin, die ich begleitete, stand vor der Herausforderung, den Eltern die Nachricht zu überbringen, dass der Junge noch ein weiteres Jahr in der Einrichtung bleiben würde. In der Supervision wollte sie das Gespräch vorbereiten und überlegte, wie sie es angehen könnte.

Wie so oft bei solchen Gesprächen wollte auch sie damit starten, wie gut es dem Jungen ging. Sie selbst zeigte sich sehr beeindruckt von seinen Fortschritten.

Als wir in einem rollenspielähnlichen Setting das Gespräch probten, wurde sehr schnell deutlich, wie sehr sich die Eltern abgewertet fühlen würden, wenn sie damit anfing, wie gut es dem Jungen in der Einrichtung ging. Der Satz »Sie wollen doch auch nur das Beste für Ihr Kind!« löste bei den Betroffenen (Kollegen, die in die Rolle geschlüpft waren) Scham, Wut und das Gefühl, nicht ernst genommen zu werden, aus. Da sie sich aber ihrer Unterlegenheit in den Strukturen bewusst waren, schlug dies schnell in Resignation um.

Ein neuerlicher Versuch fruchtete jedoch, sehr zum Erstaunen aller: Die Sozialarbeiterin fand gleich zu Beginn anerkennende Worte für die Eltern und ihre Lage: »Ich kann mir vorstellen, dass es für Sie sehr schwer ist, hier zu sitzen und nicht zu wissen, ob Ihr Sohn heim darf.« Dieser Satz löste in der »Mutter« eine große Traurigkeit und gleichzeitig eine Zugänglichkeit aus. Daraufhin nahm die Sozialarbeiterin all ihren Mut zusammen und sprach das aus ihrer Perspektive Schwierigste aus: »Und ich sitze hier und muss Ihnen die traurige Nachricht mitteilen, dass sich das Gericht dagegen entschieden hat.« Sie sagte es mit einem warmen, anerkennenden Ton, der die Möglichkeit für Reaktionen offenließ.

Und sie pausierte, sie fragte nicht sofort nach. Sie gab den Eltern die Möglichkeit, das Gehörte zu verdauen, sie hielt die Spannung, die Wut, die schnell in Trauer umschlug, gut aus und konnte mit den Eltern in dieser schweren Situation sein. Der Würde der Sozialarbeiterin, der Würde des Kindes und der Würde der Eltern wurde Rechnung getragen.

Nach dieser Vorbereitung mit KollegInnen konnte die Sozialarbeiterin in ihrer eigenen Würde und in ihrer Kompetenz gestärkt in das Elterngespräch gehen, das dann auch im realen Kontext zu ihrem Erstaunen der Situation in der Supervision sehr ähnelte.

Fehler-Freundlichkeit

Das Leben ist leider nicht perfekt, oft sehr zum Leidwesen des postmodernen Menschen. Unsere Gesellschaft und unsere pädagogischen, medizinischen und sozialen Wissenschaften streben vielfach nach einer Professionalität, die gern mit Perfektion und Absicherung gleichgesetzt wird.

Wo es um Menschen geht, geht es aber um Einzigartiges, um Entwicklungs- und Reifungsprozesse, die nicht linear sind. Auch wo es um Beziehung geht, kann letztlich nicht einer allein festlegen, was gut, richtig oder perfekt wäre.

Diese Realität ist schwer auszuhalten. Wir sehen allzu gern, wie die Dinge sein sollten, und viel zu selten, wie sie tatsächlich sind.

Gleichzeitig hat der Begriff Fehlerfreundlichkeit Hochkonjunktur. Meistens meint man damit aber eher »Fehlermanagement«. Wenn ich Leuten die Frage stelle, was sie mit »fehlerfreundlich« meinen, antworten sie spontan, dass man aus Fehlern lernen solle. Es gibt dann noch so schlaue Sprüche, dass nur der dumm ist, der einen Fehler zweimal begeht, und Ähnliches. Das ist Fehlermanagement.

Beim »Fehlermanagement« geht es darum, wie wir aus Fehlern lernen. Es bedeutet nicht, seinen Fehlern ein Freund zu sein – oder gar einen freundlichen Umgang damit zu pflegen.

Also, von meinen Freunden hoffe ich, dass sie mich nicht gleich wieder auf dem besten Weg loswerden wollen. Sondern dass sie da sind, um zu bleiben. Ein Freund oder eine Freundin ist jemand an deiner Seite. Ist jemand, vor dem du dich nicht fürchten musst. Ist eine Begleiterin, ein Unterstützer – kurz gesagt ein Gegenüber, und noch dazu ein freundliches!

Freundlich mit seinen Fehlern umzugehen, heißt auch, freundlich mit seiner Scham zu sein, freundlich mit seinen Unsicherheiten; es heißt, sich selbst ein Freund zu sein, eine Freundin, die mich und meine Unzulänglichkeit ernst nimmt und doch nicht infrage stellt.

Das Leben braucht Raum für Beweglichkeit, für Entwicklung. Das Leben ist Proberaum und Bühne zugleich. Wir experimentieren jeden Tag aufs Neue und brauchen die Leichtigkeit der Freundlichkeit mit unseren Fehlern. (Was wir als Fehler definieren, steht sowieso auf einem anderen Blatt.)

Verletzlichkeit

Ganz eng gekoppelt an die Fehlerfreundlichkeit ist die Verletzlichkeit des Menschen. In unserer Welt und vor allem im pädagogischen und sozialpädagogischen Bereich wird häufig mit zweierlei Maß gemessen.

Wir schwingen stark mit der Verletzlichkeit eines Kindes mit. Es berührt uns sehr, sobald wir mitbekommen, dass ein Kind physischer Gewalt ausgesetzt ist. Seit Jahrzehnten steigt auch das Bewusstsein für die Bedeutung psychischer Gewalt. Wir legen jedoch bei Erwachsenen das Maß anders an, sowohl bei uns selbst als auch bei Eltern oder anderen Fachleuten. Unsere eigene Verletzlichkeit verstecken wir und die von KollegInnen ist uns unangenehm.

Die Verletzlichkeit von unzulänglichen oder sogar übergriffigen Eltern anzuerkennen, ist keine echte Option. Wir bringen uns dadurch in sehr schwierige Situationen – die menschlich gesehen ausweglos sind und strukturelle Gewalt[21] ermöglichen oder noch verstärken.

Elternschaft unter Aufsicht

Ein Beispiel für den Einfluss struktureller Gewalt im sozialpädagogischen Alltag ist die Situation rund um psychisch kranke Eltern. Die Diagnose allein reicht manchmal, dass Eltern als gefährdend für ihre Kinder eingeschätzt werden.

Das Dilemma zeigt sich in den Momenten, in denen Eltern die Auflage bekommen, dass sie emotional stabil sein müssen, um beispielsweise ihre Besuchszeiten auszuweiten. Sobald sie im Kontakt mit den Kindern zu weinen beginnen, wird ihnen das als psychisch instabil ausgelegt. Das heißt, sie müssen ihre Trauer, aber auch ihre Tränen im Kontakt mit den Kindern unterdrücken. Sie müssen die Situation emotional gelassen, stabil und dadurch auch distanziert bewältigen. Keine leichte Aufgabe!

Es ist eine Form von struktureller Gewalt, wenn die Diagnose und nicht die jeweilige Person das Vorgehen bestimmt. Von den Eltern wird eine psychische Stabilität erwartet, die die meisten von uns in einem ähnlichen Fall wahrscheinlich nicht hätten ...

Um die Tragweite der Verletzlichkeit zu verstehen, müssen wir erkennen, dass Würde und Verletzlichkeit untrennbar zusammengehören. Wir können uns nicht würdig und gleichzeitig unverwundbar fühlen.

Das Zweite, das untrennbar mit Verletzlichkeit zusammenhängt, ist unsere Beziehungsfähigkeit. Menschen, die ihre Verletzlichkeit verstecken oder sich sogar für unfehlbar halten, finden keine Basis für echte Kontakte und Begegnungen. Jede Beziehung, in der versucht wird, die Verletzlichkeit draußen zu halten, ist zum Scheitern verurteilt. Man verwendet zu viel Energie darauf, sich makellos zu zeigen, und wird innerlich von Scham zerfressen. (Andernfalls ist das nur möglich, wenn man sich innerlich spaltet.) Wenn wir von Verletzlichkeit reden, müssen wir daher auch die Scham einbeziehen.

EXKURS: SCHAM

Scham lässt sich unter anderem als Angst vor Getrenntheit[22] verstehen. Die Angst, nicht dazuzugehören, bestätigen wir uns selbst durch die Scham. Wir ziehen uns in uns selbst zurück und zeigen uns selbst, dass wir nicht liebenswert sind. Die Forschung anhand der persönlichen Geschichten Tausender Menschen zeigt, dass die Scham vor der eigenen Verletzlichkeit ein universelles Thema ist.[23] Wir alle sind verletzlich, wir alle schämen uns dafür, und unsere Scham bildet Mauern zwischen uns und anderen.

Wir erleben, dass es regelrecht auflösend wirkt, wenn wir die Hürde schaffen, über Dinge zu reden, für die wir uns schämen; wenn wir die Scham als solche benennen, Worte dafür finden. Das Nicht-darüber-Sprechen ist die Selbstbestätigung, dass die eigene Verletzlichkeit es nicht wert ist, einen Raum zu bekommen. Wir geben durch das Verschweigen, das Unter-den-Teppich-Kehren und Ignorieren unserer Fehlbarkeit unserer Verletzlichkeit keinen Wert und verlieren vor uns selbst an Würde. »Wo die Schuld sagt: ›Ich habe diesen Fehler gemacht‹, da sagt die Scham: ›Ich bin ein Fehler‹«[24] – und dadurch kommt es zu einem globalen Urteil über mich selbst.

Die amerikanische Forscherin und Autorin Brené Brown unterscheidet zwei Gruppen von Menschen: Personen, die ein starkes Gefühl der Liebe und Zugehörigkeit haben, und Personen, die mit unterschiedlichen Mitteln um das Gefühl der Zugehörigkeit kämpfen. Der einzige Unterschied, den sie fand, war, dass die erste Gruppe sich der Liebe und Zugehörigkeit würdig empfand. »Das ist alles. Sie glauben daran, dass sie würdig sind.«[25] Die anderen hält die Angst, dass sie der Zugehörigkeit nicht würdig sein könnten, davon ab, sich selbst gut genug zu empfinden. Zur Scham gehören noch viele weitere Aspekte, wie die Schwierigkeit, in Kontakt zu treten, und die Sprachlosigkeit.

Ein in unserer Kultur tief verankerter Mythos ist, dass Verletzlichkeit eine Schwäche ist. Dieser Mythos ist für die Erziehung und Begleitung von Kindern gefährlich. Er gefährdet auch private Beziehungen und schränkt die Wirkungsmöglichkeiten in professionellen Beziehungen ein.

Wir brauchen Mut und Demut zugleich. Mut, uns verletzlich und unvollkommen zu zeigen, und, auch wenn es nach einem Paradoxon klingt, zeitgleich den Mut, unsere Integrität zu schützen. In unserer Gesellschaft gibt es eine unausgesprochene Annahme, dass es Schutz bietet und mit Sicherheit gleichzusetzen ist, wenn man keine Fehler macht. Diese Sicherheit ist aber nur eine vermeintliche und lässt uns zunehmend unsere Kontrollmechanismen auf äußere Dinge verlagern. Wir brauchen couragierte und nicht nur engagierte Menschen, die uns in schwierigen Zeiten begleiten. »Es gibt Momente im Leben, in denen wir eine Wahl treffen, die darüber bestimmt, ob wir menschlich handeln oder nicht«, sagt der Kinderpsychiater Bruce D. Perry.[26] Eindrückliche Beispiele beschreibt er in seinem Buch »Der Junge, der wie ein Hund gehalten wurde«. Er betont, dass menschlich handeln unmöglich sei, wenn wir die Zartheit und Verletzlichkeit menschlichen Seins ignorieren.

Courage leitet sich ursprünglich vom lateinischen Wort »cor« (Herz) ab. Wenn wir Mut mit Herz verbinden, handeln wir couragiert und menschlich. Nur Mut ohne Herz ist gefährlich und nur Herz ohne Mut ist oft verzagt bzw. in kritischen Situationen nicht zielgerichtet genug.

Wenn wir hier vom Herzen reden, heißt das auch Mut zu dem, was das Leben ausmacht, und zu einem liebevollen Blick auf die Situation, auf die Person und vor allem auf uns selbst. Verletzlichkeit zeigen und zulassen heißt, ein emotionales Risiko eingehen, aber dadurch wird das Leben vielfältiger, bunter und spürbarer.

Und genau dafür brauchen wir auch Demut. Nicht Demut im religiösen Sinn, was häufig mit »sich kleinmachen« assoziiert wird. Ich verstehe die Fähigkeit zur Demut als das Wissen um die eigene Begrenztheit und um die Unmöglichkeit, alles im Griff haben zu können.

Ein Satz von Jesper Juul, der mich in unserer gemeinsamen Arbeit am stärksten geprägt hat, lautet: »Ich weiß es ja nicht, wie es für dich/euch ist! Macht das, was ich sage, für dich Sinn?« Jesper Juul war unglaublich schnell bereit, seine Annahmen in den Wind zu schreiben, wenn es für die Betroffenen keinen Sinn machte oder im aktuellen Moment nicht anzunehmen war. Er hat sich, seine Gedanken und aktuellen Empfindungen zur Verfügung gestellt, ohne den Anspruch, jemand anderes Lehrmeister sein zu wollen.

Erst wenn wir loslassen, was wir glauben, sein zu müssen, um die zu sein, die wir sind, können wir wirklich mit unserem Gegenüber in Beziehung treten. Egal ob im privaten oder beruflichen Umfeld, wir dürfen unsere Verletzlichkeit als Teil unseres Menschseins ernst nehmen, mitdenken und müssen nicht mit Perfektion oder Fassade dagegen ankämpfen.

Der Mensch ist immer Subjekt

Im Studium haben mich die Texte des Psychologen Klaus Holzkamp[27] beeindruckt. Sein radikaler Zugang, die Subjekthaftigkeit des Menschen in den Mittelpunkt zu stellen, rüttelte mich auf. Es ließ mich überlegen und hinterfragen, wo ich Menschen als Objekt sah oder behandelte. Und ich musste erkennen, dass es mir passierte, ohne dass ich es wollte.

Die Subjektivität eines Menschen ist das, was ihn einzigartig macht. Die Subjektivität ermöglicht, sich selbst (mit seinen Erfahrungen, Befindlichkeiten, Denken, Fühlen, Wünschen und Wollen) in Beziehung zu seiner Umwelt zu setzen. Unsere Subjekthaftigkeit lässt uns auch immer wieder mit Dingen in uns und außerhalb von uns in Beziehung treten.

Als Subjekte können wir über Objekte nachdenken. Das ist eine Grundvoraussetzung für Selbstreflexion. Ich kann nur über Dinge nachdenken, die ich in meinen Blick nehmen kann. Das ist in der Entwicklung von kleinen Kindern sehr schön zu sehen: Wenn sie beispielsweise mit 2 bis 3 Jahren noch ganz eins mit ihren Gefühlen sind, können sie noch nicht über diese Gefühle nachdenken. Das ändert sich unmerklich, aber ganz eindeutig ein paar Jahre später. Sie werden zu Subjekten, die über ihre Gefühle nachdenken können.[28]

Dieses Ich-Sein steht ganz klar in Abgrenzung zu einer Pädagogik und einer Wissenschaft, die den Menschen als Objekt sieht.

»Ich kenne den Fall«

Eines meiner eindrücklichsten Erlebnisse zu Beginn meiner Arbeit als Supervisorin fand während der gemeinsamen Begleitung eines Helferkreises mit einer erfahrenen Kollegin statt. Wir baten zum Auftakt alle zehn anwesenden Fachleute, sich vorzustellen und ihren Bezug zum Kind Johann zu nennen. Sieben Personen waren schon an der Reihe gewesen und hatten sich ähnlich vorgestellt: »Ich bin die Ergotherapeutin und kenne Johann seit drei Jahren.« »Ich bin der Psychotherapeut und arbeite seit September mit ihm an ...« ... Dann kam eine junge Frau dran und sagte: »Ich bin ... und kenne den Fall seit ...« Dieser Satz ließ mich schockiert aufhorchen und ich spürte, wie sie sich vor ihrer Betroffenheit schützte, indem sie nicht von Johann reden wollte.

Sind Kinder und Jugendliche in unserer Arbeit für uns Personen oder Fälle? Haben sie Namen, Geschichten, persönliche Eigenschaften?

Das bringt uns wieder zur Würde zurück. »Wer von anderen Personen benutzt und zum Objekt von deren Absichten und Zielen, Erwartungen und Bewertungen, Belehrungen und Unterweisungen oder gar Maßnahmen und Anordnungen gemacht wird, fühlt sich zutiefst in seiner Subjekthaftigkeit und damit in seiner Würde bedroht«, erklärt Gerald Hüther.[29] Er führt weiter aus, dass Kinder diesen Schmerz lindern, indem sie entweder auch anfangen, andere als Objekte zu behandeln, oder »sie erklären sich selbst für blöd, nicht liebenswert, unzulänglich oder unfähig, machen sich also selbst zum Objekt ihrer eigenen Bewertung.«[30]

Die Objektivierung anderer ist nicht immer offensichtlich. Unsere Prägung und Erwartungen an pädagogisches oder therapeutisches Handeln verhindern manchmal, dass wir selbst erkennen, auf welche Art und Weise wir objektivierendes Verhalten oder Gedankengut übernommen haben.

In meiner Arbeit zeigt es sich an der Art und Weise, wie mir Fragen in Vorträgen und anderen Settings gestellt werden:

- Was macht man mit einem sechsjährigen Kind, das im Gasthaus wie ein Zweijähriger herumspringt?
- Wie geht man mit verhaltensauffälligen Kindern um?
- Was macht man mit Schülern, die nicht zuhören können?
- Was macht man mit einem übergewichtigen Jugendlichen, der computersüchtig ist?

- Was macht man mit einer muslimischen Jugendlichen, die sehr gläubig ist?

Alle diese Sätze weisen zwei fundamentale Denkfehler auf, die weitreichende Auswirkungen auf die jeweiligen Kinder und das Verhalten des Erwachsenen haben.

Der erste Fehler ist die Annahme, dass es eine homogene Gruppe von Sechsjährigen gibt, die ... oder von übergewichtigen, computersüchtigen Jugendlichen. Beides gibt es nicht. Warum Philipp am Tisch mit den Eltern herumspringt, lässt sich nicht allgemein beantworten. Und auch beim übergewichtigen Computerfreak Jens ist es anders als bei Lisa oder Felix. Die Tatsache, dass sie alle zu viel Zeit vor dem Computer verbringen, mag zum Übergewicht beitragen, aber warum Lisa »süchtelt«, unterscheidet sich von den Gründen, warum Felix nicht mehr wegkommt. Selbst wenn in vielen solchen Fällen Beziehungsthemen dahinterstecken, wie der Psychiater Kurosch Yazdi[31] ausführt, können wir Lisa erst helfen, wenn wir und sie bzw. ihre Familie ihre persönlichen Dynamiken dahinter sehen und verändern können. Dazu ist es notwendig, dass wir uns auf die Tatsache einlassen, dass jede Situation individuell ist.

Der zweite Denkfehler in diesen Sätzen ist, dass Kinder wie Objekte gesehen werden. Wie Jesper Juul und Helle Jensen ausführen, machen viele gängige Erziehungsmethoden (z. B. durch Regeln, Verbote, Strafen, aber auch Lob, positive Verstärkung und Belohnung) Kinder zu Objekten der Manipulation und Machtausübung von Erwachsenen.[32]

Pädagogische Ziele, die auf Gehorsam oder Funktionieren hinauslaufen, bauen immer auf dieser Subjekt-Objekt-Philosophie auf und richten auf vielen Ebenen mehr Schaden an als vielfach angenommen. Gerade in Bezug auf das Selbst leistet das Subjekt-Objekt-Denken auch der Verantwortungsabgabe Vorschub. Womit wir zu einem weiteren Wert kommen, der mir besonders am Herzen liegt.

Persönliche Verantwortung

Kinder lernen durch manipulative und steuernde Erziehungspraktiken, sich entweder anzupassen oder aufzulehnen, aber sie lernen nicht, Verantwortung für ihr Denken, Handeln und ihre Interaktionen zu übernehmen. Überdies erleben sie sich als wenig selbstwirksam.

Sehr deutlich zeigt sich das, wie wir im nächsten Beispiel sehen werden, bei Kindern, die körperlich, geistig oder sozial beeinträchtigt sind. Wir finden diese Grunddynamik der Verantwortungsverschiebung auch in weitaus weniger extremen Situationen (dort ist sie nur manchmal weniger eindeutig sichtbar). Ich erzähle das folgende Beispiel von Jesper Juul und Helle Jensen[33] mit eigenen Worten etwas gekürzt nach:

Elli – Verantwortung und Respekt

Die 13-jährige Elli litt an einer seltenen, tödlichen Erbkrankheit. Sie hatte aber durch medizinische Begleitung und eine angepasste Lebensweise gute Chancen. Aufgrund von Lernschwierigkeiten besuchte sie eine sonderpädagogische Schule. Die Schulleiterin hatte zu ihr ein gutes Verhältnis, wenngleich Elli eine anstrengende Schülerin war.

Als sich Ellis Gesundheitszustand verschlechterte, wurde sie ins Krankenhaus eingeliefert. Sie sagte dort sowohl ihren Eltern als auch den Ärzten, dass sie nicht mehr leben wolle, und sie verweigerte die Nahrungsaufnahme. Die Erwachsenen versuchten alles, um sie zum Essen zu bewegen. Sogar der Küchenchef kam persönlich vorbei, um sie nach ihrem Lieblingsessen zu fragen. Alle Bemühungen waren vergebens, was alle Beteiligten zunehmend in Panik versetzte. Die Klinikpsychologin fragte Elli, ob es jemanden gebe, mit dem sie gerne sprechen würde, und das Mädchen nannte die Schulleiterin. Alle hofften darauf, dass sie Elli von ihrem Todeswunsch abbringen würde.Die Schulleiterin spürte die Versuchung, eine ähnliche Strategie wie das Klinikpersonal und die Eltern zu verfolgen, nämlich Elli davon zu überzeugen, dass ihre Idee zu sterben falsch sei, und sie zum Weiterleben zu motivieren. Auf dem Weg zum Krankenhaus beschloss sie jedoch aus einer inneren Überzeugung heraus, das Mädchen und seine existenzielle Entscheidungsfreiheit ernst zu nehmen. Kurz nach ihrem Eintreffen führten sie einen entscheidenden Dialog:

Lehrerin: Elli, man hat mir gesagt, dass du sterben willst. Stimmt das?

Elli: Ja, ich will nicht mehr leben.

Lehrerin: Elli, ich will, dass du weißt, dass ich unglaublich traurig wäre, wenn du sterben würdest. Ich wünschte, ich könnte etwas tun oder sagen, das dich dazu bewegt, weiterleben zu wollen. Aber ich höre, was du sagst, und ich weiß, dass du es ernst meinst. Ich bin hier, um dich zu unterstützen.

Elli: Ich will einfach nur sterben.

Lehrerin: Ich respektiere das, auch wenn es mir schwerfällt.

Danach nahm das Gespräch einen normalen Verlauf, wobei die Lehrerin etwas aus dem Schulalltag erzählte. Bevor sie ging, fügte sie noch hinzu:

Lehrerin: Elli, ich gehe jetzt, aber zuvor möchte dich noch um einen großen Gefallen bitten. Würdest du deine Eltern bitten, mich anzurufen, bevor du stirbst?

Elli: Ja, das mache ich.

Etwa 24 Stunden später begann Elli wieder zu essen und ihr Gesundheitszustand verbesserte sich rasch.

Elli war 13 Jahre lang das Objekt besorgter Eltern, ÄrztInnen, LehrerInnen, PsychologInnen und SonderpädagogInnen gewesen. Alle hatten ihre Meinung gehabt, was für Elli am besten wäre, und dadurch die Verantwortung für ihr Leben übernommen.

Durch diese Krise und eine kompetente Erwachsene als Gegenüber, die die persönliche und existenzielle Grenze des Mädchens ernst nahm, konnte Elli ihre persönliche Verantwortung übernehmen und für sich selbst entscheiden.

Diese Geschichte zeigt ein extremes Beispiel persönlicher Verantwortungsübernahme. Und sie verdeutlicht die Rolle der Erwachsenen in persönlichen Krisen von Jugendlichen. Um dieser Verantwortung in pädagogischen Beziehungen mehr Raum zu geben, folgt hier ein kleiner Exkurs zum Thema asymmetrische Beziehungen (autoritativ, nicht partnerschaftlich).

EXKURS: ASYMMETRIE UND MACHT

Als Menschen leben wir in sozialen Hierarchien. Die wichtigste Hierarchie ist die zwischen Erwachsenen und Kindern, in der Kinder eine eigene Balance zwischen Kooperation und Konkurrenz entdecken und entwickeln. Sie lernen von kooperativen Erwachsenen, spielerisch und kreativ ihre Beziehungen zu gestalten.

Gesunde Coping-Strategien und die Fähigkeit, sich emotional zu regulieren, entwickeln sich in vertrauensvollen Beziehungen mit Eltern und »relevanten anderen«, die bereit sind, ihre Verantwortung anzunehmen. »Kinder lernen in asymmetrischen Beziehungen und üben in symmetrischen Beziehungen.«[34]

Aber nicht nur Beziehungen zwischen Erwachsenen und Kindern, auch Beziehungen zwischen Privatpersonen und Fachleuten sind von einer Asymmetrie geprägt. Auf der einen Seite steht entweder das Kind oder ein Erwachsener, der als Privatperson Teil dieser Beziehung ist, und auf der anderen der Fachmann bzw. die Fachfrau.

Durch die unterschiedlichen Aufgaben und Hintergründe wird deutlich, dass Kinder, aber auch Eltern nicht die gleichen Möglichkeiten haben und auch verletzlicher sind. Eine ähnliche Asymmetrie besteht auch zwischen Vorgesetzten und MitarbeiterInnen.

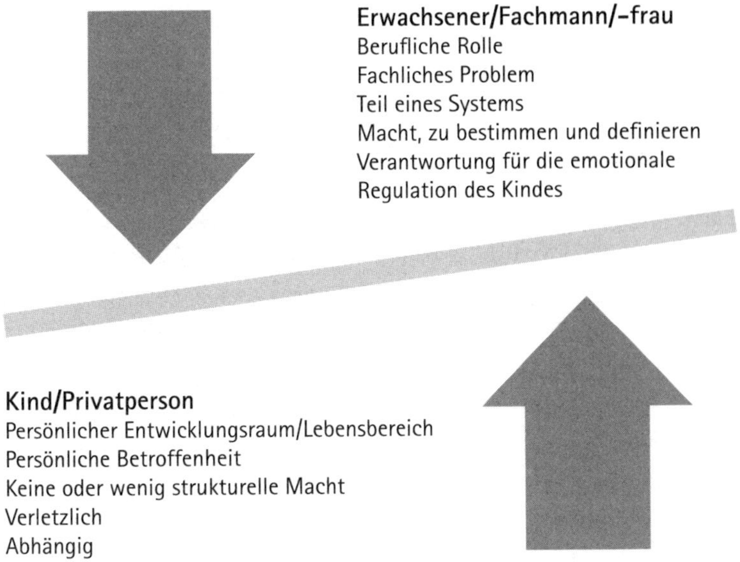

Aspekte der Macht- und Verantwortungsverteilung in asymmetrischen Beziehungen.

Eltern kommen zum Beispiel immer als Privatpersonen zu einem Elterngespräch. Sie zeigen sich mit einem äußerst persönlichen Teil ihres Lebens. Menschen sind kaum an einer anderen Stelle so verwundbar, als wenn es um ihre eigenen Kinder geht. Das trifft gleichermaßen auf kompetente wie auf unzulängliche Eltern zu.

Alle Eltern sind – unabhängig von beruflichen und persönlichen Qualifikationen – Privatpersonen, wenn es um ihre Kinder geht. Es ist unerheblich, ob sie ihr Geld als Reinigungskraft, PsychotherapeutIn, HandwerkerIn oder RechtsanwältIn verdienen. Wenn das Kind zum Beispiel gerade unter einer Trennung leidet, ist dieses persönliche, private Thema höchstwahrscheinlich Teil des Elterngesprächs.

Und die Verantwortung der Lehrperson? Auch wenn diese sich persönlich und menschlich zeigt, ist ihr privates Leben nicht Teil dieses Gesprächs. Sie ist in ihrer beruflichen Rolle zugegen, und ob sie auch gerade an einer zerbrechenden Partnerschaft leidet, tut nichts zur Sache und ist auch keine hilfreiche Information für die Eltern. Sie müssen sich darauf verlassen können, dass die Lehrperson gut für sich selbst sorgt, ausreichend gut für die SchülerInnen da ist und sich bei Bedarf Hilfe holt.

In der Rolle als Lehrperson hat sie die Verantwortung, das Elterngespräch wertschätzend zu führen; die Eltern auf das mögliche Dilemma des Kindes im Unterricht hinzuweisen oder sie über Auffälligkeiten zu informieren, von denen sie wissen sollten. Sie hat die Verantwortung, eine offene Gesprächskultur zu initiieren und für die gute Qualität des Dialogs zu sorgen. Ihre Verantwortung ist also eine gänzlich andere als die der Eltern, wiewohl es sich um eine Begegnung auf Augenhöhe zwischen Erwachsenen handelt.

Respekt und Selbstbestimmung

Selbstbestimmung und Mitbestimmung sind wichtige Werte unserer Gesellschaft. »Seit mehreren Generationen gibt es auf erwachsener Ebene eine Weigerung oder zumindest Zurückhaltung, autoritäre Regeln und Pflichten zu akzeptieren, ohne sie zu hinterfragen.«[35] Wenn wir, wie Jesper Juul und Helle Jensen weiter ausführen, den Eindruck haben, respektvoll behandelt und gleichberechtigt akzeptiert zu sein, können wir uns leichter Erwartungen und Anforderungen von außen fügen. Das heißt, dass der Respekt, den eine Autoritätsperson entgegenbringt, ausschlaggebend dafür ist, ob andere zustimmend oder widerwillig, vielleicht auch nachlässig ihren Bitten und Erwartungen nachkommen. Das trifft auf Eltern, die sich den Strukturen der Kinder- und Jugendhilfe beugen müssen, genauso wie auf Mitarbeiter in einer Organisation zu.

Innere und äußere Verantwortung

Um Verantwortung besser zu verstehen, hilft es, drei verschiedene Facetten zu unterscheiden.[36] Ich habe innere Verantwortung für mich selbst und äußere Verantwortung für andere. Meine innere

Verantwortung lässt sich wiederum in zwei Aspekte unterteilen. In die Verantwortung, die ich für mein Wohlbefinden und das Handeln in Übereinstimmung mit meinem inneren Selbst habe, sowie in meine Verantwortung, jene Werte und Normen zu leben, die ich mir in Auseinandersetzung mit meiner Umwelt zu eigen gemacht habe. Nur wenn ich mich selbst, also meinen innersten Kern und meine Haltungen und Werte, die ich übernommen habe, zusammenbringe und sie als Leitlinie für mein Handeln erlebe, fühlt es sich in mir stimmig an. Ich werde darauf später noch näher eingehen.

Meine oder deine Verantwortung?

Rund um Verantwortung erleben wir oft viel Verwirrung. Menschen übernehmen für andere Verantwortung, wo sie sie gar nicht haben, und übernehmen sie nicht für sich selbst, wo dies angebracht oder nötig wäre.

»Warning: My humor may hurt your feelings« prangte in großen Buchstaben auf der Brust eines Mannes, der mir vor ein paar Tagen auf der Straße entgegenkam. Ganz nach dem Motto: »Nimm es mir bitte nicht übel, wenn ich dich verletze.« Ohne dem T-Shirt-Träger zu nahe treten zu wollen – ich habe natürlich keine Ahnung, was sein Motiv für ein solches T-Shirt war –, will ich den Gedankengang weiterspinnen: Wer ist denn für den Humor dieses Mannes zuständig? Wer ist dafür zuständig, wenn er mit seinem Humor jemanden verletzt? Kann er sich mit dieser »Warnung« aus der Verantwortung stehlen? Vielleicht tut es ihm ja auch leid, wenn ihm das passiert. Übernimmt er dann dafür die Verantwortung?

Ich bin überzeugt, dass wir Verantwortung für das tragen, was wir sagen und was wir tun und damit auch für Verletzungen, die wir absichtlich oder unabsichtlich verursachen.

Eine andere Form der Verwirrung rund um Verantwortung entsteht im täglichen Umgang mit Kleinigkeiten und dem Anspruch, Kinder zu eigenverantwortlichen Erwachsenen heranzuziehen.

Diese Dynamik wiederholt sich auf verschiedene Arten täglich in der Öffentlichkeit und zu Hause. Sie gesteht Kindern eine Macht sowie Entscheidungen zu, die sie überfordern.

Die Verantwortung abgegeben

Ein Vater erklärt einem dreijährigen Kind, dass es später kein Eis bekommt, wenn es jetzt den Zucker vom Kaffee isst ... Eine Mutter fragt eine Siebenjährige, ob sie zur Oma gehen will, und wenn diese verneint, fängt sie an zu erklären, dass es aus allen möglichen Gründen doch bei der Oma so fein wäre ... Ein Kind wird im Lauf der Trennung der Eltern gefragt, ob es lieber bei der Mama oder beim Papa wohnen will.

Diese Beispiele haben eines gemeinsam: Den Kindern wird die Verantwortung für Entscheidungen zugeteilt, die sie überfordern und auch rein faktisch nicht treffen können.

Das dreijährige Kind (und auch ein fünfjähriges) kann die zeitlichen und ernährungsphysiologischen Zusammenhänge (z. B. Nachteile von zu viel Zucker) allein aus neuropsychologischen Gründen der fehlenden Gehirnreifung noch nicht verstehen, soll aber schon selbst vorausschauend planen.

Die Siebenjährige soll entscheiden, ob sie zur Oma will, weil die Mutter ihren eigenen Wunsch, der offensichtlich auf der Hand liegt, nicht ausspricht und nicht in die Waagschale legt. Das Kind spürt die Doppelbödigkeit, kennt sich aber nicht wirklich aus. Es kann für sich spüren, ob es jetzt zur Oma will oder nicht, aber die Entscheidung, in wessen Obhut das Kind den Abend verbringt, liegt allein bei der Mutter.

Im dritten Beispiel werden das Kind und seine Loyalität missbraucht. Erwachsene, die sich nicht einigen können und in ihrer elterlichen Kompetenz erst bestätigt fühlen, wenn das Kind sagt, wo es wohnen will, geben die Verantwortung für dessen Wohlbefinden und Geborgenheit ab.

Erwachsene tragen immer zur Gänze die Verantwortung für die Qualität der Beziehung mit Kindern. Sie haben mehr Verantwortung und auch ganz faktisch mehr Macht. Dies allein begründet schon einen Teil der Asymmetrie. Zum anderen haben sie durch die differenzierte Ausreifung des Gehirns erweiterte kognitive und emotionale Möglichkeiten, das emotionale Wechselspiel mit Kindern zu beeinflussen und zu gestalten. Und drittens haben sie aufgrund der emotionalen Notwendigkeit die Aufgabe, Kinder mitzuregulieren, die Unterstützung brauchen. Ein Kind, das sich nicht selbst beruhigen kann, braucht einen erwachsenen Co-Regulator.

Das heißt, es liegt in der Verantwortung des Erwachsenen, persönliche Qualität in die Interaktion zu bringen. Kinder können sich altersgemäß einbringen und auch Missstände aufzeigen, aber wenn es schwierig wird, sind ihre Möglichkeiten aufgrund der faktischen und emotionalen Abhängigkeit eingeschränkt.

Zusammenfassend können wir sagen, dass Erwachsene in der Beziehung zu Kindern immer die Verantwortung tragen für die Qualität der Beziehung und für die Entscheidungen, die über den altersbedingten Erfahrungs- und Wissenshorizont des Kindes hinausgehen. Und dass Fachleute immer die Verantwortung für die Qualität ihrer Interaktionen und die Atmosphäre in der Beziehung mit den anderen Erwachsenen, mit denen sie beruflich zu tun haben, tragen.

Menschsein ist Entwicklung und Werden über Raum und Zeit

Ein Wert fehlt noch in meiner persönlichen Aufzählung. Der Wert des Werdens, des Reifens und Entwickelns. Das Menschsein ist für mich immer mit Prozessen der Veränderung, Reifung und Entwicklung verbunden und manchmal auch der Verwandlung. Diese Prozesse gehen weit über unsere Kindheit und Jugend hinaus und ermöglichen uns, unser Leben zu gestalten und Einfluss zu nehmen. Gleichzeitig lässt uns diese Perspektive auch entspannt loslassen.

Nicht alles kann und muss von uns auf Punkt und Komma verstanden und geplant werden. Wir sind in Entwicklungsprozesse des Menschseins eingebunden. Menschsein bedeutet viel mehr Werden als statisches Sein. Es bedeutet Veränderung, Verunsicherung, Sicherheit suchen, sich auf Erfahrungen und Beobachtungen einen Reim machen und Sinn stiften. Unsere Art und Weise, Dinge zu verstehen und einzuordnen, erweitert und verändert sich laufend.

Und doch ist es immer der gegenwärtige Moment zwischen Vergangenheit und Zukunft, in dem wir leben. Die Achtsamkeit für die Qualität des Hier und Jetzt wird uns durch die nächsten Seiten begleiten, weil unser Gefühl für uns selbst leicht verloren geht, wenn wir keine Verankerung in der Gegenwart haben. Das Erleben des Hier und Jetzt löst sich dann zwischen Gedanken über das Vergangene und Überlegungen der Zukunft einfach auf.

Dass ich mich im Hier und Jetzt spüre, ist der wichtigste Anker in den Veränderungen über Zeit und Raum. Begegnungen, die wir bewusst wahrnehmen, scheinen sich ja manchmal quasi auszudehnen. Es sind diese Momente der besonderen Qualität, die unserem Leben entscheidende Wendungen und Richtungen geben und an die wir uns erinnern können, egal ob sie positiv oder negativ erlebt werden.

Eine alte Weisheit besagt, dass man nicht zweimal in den gleichen Fluss steigen kann, denn andere Wasser kommen nach, alles ist im Wandel. So ist es auch mit unserem Leben. Auch wenn wir manchmal den Eindruck haben, dass wir immer wieder mit dem gleichen Thema zu kämpfen haben oder dass andere Menschen sich nicht ändern, so ist das doch ein Trugschluss.

Die Veränderungen mögen unscheinbarer und kleinschrittiger sein, als wir sie uns vielleicht wünschen, aber kein Mensch steht still. Und persönliche Entscheidungen legen immer wieder

Richtungen fest. Nur unsere Einstellungen – »Ach, das kenn ich schon«, »Ist doch eh immer das Gleiche mit …« oder »Ich bin halt so« – halten uns im Bestehenden fest und wirken wie eine Selffulfilling Prophecy. Wir sehen dann die Veränderung und die neuen Schritte nicht. Wir reagieren auf das Alte, während wir das Neue ignorieren.

Körperliche und psychische Entwicklung passieren über einen Zeitraum. Sie bauen auf dem Vorhandenen und Erfahrenen auf und gehen in neue Zustände über. Entwicklung ist immer ein Werden, das erst im Nachhinein festzumachen ist. Manchmal ist Entwicklung im Hier und Jetzt spürbar, aber meist nicht, da häufig das Wesentliche im Verborgenen geschieht. Zwischenschritte bleiben unsichtbar oder werden als vermeintliche Irrwege, Umwege, Abwege erlebt.

Entwicklung baut auf unseren bisherigen Erfahrungen auf, nutzt unsere Anlagen und zehrt von der Fähigkeit, sich zu erinnern. Entwicklung braucht von uns selbst und von unserer Umgebung Vertrauen in das Werden, ohne bestimmte Zeiträume klar festlegen zu können.

Ein weiterer Gedanke ist mir wichtig: Es gibt keine perfekte Biografie – kein unbeschadetes Aufwachsen und Heranwachsen. Es gibt immer wieder Verletzungen, und manche sind heftiger und brauchen viel Zuwendung. Was uns keinesfalls weiterhilft, ist ein übertriebener Idealismus, weder als Betroffene mit unseren Verletzungen und Macken noch als BegleiterInnen von Kindern.

Trotz aller Bedeutsamkeit und Wirksamkeit unserer Beziehungen und trotz allem, was wir über kindliche Bedürfnisse und Entwicklungsprozesse wissen, ist es nicht möglich, Kinder perfekt zu begleiten. Es ist vielmehr ein Sich-Einlassen, ein Lernen und an- und miteinander Wachsen, das stets im Hier und Jetzt stattfindet.

Es liegt ein großer Wert darin, sich der Entwicklung und der Menschwerdung anzuvertrauen. Das trifft sowohl für uns selbst als auch für die Begleitung uns anvertrauter Kinder und Jugendlicher zu. Für uns selbst, weil wir nicht alles sofort und jetzt können müssen. Es geht nicht um Perfektion und Leistung, sondern um Lernen, Reifen und darum, menschlicher zu werden.

Und für die uns anvertrauten Kinder, weil wir darauf vertrauen können, dass wir einen Teil der Arbeit in Beziehung leisten können, aber der andere Teil sich wundersam im Kind selbst gestaltet. Es braucht Impulse und ein Gehaltensein, aber das Leben und seine verborgene Weisheit unterstützen uns. Leben ist Werden über Zeit und Raum.

Gefühl:voll – Wo das Selbst zu Hause ist

Wir können nicht über Selbstwertgefühl reden, ohne auch über Gefühle zu reden, über Emotionen oder Affekte, wie dieses warme, weiche bis hin zu schmerzhaft-zerreißende Erleben noch genannt wird. Unsere Gefühle geben unseren Erfahrungen Tiefe, machen sie lebendig.

Im Normalfall haben alle menschlichen Erfahrungen eine emotionale Bedeutung. Von sehr unscheinbar und wenig aufdringlich bis hin zu überbordend und ausufernd. Viele unserer emotionalen Reaktionen nehmen wir im Alltag gar nicht wahr. Wenn wir uns aber bewusst in erlebte Alltagssituationen zurückversetzen und nachspüren, können wir erkennen, wie uns zum Beispiel jemand angesehen hat oder wie wir die Person oder Situation betrachtet haben. Wir können im Nachhinein noch wahrnehmen, was in dieser und jener Situation knapp unter unserer Wahrnehmungsschwelle war.

Bei allen Erlebnissen wird unser Gehirn als Ganzes angesprochen, daher gibt es keine Erfahrungen und Erlebnisse ohne emotionales Mitschwingen.

Und weil das Selbstwertgefühl ja nicht irgendein Gefühl ist, sondern ein bestimmtes Gefühl, das wir nur zu uns selbst haben, können wir nicht darüber reden, ohne auch über Liebe zu reden, über Verzweiflung, Angst, Mut, über Freude, Kränkung, Scham, Wut, Begeisterung und viele Empfindungen mehr.

Eines meiner Lieblingsbilderbücher ist »Heute bin ich« von Mies van Hout.[37] Auf einfarbigen Blättern schwimmt jeweils ein bunter Fisch daher, und wenn du unsicher bist, ob du den Unterschied zwischen betrübt und traurig kennst, dann kann ich dir versichern, du siehst ihn an den Fischen, die die Künstlerin gezeichnet hat. Oft sind es nur Nuancen, aber sie machen doch den großen Unterschied aus.

Heute bin ich

Gefühle sind keine fixen, stabilen inneren Zustände, die unabhängig von unserem Erleben sind. Gefühle werden von innen durch körperliche Zustände und von außen durch Erlebnisse, Begegnungen, Erinnerungen und vieles mehr angeregt. Gefühle verändern sich, verwandeln sich, und doch sind sie sehr wesentlich für unseren Eindruck eines inneren Zusammenhangs.

In einem gewissen Sinn könnte man auch sagen, Gefühle vernetzen uns innerlich. Unsere Gefühle sind Teil des verzweigten Gehirnsystems, das in der Amygdala ein Kommunikationszentrum[38] hat. Trotz der wichtigen Rolle der Amygdala, Emotionen zu beeinflussen, können unsere Gefühle nicht nur einem einzigen Bereich oder Gehirnsystem zugeordnet werden. Unsere bewussten wie unsere unbewussten Emotionen werden in unterschiedlichen Bereichen des Gehirns verarbeitet und leisten wichtige Vermittlungsarbeit.

Unser Gefühl für uns selbst, unsere Fähigkeit, uns zu regulieren, sowie unsere Möglichkeiten, Kinder und Jugendliche zu ihrem Selbst zu begleiten, stehen in enger Beziehung mit unseren kognitiven, emotionalen und vegetativen Systemen und ihrem Zusammenwirken. Deshalb lohnt es sich aus meiner Erfahrung, einen groben Überblick über dieses Zusammenspiel menschlichen Seins zu haben.

Die nachfolgenden Gedanken und Zusammenfassungen erheben nicht den Anspruch, wissenschaftlich präzise formuliert und umfassend zu sein. Wie immer, wenn es um sehr komplexe Dinge geht, müssen wir lernen, sowohl den Wald als auch die einzelnen Bäume zu sehen. Das Wichtigste im Umgang mit Komplexität: das Zusammenspiel bzw. die Wechselwirkungen. Also das, was zwischen den einzelnen Faktoren passiert. Wie sie sich gegenseitig beeinflussen und miteinander interagieren. Mein Anliegen beim folgenden Exkurs in die Neurobiologie und -psychologie ist es, einen Überblick über wichtige Aspekte und ihr Zusammenspiel zu geben.[39]

Neurowissenschaftliches – ein kleiner Einblick

In den vergangenen Jahren sind viele Publikationen und Informationen zur Neurobiologie und Neuropsychologie unseres Gehirns erschienen, und dieses Wissen wurde für viele Menschen zugänglich. Es ist herausfordernd, sich in der Komplexität dieses Themas mit seinen vielen Feinheiten zurechtzufinden und persönliche Schlüsse und relevante Informationen daraus zu ziehen.

Es kommt vor, dass spezifische Ergebnisse allgemein interpretiert und Begründungen für dieses oder jenes daraus abgeleitet werden. Selbst manche Forscher warnen davor, ihre Studienergebnisse zu übergeneralisieren, zu verallgemeinern, und viele betonen, dass selten, wenn überhaupt, dadurch Gründe für ein Verhalten erklärt werden können. Seit der Epoche der Aufklärung haben wir das Bestreben, durch immer weitere Spezialisierung und immer mehr Detailwissen komplexe Dinge gründlich zu verstehen. Dass diese Denkrichtung in eine Sackgasse führt, wird zunehmend klar, da wir das Wissen um die grundlegenden Verbindungen und Einflüsse verlieren.

Je mehr ich mich mit Komplexität beschäftige, desto mehr wird mir klar, nicht die Komplexität als das Problem anzusehen. Sie kann nicht reduziert werden, sondern ist ein wesentlicher Aspekt des menschlichen Seins und der Welt. Es ist an der Zeit, die Verwobenheit und Zusammenhänge der unterschiedlichen Teile in den Blick zu nehmen. Das heißt, die Komplexität zu erschließen, damit sie zum Durchblick führt.

Interessant und relevant wird es immer dort, wo wir zunehmend verstehen, wie die Dinge miteinander in Beziehung stehen. Später werden wir sehen, was dieser Blick auf Komplexität für unseren Umgang mit Kindern zu tun hat. Jetzt schauen wir uns mal an, wie das im Gehirn aussieht.

Forschungsergebnisse und Theorien können uns Orientierung und Anhaltspunkte geben, wie wir an Dinge sinnvoll herangehen können. Grundsätzlich ist mir wichtig, daran zu erinnern, dass es bei empirischer Forschung nicht um die einzelne Person geht. Diese Forschung will so weit wie möglich die einzelnen Bestandteile eines Phänomens besser verstehen und Rückschlüsse auf die Allgemeinheit oder auf spezifische Untergruppen ziehen. Wir hingegen arbeiten täglich als Einzelpersonen mit Einzelpersonen oder meist durchmischten Gruppen von Einzelpersonen.

In der menschlichen Entwicklung gehen gewisse Prozesse anderen voraus. Prozesse, die nicht individuell sind und weder beigebracht werden müssen noch können. Keiner kann zum Beispiel einem Kind, das noch nicht die Reife dafür hat, vormachen, wie es einen Punkt in seinem Gesicht im Spiegel findet, bzw. beibringen, sich selbst zu erkennen.

Ein Experiment, das für die Selbstwahrnehmung wertvolle Hinweise liefert, nennt sich Rouge-Test (oder Spiegeltest). Dabei malt man Kleinkindern zwischen 15 und 24 Monaten einen roten Punkt ins Gesicht und beobachtet sie beim Betrachten ihres Spiegelbilds. Diese Untersuchung wurde bereits an sehr vielen Kindern in unterschiedlichen Kontexten durchgeführt. Es zeigte sich, dass fast alle Kinder zuerst den Punkt bemerken (und im Spiegel darauf tappen), nach ihm im Gesicht greifen und noch mal später ihr Spiegelbild mit dem eigenen Namen ansprechen. Wir reden von einer Entwicklung über mehrere Wochen und Monate.

Durch diese kleinteiligen, präzisen Beobachtungen erschließt sich uns zumindest teilweise die faszinierende Welt der kognitiven Reifungsprozesse im Gehirn eines Kleinkindes. Wir bekommen Einblicke in die tieferliegenden Prozesse, die zur Selbsterkenntnis führen. Wir wissen dadurch auch, dass es eine relativ klar umrissene Altersphase gibt, in der diese Entwicklung bei Kindern (ohne kognitive Einschränkungen) passiert.[40]

Mit diesen Gedanken zur Forschung allgemein und mit der gebotenen Vorsicht, aber auch dem Mut zur Lücke möchte ich mich der Funktionsweise und relevanten entwicklungspsychologischen Prozessen im Gehirn nähern. Wie Eric Kandel[41] betont, kann es manchmal sehr aufschlussreich sein, Dinge reduktionistisch und vereinfacht anzuschauen. Sowohl indem man Einzelteile herausnimmt, als auch indem man den Überblick vereinfacht.

Kein Denken ohne Fühlen!

Mein persönlicher Zugang zum Verständnis der Zusammenhänge der Gehirnfunktionen war am Anfang etwas holprig. Die ganze Materie erschien mir sehr trocken und zu sehr auf Details fokussiert. Diese vielen, wenngleich faszinierenden Details zogen mich im Studium nur kurz in den Bann. Mir fehlten ein Bild oder eine Struktur und auch die Praxisrelevanz, mir die einzelnen Bereiche und ihre Funktionen zu merken. Wenn ich ehrlich bin, fühlte es sich sehr verkopft an.

Ich war vielmehr am Erleben und an der direkten Interaktion interessiert. Mich begeisterten die inneren Prozesse, die ich in der Interaktion zwischen Menschen beobachtete, und der Einfluss, den diese Prozesse auf ganz alltägliche Situationen ausübten.

Erst durch den Zugang zur Achtsamkeit entwickelte ich ein klareres Bild, wie mein Gehirn funktionierte, wie ich meinen Körper dabei spüren konnte und welche Rolle meine Gefühle spielten. Meine Neugier stieg.

Auch in der Arbeit mit Eltern und Fachleuten stieß ich immer wieder auf Phänomene, die ich mir nicht wirklich erklären konnte: Emotionale Überreaktionen oder eine Grunderregung und Spannung in der Luft, die sich weder durch das Verstehen und Erklären noch durch emotionale Anerkennung lösten. Die Personen blieben in ihrer Schleife von »Ja, aber« und in einer Grunderregung stecken. Zumindest fühlte es sich für mich so an und ich konnte nicht wirklich beruhigend auf sie einwirken. Im Gegenteil, diese Unruhe schien mich anzustecken, und mein Stress und mein Druck, hilfreich sein zu wollen, stieg umgekehrt proportional zu dem, was mir gelang.

Einen hilfreichen Rahmen fand ich im Konzept der »Neuroaffektiven Entwicklung«[42]. Es bezieht sich auf das entwicklungspsychologische Modell des dreieinigen Gehirns, in dem, vereinfacht gesagt, das Stammhirn, das limbische System und der Kortex nach ihrer Entstehungsgeschichte unterschieden werden. Also die leicht unterscheidbaren Erfahrungsebenen von Denken, Fühlen und Empfinden. Wobei die Gefühle einen besonderen Stellenwert für die Entwicklung und Interaktionen des Menschen, egal ob Erwachsene oder Kinder, haben.

Auch wenn es anatomisch nicht möglich ist, beispielsweise Lernen, Gedächtnis oder Gefühle bestimmten Regionen zuzuordnen, erleben wir doch alle einen deutlichen Unterschied zwischen Empfinden, Fühlen und Denken. Der Nobelpreisträger Eric Kandel betont: »Emotion und Kognition arbeiten Hand in Hand.«[43] Es gibt das eine nicht ohne das andere. Obwohl die Aufklärung versuchte, der Kognition einen besonderen und wirkmächtigen Status einzuräumen und Gefühle als lästiges, von der Sache ablenkendes Beiwerk abzuwerten, wissen wir heute, dass diese Prozesse nicht zu trennen sind.

Die alte Sichtweise wirkt noch in vielen Bereichen nach. Ratgeber reden immer noch davon, die sachliche Ebene von der Beziehungsebene zu trennen und zum Beispiel in beruflichen Gesprächen ausschließlich auf der Sachebene zu kommunizieren.

Sachliches Elterngespräch?
Sehr deutlich wird die traditionelle Sichtweise, wenn bei einem Gespräch in der Schule Eltern, die laut werden, die sich angegriffen fühlen oder die betroffen und verzweifelt sind, von der Lehrperson höflich und bestimmt gebeten werden, »doch bitte sachlich zu bleiben«.

Eltern können in diesen Momenten nicht einfach spontan sagen: »Geht's noch!! Es geht um mein Kind! Es gibt niemand, der mir emotional so nah ist. Ja, ich weiß, es geht in Ihren Augen nur um ein Förderangebot oder die Mathe-Note, aber verdammt noch mal, das ist für mich eine sehr persönliche und emotional schwierige Sache. Sie müssen nicht das enttäuschte Kind zu Hause trösten, das Kind trotz allem wieder zum Lernen motivieren, und außerdem kann ich dieses pädagogische Geschwafel von ›sachlich bleiben‹ nicht mehr hören. Da machen meine Ohren und mein Herz eh gleich zu!«

Es ist für Eltern regelrecht unmöglich, sachlich von den Defiziten oder Begabungen ihrer Kinder zu reden. Und das ist gut so! Viele Eltern haben gelernt, so zu tun, als ob sie es könnten, aber irgendwann kommen die Gefühle dann doch raus, wenn auch nicht so entschieden wie oben dargestellt. (Hilfestellungen für konstruktive Elterngespräche finden sich in dem Buch »Schule braucht Beziehung. Gelungene Lehrer-Eltern-Gespräche«[44].)

Wir können nicht rein sachlich an Dinge herangehen. Denken und Fühlen sind nicht entgegengesetzte oder sich ausschließende Prozesse. Sie sind Teil ein und desselben Gehirns – mit einem fein abgestimmten Spiel zwischen den unterschiedlichen Funktionen.

Du wendest jetzt vielleicht ein, dass es sehr wohl möglich ist, Gefühle nicht zu spüren, oder dass es Menschen gibt, die sich rein sachlich Dingen zuwenden, in denen Gefühle nicht spürbar sind oder nicht offensichtlich eine Rolle spielen.

Das hat verschiedene Ursachen und Gründe, die hier zu weit führen. Ich möchte für das Verstehen der Selbstentwicklung zwei wichtige Aspekte dieser Spaltungsfähigkeit hervorheben: Zum einen besitzen wir die Fähigkeit, unsere Aufmerksamkeit zu bündeln und zu lenken, zum anderen haben wir die Fähigkeit zur Dissoziation.

Ersteres führt dazu, dass wir im entspannten Zustand (siehe Kapitel »Stress und Regulation«) unsere Aufmerksamkeit auf das lenken können, was wir wollen. Das heißt, wenn ich mich mit einem spannenden Fachbuch beschäftige, werden mein präfrontaler Kortex, meine Fähigkeiten, logisch zu kombinieren, sowie mein Sprachverständnis und noch einiges mehr aktiviert (alles was wir, vereinfacht gesagt, dem Denken zuordnen). Ich kann meine Aufmerksamkeit aber auch einem berührenden Film widmen oder einen Krimi lesen und spüren, wie mein Herz aufgeht oder ich mich im Bett fürchte, wenn die Spannung steigt. Je nachdem, wo ich meine Aufmerksamkeit hinwende, nehme ich andere Dinge wahr und aktiviere unterschiedliche Hirnareale.

Unsere Fähigkeit zur Dissoziation wiederum ist eine Schutzfunktion in Situationen, die uns zur Gänze überfordern. Es ist das Vermögen, starke körperliche und/oder seelische Verletzungen nicht zu spüren. Wir nehmen zwar wahr, was passiert, aber wir spüren es in dem Augenblick nicht. Das ist ein sehr wertvoller Überlebensmechanismus in Situationen wie Vergewaltigungen, Gewalterfahrungen, bei Unfällen, Katastrophen und Ähnlichem. Wie wir noch sehen werden, kann dieses Muster, das zu überleben hilft, in weiterer Folge aber dem Leben und der Lebendigkeit auch im Weg stehen.

Und wie wirken sich diese Fähigkeiten auf die Entwicklung unseres Gefühls für uns selbst aus? Blicken wir zuerst auf unsere Fähigkeit, unsere Aufmerksamkeit zu lenken und zu fokussieren.

Anna – Gefühle des Unerwünschtseins

Wenn wir ein kleines Kind, nennen wir es Anna, beschreiben: Anna könnte in einer beliebigen Familie in einer Groß- oder Kleinstadt leben. Wir alle kennen Kinder, die ähnlich aufwachsen. Nichts besonders Auffälliges prägt ihren Start ins Leben die ersten Jahre. Sie startet es genauso wie alle anderen Kinder – empfindsam und fühlend. Ihr Kortex ist wie bei allen Kindern zu Beginn noch nicht ausgereift. Im Vorschulalter lernt sie schnell, dass ihre Fähigkeit zu denken ihr eine Welt erschließt, die sie fasziniert. Diese Fähigkeit gibt ihr in der unberechenbaren Welt auch Orientierung. Sie spürt sich selbst in ihrer Neugier, ihrer Faszination – das allein verstärkt emotional ihre inneren Prozesse.

Diese ganz normale Entwicklung macht auch mit ihren Eltern und ihrem ganzen sozialen Umfeld »etwas«. In unserer Gesellschaft, in der Lernen, Leistung und kognitive Intelligenz einen hohen Stellenwert haben, reagieren viele Erwachsene beeindruckt und begeistert. Das heißt, Anna bekommt hier zunächst viel Feedback auf ihre neue Entwicklung. Sie spürt die Begeisterung der Eltern darüber, dass sie so schlau ist und schon weiß, wo die Straße zur Oma abbiegt; das Erstaunen der Eltern, dass sie überall den Buchstaben A (sie heißt ja Anna) erkennt und dann auch schon bald versucht, sich die Welt der Buchstaben zu erschließen.

Anna fühlt die Faszination ihrer Eltern an ihrer Entwicklung. Die Anerkennung gibt ihr zusätzlich das Gefühl ernstgenommen zu werden und dazuzugehören. Sie bekommt also eine zusätzliche emotionale Bestätigung und auch Förderung ihrer kognitiven Fähigkeiten.

Wenn im anderen Fall Annas Entwicklung mit der Abwertung ihrer Gefühle einhergeht, dann wird sie den Eindruck gewinnen, dass schwierige Gefühle wie Überforderung, Enttäuschung oder Wut nicht erwünscht sind – und damit sie selbst auch unerwünscht ist. Wenn es etwa heißt: »Na, na wer wird denn schon weinen!«, »Du bist ja schon groß« oder »Jetzt führ' dich nicht so auf«. Oder sie erlebt, dass ihre Bezugspersonen sie nicht gut beruhigen können. (Kinder im Vorschulalter sind eins mit ihren Gefühlen. Sie können keine innere Distanz zu ihren Gefühlen einnehmen und daher auch nicht Gefühle »haben« wie Erwachsene.) Anna wird glauben, sie sei falsch, wenn sie wütend oder verzweifelt ist.

Gewisse Erziehungsmaßnahmen, etwa wenn Anna in ihr Zimmer geschickt wird, um sich zu beruhigen – und erst wieder willkommen ist, wenn sie sich »im Griff« hat –, unterstreichen die Gefühle des Unerwünschtseins und der Nicht-Zugehörigkeit. Anna wird dann wie viele Kinder lernen, ihre Gefühle zu unterdrücken.

Durch die Ausreifung ihres Gehirns hat Anna zunehmend Möglichkeiten, Selbstschutzmechanismen zu entwickeln. Das heißt nicht, dass ihre Synapsen nicht Gefühle produzieren, wenn sie Verletzendes oder Enttäuschendes erlebt, und auch nicht, dass sie nicht genauso empfindsam und verletzlich ist wie zu Beginn ihres Lebens. Es heißt, sie lernt, dass sie in ihrer Familie und ihrer Umwelt besser durchkommt und ein Gefühl von Zugehörigkeit erlebt, wenn sie schlau ist und ihre Gefühle nicht zeigt. Sie unterdrückt.

Wenn wir unangenehme Gefühle über einen langen Zeitraum unterdrücken, spüren wir sie zunehmend weniger. Dabei verkehrt sich auch unsere Fähigkeit zu fokussieren in einen Nachteil. Traurige Realität ist, dass auch unsere Freude und Begeisterung abnehmen, wenn wir Wut und Enttäuschung unterdrücken. Das Pendel schlägt dann weder in die eine noch in die andere Richtung aus. Man beschreibt manchmal Erwachsene als »emotional abgeflacht«. Wobei Abflachen zwar dem Erleben entspricht, nicht aber dem Zustand des autonomen Nervensystems, das meist deutlich erregt ist.

Manche Kinder reagieren wie Anna in unserem Beispiel sichtbar zurückgezogen und leise, sie fallen meist nicht auf, weil sie kooperativ wirken. Auffallend sind Kinder, die aus den gleichen Gründen wie oben (ihre Gefühle »sollten nicht sein« und die wichtigen Bezugspersonen wissen nicht, wie sie das Kind co-regulieren können) emotional überfordert sind – Kinder mit Verhaltensstörungen, wie sie im pädagogischen Alltag genannt werden.

Die spezifischen Diagnosen spielen hier keine Rolle. Aber fast alle psychiatrischen Diagnosen im Kindes- und Jugendalter haben emotionale (Hinter-)Gründe. Störungen des Sozialverhaltens, Angststörungen, Depressionen, Essstörungen bis hin zu Persönlichkeitsstörungen usw. sind immer auch Beziehungsstörungen und bilden sich im Stresserregungssystem ab. Susan Hart bringt es folgendermaßen auf den Punkt, wenn sie sagt: »Die Fähigkeit des Kindes, sich in soziale Beziehungen einzubringen, formt sich durch die wechselseitige Regulation, die das Kind erfährt und zu erwarten lernt.«[45]

Umgang mit Gefühlen

Es ist eine grundlegend wichtige Erfahrung, dass man durch jemand anderen beruhigt werden kann. Wir nennen das Co-Regulation. Das gelingt dann, wenn in emotional überfordernden Situationen jemand da ist, der meine heftigen Gefühle und das aushält, was gerade in mir passiert, der mir durch seine Anwesenheit Halt gibt.

Eltern lernen etwa im Zusammensein mit ihren Babys, wie Co-Regulation funktioniert. Nicht immer gelingt sie jedoch ohne Unterstützung – und schon gar nicht auf Knopfdruck. Das kann mit schwierigen Situationen rund um die Schwangerschaft und Geburt zu tun haben, oder jungen Eltern ist einfach das intuitive Wissen aufgrund unrealistischer pädagogischer Ideen und persönlicher Ansprüche (ein Baby schläft durch, wenn man alles »richtig« macht) verloren gegangen. Hinzukommt, dass manche Babys mit zusätzlichen Herausforderungen auf die Welt kommen.[46]

Das alles braucht Erwachsene, die damit umgehen können. Die sich selbst beruhigen können und als Orientierung und Halt in der Brandung stehen. Angespannte, gestresste Erwachsene stecken Babys und Kinder an, anstatt sie zu besänftigen. Nur wer also selbst entspannt und gelassen ist, hat die Voraussetzungen, ein Kind zu beruhigen. Das ist sehr herausfordernd für Fachleute und Eltern, da viele von uns das selbst nicht erfahren haben.

Für die meisten macht diese Logik Sinn und gelingt relativ rasch, wenn es um die Beruhigung eines Kleinkinds geht. Aber was ist mit dem Dreijährigen, der mich zur Weißglut bringt, weil er seine Schuhe nur verkehrt herum anziehen will; mit der Achtjährigen, die auf die Lehrerin stinksauer ist und sich weigert, ihre Hausaufgaben zu machen; mit der Wut, Verzweiflung und Trauer einer Jugendlichen, die von ihrer Mutter verlassen wurde und nun Angst vor der Zukunft hat? Auch hier gilt es, sich selbst zuerst ernst zu nehmen und zu beruhigen (vgl. Kapitel »Selbstanbindung«).

Kinder entfachen bei Eltern nicht nur Gefühle der Liebe – und bei Fachleuten nicht nur Sympathie und Mitgefühl. Erst durch Vorfälle mit Kindern werden sich viele Erwachsene solch schwieriger Gefühle wie Wut, Verzweiflung oder Ohnmacht wieder in einer Heftigkeit bewusst, die ihnen vielleicht lang fremd war. Häufig wird das »Problem« ausschließlich im Kind gesehen. »Ich bin ja nicht so, aber wenn sie sich so aufführt!« ist ein Satz, den ich sowohl von Eltern als auch von Fachleuten kenne. Dass Kinder und Jugendliche in uns heftige Gefühle aufwirbeln, konfrontiert uns mit einer inneren Wirklichkeit, die wir als Erwachsene nicht erwarten und die uns überfordert.

Ich spürte als junge Mutter überraschend deutlich, wie stark der Einfluss meiner Gefühle war, und mir wurde schmerzlich bewusst, dass ich wenig Ressourcen hatte, um mich selbst zu beruhigen. Auch wenn ich meine Gefühle meistens in Schach halten konnte, waren eine deutliche Spannung und Überforderung in mir. Ich lernte in der Folge mit und durch meine Kinder, dass Emotionen nicht nur lästiges Beiwerk sind, die mich manchmal überrollten, sondern sinnvolle und hilfreiche Reaktionen. Gefühle sind Signale, Warnungen und Hinweise in einem.

Viele Erwachsene erleben eine große Hilflosigkeit und Überforderung, wenn Kinder traurig, wütend oder enttäuscht sind. Wenn Kinder Ängste zeigen, steht manchen Erwachsenen vor lauter Angst selbst Panik ins Gesicht geschrieben. Viele wissen nicht, was sie tun sollen, wenn sie mit Erklärungen und Beschwichtigungen nicht weiterkommen. Sie verlassen sich auf ihren Verstand, der ihnen mit zunehmender Erregung jedoch immer weniger zur Verfügung steht. Wie wir alle wissen, sind unsere Reflexionsfähigkeit und unsere Fähigkeit, logisch und entspannt zu denken, ziemlich eingeschränkt, wenn unsere Gefühle überhandnehmen.

Wenn du nicht sicher bist, ob du mir das glauben sollst, erinnere dich bitte an den letzten Konflikt in deiner Partnerschaft oder im engsten Familienkreis. Erinnere dich an den letzten Streit, bei dem du nicht ruhig bleiben konntest. Ging es dir nicht auch so, dass du Dinge gesagt hast, die du (rein logisch betrachtet) lieber nicht gesagt hättest? Dass du Dinge gemacht hast, für die du dich vielleicht sogar geschämt hast? Ich kann dir versichern, du bist mit diesen Erfahrungen nicht allein.

Es ist hirnphysiologisch leicht erklärbar, was hier passiert.

1. Du fühlst dich bedroht = du fühlst dich nicht sicher.
2. Dein autonomes Nervensystem reagiert (dein Puls und das Adrenalin steigen, deine Pupillen weiten sich und einiges mehr)
3. Je nach Situation entstehen unterschiedliche Gefühle – sicher ist, dass dein Stresssystem aktiviert wird.
4. Die Fähigkeit, logisch zu denken und dich kognitiv zu regulieren, nimmt ab.

Wenn du bisher gedacht hast, dass »sich selbst regulieren« mit »sich emotional im Griff haben« gleichzusetzen ist, habe ich in den nächsten Kapiteln ein paar frische und neue Ideen für dich.

Denken – Fühlen – Empfinden

Damit wir besser verstehen, wie sich unser Bild von uns selbst und unsere Fähigkeiten uns zu regulieren entwickeln, ist es hilfreich, die Gehirnentwicklung zu verstehen. Das vorher zitierte Modell des dreieinigen (ja, du hast richtig gelesen: dreieinig, nicht dreigeteilt) Gehirns[47] zeigt, wie sich das menschliche Gehirn entwickelt hat und in welcher Abfolge sich die Gehirnreifung bei jedem Kind im Lauf des Heranwachsens wiederholt. »Jedes hat sein eigenes Gefühl der Subjektivität, seine eigene Wahrnehmung von Zeit, Raum und Gedächtnis.«[48]

Es sind drei verschiedene Systeme, die sich gegenseitig beeinflussen und eng miteinander verbunden sind. Die Schwerpunkte der unterschiedlichen Organisation sind in der Grafik unten abgebildet. Wie ich erwähnt habe, können die meisten Menschen recht gut zwischen Gedanken, Gefühlen und körperlichen Empfindungen unterscheiden. Auch Kinder haben innere Konzepte, die sich klar unterscheiden.

Ameisen auf der Haut

Hier die Worte einer Zehnjährigen, als ich sie fragte, ob sie ihre Angst (es ging um Schulstress) beschreiben könne: »Also, zuerst versuche ich zu verstehen, was der Lehrer erklärt, und dann merke ich, ich komme nicht mit ... Dann wird es so wie Watte im Kopf und dann kribbelt es auf der ganzen Haut. Es ist, wie wenn ich in einem Ameisenhaufen sitzen würde. Und zu Hause, wenn Mama etwas sagt oder tut, kommt das Weinen und ich bin traurig und wütend und fühle mich sehr allein. Ich habe den Eindruck, keiner versteht mich, auch wenn meine Mama und meine Freundin behaupten, dass sie mich verstehen.«

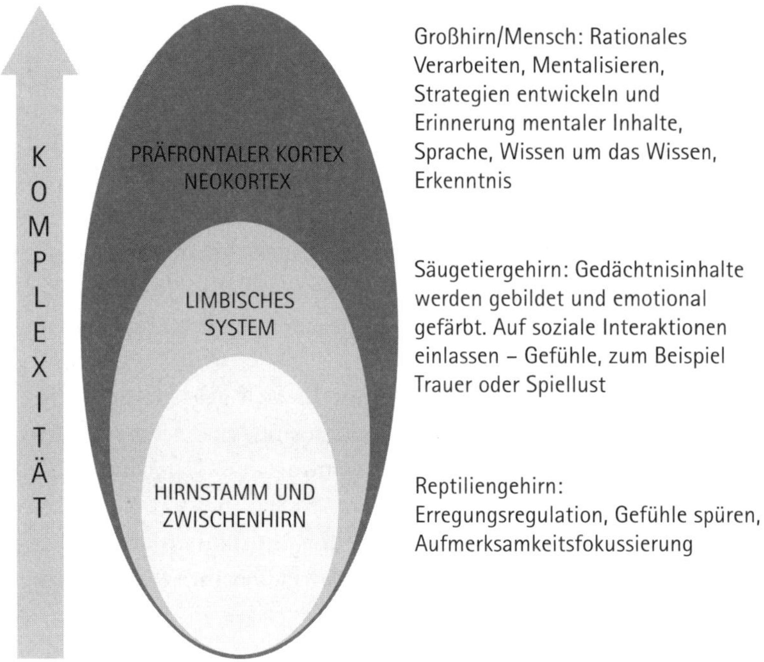

Das Modell des Triune Brain verdeutlicht die unterschiedlichen Verarbeitungsebenen von Erfahrungen und Wahrnehmungen.

Aber der Reihe nach: Ein Säugling kommt mit einem ausgereiften Stammhirn (das autonome Nervensystem und die motorische Koordination funktionieren vollständig) und einem relativ gut entwickelten limbischen System zur Welt (er kann zwischen angenehm und unangenehm unterscheiden, Lernfähigkeit ist vorhanden und er fühlt grundlegende Gefühle wie Freude, Trauer, Wut, Ärger, Überraschung und Ekel[49]). Das Baby kann von Anfang an auf lebensbedrohliche Situationen reagieren und seine sozialen Beziehungen mitgestalten. Es sichert sich dadurch die lebensnotwendige Zugehörigkeit und emotionale Versorgung. Alles Notwendige, um in soziale Beziehungen zu treten, ist also angelegt.

Die Entwicklung des Kindes beginnt mit einer Phase der Sensomotorik: Säuglinge spüren sich selbst von Anfang an über ihre eigene Bewegung und ihre Körperempfindungen sowie über Berührungen durch andere. Es ist ziemlich praktisch, dass sie sich noch nicht getrennt von anderen wahrnehmen, sondern durch die Fähigkeit der Stimmungsübertragung mit ihren Bezugspersonen unmittelbar in Resonanz gehen. Das hilft ihnen, sich in der Welt außerhalb der Gebärmutter schnell und unkompliziert zurechtzufinden.[50]

In der nächsten Phase (ab ca. 6–9 Monaten) schärft sich gemeinsam mit der akustischen und visuellen Wahrnehmung und der Reifung des präfrontalen Kortex ihre Fähigkeit, Situationen und Menschen intuitiv einschätzen zu können. Intuitiv deshalb, weil noch kein kognitives Verstehen möglich ist. Die Nervenbahnen sind dafür noch länger nicht ausreichend differenziert. Trotzdem haben wir bei Kindern im Alter von rund einem Jahr das Gefühl, dass sie schon einiges verstehen, obwohl das gehirnphysiologisch betrachtet nicht »verstehen« in dem Sinn ist, wie wir es kennen.

Sie nehmen immer differenzierter wahr, was sie hören, sehen und emotional spüren und synchronisieren sich mit ihrer Umwelt über die Spiegelneuronen. Die Neuropsychologin Susan Hart verwendet den Begriff Synchronisation[51], weil der Prozess, ähnlich wie bei technischen Geräten, ein unmittelbarer Austausch ist. Allerdings ist er viel spielerischer und experimentell – anders als bei technischen Geräten. Es ist ein rhythmisches aufeinander Einschwingen und Beantworten des Kindes.[52]

Video – Weinen ohne Trauer

Es gibt unzählige Videos im Netz, die die Stimmungsübertragung zeigen, die weit über die ersten Tage und Monate des Lebens hinausgeht. Es scheint Eltern und Beobachter gleichermaßen zu faszinieren.

Der Aufbau ist immer ähnlich: Eine Mutter/ein Vater singt einem Baby eine sehr berührende, traurige Arie oder ein Lied vor. Im Video wird nur das Gesicht des Kindes gezeigt. Dessen Ausdruck spiegelt den Herzschmerz, den das Lied ausdrücken soll, wider. Das Kind weint, aber ohne deswegen traurig zu sein. Es ist einfach ein angestecktes Gefühl.

Die emotionale Abstimmung mit der Umgebung bekommt im Alter von 1,5 bis 2 Jahren neue Facetten. Kleinkinder können sich zunehmend selbst als Individuum mit einem Innen und einem Außen wahrnehmen. Sie beginnen sich als eigenständige Wesen zu fühlen, dadurch ist die Stimmungsübertragung bzw. emotionale Ansteckung nicht mehr zwangsläufig gegeben. Ein Video der engen Synchronisation mit einer singenden Mutter würde bei Zweijährigen nicht mehr funktionieren. Wie ich bereits beim Rouge-Test (Kapitel »Neurowissenschaftliches – ein kleiner Einblick«) erwähnt habe, entdecken Kinder in dieser Phase auch sich selbst im Spiegel. Dieses Sich-selbst-Erkennen geht der Fähigkeit zur Empathie immer voraus.

Die Empathie, von der wir hier reden, heißt, »das Erfahren, Erkennen und Unterscheiden einfacher innerer Zustände bei sich und anderen im Hier und Jetzt.«[53] Das heißt, dass wir erst durch die Fähigkeit zur Empathie lernen, Gefühle anderer Menschen emotional deutlich von unseren eigenen abzugrenzen.

Mit frühestens vier Jahren beginnen Kinder die mentale Perspektive eines anderen einzunehmen. Mit der kognitiven Ausreifung steht ihnen nach und nach das zur Verfügung, was Wissenschaftler »Theory of Mind« nennen: Gefühle, Absichten, Wünsche, Überzeugungen usw. in sich selbst und anderen zu erkennen – eine wichtige Voraussetzung für das soziale Miteinander.

Das Gespräch mit einer Dreijährigen (Beispiel unten) zeigt deren Weltsicht noch vor dieser eben beschriebenen Entwicklung: Lilly erzählt ihrem Vater stolz, dass sie die Autoschlüssel gefunden hat. Aber der Vater weiß nicht, wo sie sind, und Lilly kann die Perspektive ihres Vaters (noch) nicht einnehmen.

Lilly und der Autoschlüssel

Vater: Lilly, hast du die Autoschlüssel verloren?
Lilly: Nein, Papa, ich habe sie gefunden.
Vater: Ich weiß, dass du sie gefunden hast, aber wo hast du sie hingelegt?
Lilly: Ich weiß es nicht. Ich bin die, die sie gefunden hat.
Vater: Ja, das weiß ich. Hast du sie zuletzt gehabt?
Lilly: Ja.
Vater: Aber du hast sie nicht verloren?
Lilly: Nein, ich weiß nicht, wer sie verloren hat. Ich habe sie gefunden.

Lilly kann nur ihre eigene Perspektive einnehmen. Ein älteres Kind kann sich beispielsweise vorstellen, dass es selbst nicht weiß, wo die Schlüssel sind, aber dass es vielleicht der große Bruder weiß, weil er die Schlüssel auch gesehen hat. Er hat auch ein Gefühl für Zeit und weiß, dass sein »Finden« vorher war. Mit dem Zeitgefühl geht auch die Fähigkeit einher, zu warten und Zusammenhänge herzustellen.

Für die soziale Entwicklung ist relevant, dass sich Kinder bewusst werden: »Ich kann mir etwas denken und mir vorstellen, was andere denken.« Sie können sich dann vorstellen, dass jemand anderer traurig ist, weil er ein Spielzeug verloren hat. Mitgefühl ist ein Teil eines neuen Entwicklungsschrittes, es umfasst die Fähigkeit zur Stimmungsübertragung, die Empathiefähigkeit und die Theory of Mind/die Mentalisierungsfähigkeit. Mitgefühl kann »als eine vielschichtige Puppe angesehen [werden], die im Kern aus einer Zustandsangleichung (Gefühlsansteckung), in der nächst darüber liegenden Puppe in einer Anteilnahme für andere (Trösten) und schließlich – als dritte Puppe – aus einer Perspektivenübernahme (in Sinne gezielten Helfens) besteht.«[54]

Die Theory of Mind beschreibt die Fähigkeit, sich vorzustellen, wie es sich in einer bestimmten Situation in der Haut eines anderen anfühlt, ohne dies unbedingt selbst fühlen zu müssen. Es ist eine zweischneidige Entwicklung, die zum einen der gesunden Abgrenzung dient, zum anderen aber auch emotionale Distanziertheit und Kälte erst möglich macht. Diese Fähigkeiten des Mitgefühls und der Differenzierung entwickeln sich vor allem im gemeinsamen spielerischen Austausch.

Bis zur vollen kognitiven Ausreifung vergehen dann noch etwa zwanzig Jahre. Die oben angerissenen Entwicklungsschritte und die enge Synchronisation bedeuten auch, dass emotionale und körperliche Erfahrungen der frühen Kindheit zwangsläufig einen viel stärkeren Einfluss haben.[55]

Erst mit der Fähigkeit zur Selbstreflexion im Erwachsenenalter (das eigene Denken und auch das Denken anderer werden reflektiert) reift auch die Fähigkeit zur Feinfühligkeit und emotionalen Abgestimmtheit heran. Diese ist etwa notwendig, um einen Säugling zu begleiten und eine sichere Bindung sowie stabile Co-Regulation herzustellen.

Wir wissen also jetzt grob, wie sich die unterschiedlichen Teile des Gehirns entwickeln und welche Funktionen sie für die emotionale Entwicklung haben. Das Denkmodell des dreieinigen Gehirns weist auf eine Grunddynamik des menschlichen Seins hin, die sowohl in die eine als auch in die andere Richtung gehen kann (siehe Grafik unten). Dabei sind unser Denken, Fühlen und Spüren immer in unsere Umgebung eingebettet.

Auch bei uns Erwachsenen lösen rein körperliche Einflüsse je nach Kontext unterschiedliche Gefühle aus. Ein Versuch brachte dies deutlich zum Ausdruck: Man injizierte zwei Gruppen von Personen unter einem Vorwand Adrenalin und bat sie, ihre Erfahrungen mit dem vermeintlichen Vitaminpräparat zu beschreiben. Bei allen löste das Adrenalin feuchte Hände und eine Erregung aus. Eine der beiden Gruppen war mit einem Nörgler im Warteraum, die anderen mit einem, der herumalberte und Witze machte. Die Beschreibungen der individuellen Erfahrungen mit dem Präparat waren sehr stark von diesem sozialen Umfeld (Nörgler, Witzemacher) und der entsprechenden Stimmung gefärbt. Die einen erlebten die körperliche Erregung, die zwangsläufig ausgelöst wurde, als unangenehm, sie waren gereizt. Die anderen bezeichneten die Erfahrung als schön und wiederholenswert.[56]

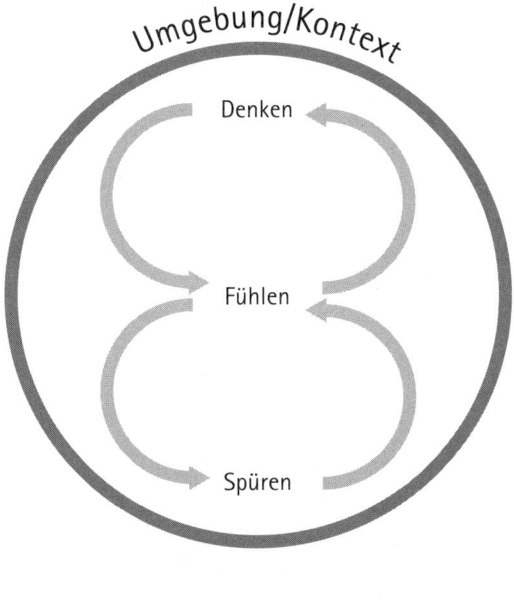

Simpel gesagt haben wir körperliche Empfindungen, zu denen wir Gefühle haben, und zu diesen Gefühlen haben wir Gedanken, und genauso geht es in die andere Richtung. Wir haben Gedanken, die Gefühle auslösen, und die wiederum lösen körperliche Empfindungen aus.

Wenn dieser Kreislauf intakt ist, dann ist alles im Fluss, dann haben wir ein körperliches, emotionales und kognitives Gefühl von Stimmigkeit, sprich Kohärenz. Wir erleben uns als Einheit.

Wenn du zum Beispiel an einen warmen, schönen Sommertag denkst, löst das Gefühle aus, die auch in Empfindungen differenziert werden können: Es könnte sein, dass sich der Puls senkt, du dich entspannst oder Ähnliches. Der Gedanke allein löst also ein Gefühl des Wohlbefindens und Behagens aus.

Um das besser fassen zu können, müssen wir erkennen, dass unser Bewusstsein keine fixe Substanz, sondern ein Prozess ist. Es ist eine ständige Auseinandersetzung mit dem Innen und Außen. Daher hängen unsere Gefühle nicht nur von den körperlichen Reaktionen ab, die beispielsweise bei Trauer in Gang gesetzt werden, sondern auch von dem Rahmen, in dem ich etwas erfahre oder spüre.[57]

Ich zum Beispiel habe eine Eigenheit, die meine Familie manchmal sehr verwundert, aber häufig auch zum Lachen bringt: Ich höre etwas emotional Berührendes (irgendeine belanglose, aber nette Geschichte) im Autoradio, und erst später, wenn ich sie zu Hause nacherzähle, kommen mir, auch für mich selbst meist überraschend, Tränen der Berührtheit. Ich spüre meine Betroffenheit, die sicher schon beim Autofahren da gewesen war, erst dann, wenn ich meinen Lieben von der Geschichte erzähle.

Das Überraschende dabei ist, dass ich dieselbe Geschichte zuvor vielleicht schon irgendjemand anderem erzählt haben kann, ohne Tränen zu vergießen. Wir lachten vielleicht sogar darüber. Meine tiefe Berührung wird erst an dem Ort sichtbar, an dem ich mich wohl und sicher fühle.

Eric Kandel betont, dass das menschliche Gehirn keine Kamera sei, die die Dinge aufnimmt, wie es sie wahrnimmt, sondern ein homerischer Geschichtenerzähler[58], ein ausschweifender, gefühlsbetonter und selbstorganisierter Geschichtenerzähler. Man könnte also sagen, dass unsere Gefühle eine kommunikative Form der Informationsverarbeitung in unserem Gehirn sind.

Auf der anderen Seite (kein warmer Sommertag, sondern vielleicht ein Knall in der Fußgängerzone oder eine andere Situation, die wir nicht einschätzen können) kann sogar unbewusster Stress Gefühle wie Angst auslösen. Im weniger bedrohlichen Fall denken wir: »Was passiert hier? Bin ich sicher?« Wenn die Bedrohung tatsächlich hoch ist, beginnen wir schon zu laufen, noch bevor wir bewusst darüber nachdenken.[59] Auch hier erlebe ich Stimmigkeit und Kohärenz, wenn meine Gefühle zu dem passen, was ich erlebe, selbst wenn ich gestresst bin.

Das Gefühl von Stimmigkeit ist die bekannteste Variable psychischer Stabilität.[60] Wenn das Zusammenspiel aus Denken, Fühlen und Spüren aus irgendeinem Grund blockiert ist, wird es kritisch. Wenn wir zum Beispiel versuchen, etwas nur auf der Sachebene kognitiv zu lösen, und nicht anerkennen, dass auch Emotionen (Beziehungsebene) beteiligt sind, egal wie »sachlich« etwas ist, fehlen uns relevante Informationen sowie notwendige Aspekte für die sachliche Umsetzung.

Der Begriff Kohärenz ist dir vielleicht schon im Zusammenhang mit dem Stressforscher Aaron Antonovski[61] untergekommen. Er hat bei der Erforschung der Faktoren, die Menschen psychisch gesund halten, als einer der Ersten die Notwendigkeit der inneren Stimmigkeit beschrieben.

Antonovski hat festgestellt, dass sich Kohärenz einstellt, wenn Menschen das Gefühl haben, dass das, was sie erleben, einen Sinn hat, wenn sie sich als handlungsfähig erleben (nicht ausgeliefert und ohnmächtig) und wenn etwas verstehbar ist. Er hat auch als einer der Ersten Gesundheit nicht als Zustand, sondern als Prozess beschrieben. Eine Sichtweise, die zunehmend von verschiedenen medizinischen Fachbereichen bestätigt wird.[62]

Die Gehirnfunktionen des körperlichen Empfindens, des Fühlens und des Denkens sind keine getrennten Vorgänge, auch wenn wir Menschen die Fähigkeit haben, emotionales Erleben von unserem Spüren zu entkoppeln. Zusätzlich sind in uns gleichzeitig Rationales und Irrationales, Bewusstes und Unbewusstes am Werk, das aber im Normalfall entspannt zusammenarbeitet und sich ergänzt.

Kohärenz ist keine fixe Größe, die immer gleich bleibt und die manche Menschen einfach haben und andere nicht. Sie entwickelt sich im Lauf unseres Heranwachsens durch das Zusammenspiel mit anderen Menschen, durchläuft Phasen der Stabilität und verschwindet manchmal, ohne dass ersichtlich ist, warum.

Gut ist, dass wir uns unseres Selbst sicher fühlen, wenn wir innere Kohärenz erleben, auch wenn uns Äußeres bedrängt oder beunruhigt. Und sollte unsere innere Kohärenz wackeln, setzt unser Organismus viel daran, sie wiederherzustellen.

Ich, die anderen und mein Gehirn

Kommen wir zurück zur Gehirnentwicklung. Genauso wie sich kognitive Prozesse und motorische Fertigkeiten entwickeln, hat die emotionale Entwicklung ihre eigenen Prozesse, die aufeinander aufbauen. Wie wir wissen, haben Gefühle eine wichtige Vermittlerrolle innerhalb des Gehirns. Sie bestimmen aber auch, zu welchen Interaktionen das Kind einlädt und worauf es sich einlassen kann.[63]

Die biologische Entwicklung hängt also zu einem Teil von den Reaktionen und Interaktionen mit anderen Menschen und der Umwelt zusammen. Die Basis bildet das schon Entwickelte. Und an der Schwelle zur nächsten Phase prägen Momente der Synchronisation mit dem jeweiligen Gegenüber, was und vor allem wie sich die nächsten Prozesse ausbilden.

Vereinfacht zusammengefasst, legt die aktuelle biologische Entwicklung fest, was als Nächstes möglich ist. Die aktuellen sozialen Momente der Synchronisation mit anderen formen die Qualität und Feinheiten dieser sich gerade entwickelnden Stufe. Entwicklung ist also immer ein Prozess des Ko-Kreierens: Sich gemeinsam mit anderen entwickeln, schaffen und gestalten findet im gemeinsamen Spiel statt.

Bei gesunden Kindern stimmen chronologisches Alter und emotionale Reife zumeist gut überein. Kinder, die vernachlässigt wurden oder physisch beeinträchtigt sind, weisen komplexere Reifungsprozesse auf. Das erfordert von Eltern und Fachleuten einen differenzierten Umgang. Sie müssen sowohl mit den altersadäquaten als auch den noch unterentwickelten Anteilen des Kindes zeitgleich interagieren. Alle Kinder aber brauchen Erwachsene, die sich immer wieder mit ihnen synchronisieren. Dieser Begriff, den wir aus der digitalen Welt der Technik kennen, beschreibt auch die Prozesse der Gehirnentwicklung sehr präzise.

»Emotionales Lernen, Persönlichkeitsentwicklung und soziales Lernen finden durch tausende tägliche, subtile Synchronisationen mit anderen statt.«[64] Es sind nicht die Dinge, die wir tun, wie mit dem Kind spielen, ein Buch lesen oder kochen, während das Kind nörgelnd am Rockzipfel hängt. Es liegt nicht in erster Linie daran, ob wir in der ambulanten Familienbegleitung mit dem Kind dieses oder jenes gemacht haben. Es liegt an den winzig kleinen Momenten, die diese Aktivitäten ausmachen. Die Augenblicke, in denen wir uns auf das Kind einstimmen und uns auf seine Welt, seinen Rhythmus und aktuelle Entwicklung einlassen können. Das ist weder durchgehend notwendig noch sinnvoll, aber es erfordert ein gewisses Gespür für relevante Augenblicke des direkten Kontakts.

Das folgende Beispiel aus dem Schulalltag zeigt, wie dies auch noch in der Zusammenarbeit mit älteren Kindern wesentlich ist.

»Das kann doch jeder sagen!«
Katja, ein elfjähriges Mädchen, realisierte am späten Abend, dass sie aufgrund eines Arztbesuches am Nachmittag ganz übersehen hatte, ihre Englischaufgabe für den nächsten Tag zu erledigen. Sie überlegte, ob sie sich durchschummeln (der Lehrer sammelte nicht jeden Tag alle Aufgaben ab) oder es dem Lehrer einfach sagen sollte und die Hausaufgabe nachbringen würde. Sie war sich unsicher. Ihre Mutter kannte den Lehrer als engagierten, offenen Menschen und ermutigte ihre Tochter ehrlich zu sein.

Am nächsten Tag kam Katja zerknirscht von der Schule nach Hause. Auf die Frage ihrer Mutter, was der Lehrer denn zur fehlenden Englischaufgabe gesagt habe, antwortete sie: »Er meinte, das könne ja jeder erzählen, und er hat recht, Mama, das kann doch jeder sagen!«

Wenn wir uns diese Situation aus der Perspektive des Lehrers anschauen, gibt es sicher verständliche Gründe, warum er an diesem Tag keine Nerven hatte, genau hinzuhören, und nicht offen war, hinzuspüren, ob er diesem Kind in diesem Moment diese Erklärung glaubt oder nicht. Was er aber dem Kind genau in dieser Situation durch seine Reaktion zu verstehen gab, war nachhaltig: Er glaubte ihr nicht und ihr Wort zählte nicht.

Die Schlussfolgerungen der Elfjährigen in ihrer Entwicklungsphase an der Schwelle zur Pubertät mit keimender Autonomie waren, dass es im Zusammenspiel mit Autoritätspersonen keinen Sinn macht, Fehler einzugestehen oder offen mit Missgeschicken umzugehen. Und dass das Hoffen, dass die fehlende Hausaufgabe »untergeht«, wesentlich weniger demütigend gewesen wäre als zu erleben, dass einem jemand kein Vertrauen entgegenbringt.

Ich bin mir sicher, dass der Lehrer so etwas keinesfalls vermitteln wollte. Dennoch wirkte seine Reaktion nachhaltig, weil Katja ihm vertraut und sich geöffnet hatte.

Die wesentlichen Momente der Synchronisation sind die Augenblicke, in denen wir das Kind anschauen, die Augenbrauen hochziehen oder lächeln. Es sind die Momente, in denen unser Ton mit dem in Einklang steht, was wir sagen. Es sind Bruchteile von Augenblicken, auch Mikro-Momente genannt, in denen unsere Körperbewegung, unser Rhythmus, unser Blick und unsere Stimme den Takt und den Rhythmus des Kindes aufgreifen. Es sind die Momente, die zu einem inneren wechselseitigen Austausch führen.

Genau diese Momente der Begegnung, der Synchronisation formen in der Kindheit und Jugend spezifische Synapsen. Sie regulieren, wie wir lernen, mit uns selbst und anderen umzugehen. Synchronisation ist das spezielle Medium der menschlichen Abstimmung und hilft der Entwicklung einer anpassungsfähigen und gesunden Persönlichkeit.[65]

Wie wir auch im medizinischen Kontext zunehmend erkennen, beruht menschliche Gesundheit sowohl körperlich als auch psychisch auf der Fähigkeit, flexibel und anpassungsfähig mit Dingen umzugehen.[66] Wie Susan Hart betont, »werden alle höheren Persönlichkeitsmerkmale, die Bindungsfähigkeit, emotionale Selbstregulation, Impulskontrolle und Reflektion durch unzählige soziale Mikro-Interaktionen geformt, die zunehmend internalisiert werden und die intra-psychische Gewohnheiten und Strukturen bilden.«[67]

Etwas vereinfacht gesagt heißt das, dass all diese Dinge, die für unser Zusammenleben als Menschen wesentlich sind, genau durch diese kleinen Augenblicke der Synchronisation des gemeinsamen Takts, durch die Momente der Begegnung, gebildet werden. Einer der bekanntesten und frühesten Babyforscher, der Psychiater Daniel Stern, hat den schönen Begriff »Moments of Meeting«[68] dafür verwendet.

Das Erleben der Synchronisation[69], des unmittelbaren Kontakts und der Begegnung, prägen, wie wir noch sehen werden, unsere Selbstbilder und Selbstbewertungen. Der subtile, oft fast unsichtbare Austausch bildet die Basis der Selbst-Regulation und der späteren Mentalisierungsfähigkeit (der Fähigkeit, sich in andere hineinzuversetzen).

Aus der Resilienzforschung (sie versucht zu verstehen, warum sich manche Kinder trotz widrigster Umstände relativ stark und flexibel entwickeln) wissen wir, dass der entscheidende Faktor für Resilienz in den Erwachsenen-Kind-Interaktionen liegt. Ich schreibe hier bewusst nicht Beziehungen, sondern Interaktionen. Weil es letztlich, so wie am Beispiel der elfjährigen Katja, auch in einer guten Lehrer-Schüler-Beziehung auf die jeweiligen Interaktionen ankommt.

Resilienz entwickelt sich bei Kindern aus schwierigen Verhältnissen durch die Art und Weise, wie Bezugspersonen außerhalb des destruktiven oder kranken Systems mit dem Kind, seinen Ängsten und Sorgen und allem, was zu ihm und seiner Geschichte gehört, umgehen. Damit kommt jeder Erziehungsperson und vor allem ihrer Art, in Kontakt zu treten, eine entscheidende Rolle zu.[70]

Die Erkenntnisse der Epigenetik spiegeln diese psychischen Erfahrungen auf biologischer Ebene: Es sind nicht die Gene, die unsere Gesundheit bestimmen, sondern die Vermittlersubstanzen zwischen den Genen.[71] Genauso bestimmen Vermittlersubstanzen, wie Offenheit, Freundlichkeit, Interesse, aber auch Abwehr, Desinteresse usw., unsere Erlebnisse.

Wir alle haben unser Potenzial durch Beziehungen mit »relevanten anderen« entwickelt, also mit Menschen, die bereit waren, ihre erwachsene Verantwortung für den Kontakt mit uns und die Einstimmung auf uns zu übernehmen, auch wenn sie biologisch oder sozial nicht die nächsten Bezugspersonen waren.

Jakob und die unscheinbaren Unterstützungen
Jakob wuchs in einem Haushalt auf, in dem beide Eltern einfache Arbeiter waren. Dass Kinder in die Schule gehen müssen, war für sie eine Tatsache, aber sie hatten keine weiteren Ansprüche an die Ausbildung ihrer Kinder. Das hieß, dass Jakob keinerlei schulische Unterstützung erhielt und sowohl bei Hausaufgaben als auch bei seinen Fragen rund um den nächsten Schritt in der schulischen Laufbahn ganz auf sich allein gestellt war. In der Grundschule war er ein durchschnittlicher Schüler.

Bis ins späte Erwachsenenalter kann er sich an zwei einprägsame und zukunftsweisende Begegnungen mit Lehrern erinnern.

Ein Lehrer ermutigte ihn, nach der Hauptschule die Mittlere Reife anzupeilen. Er gab Jakob ohne große Worte zu verstehen, dass er ihm sowohl die Aufnahmeprüfung als auch die Bewältigung der Schule zutraute.

Der zweite Lehrer war Jakobs Englischlehrer in der neuen Schulstufe. Jakob hatte in der ersten Arbeit sehr schlecht abgeschnitten und wie erwähnt keine außerschulische Unterstützung. Der Lehrer vermittelte ihm jedoch in kleinen Gesten: »Das schaffen wir schon!« und »Jetzt machen wir keinen Stress«.

Diese zwei Begegnungen legten den Grundstein für Jakobs Zutrauen in sein Lernen und damit auch für die weiteren Schritte, die er unternahm, um als Erster aus seiner Großfamilie zu studieren.

Für den Teenager Jakob waren die Erfahrungen mit den zwei Lehrern wichtig und prägend. Männer, die aus anderen Lebenswelten kamen und andere Werte vertraten als sein Zuhause. Aus der Arbeit mit LehrerInnen gehe ich davon aus, dass die beiden wahrscheinlich keine Ahnung hatten, wie wichtig diese Momente für das Kind waren, und sie sie wahrscheinlich nicht weiter abgespeichert haben. Wovon wir aber ausgehen können, ist, dass sie in Einklang mit ihren inneren Überzeugungen gehandelt haben. Dass sie in Jakob ein Potenzial sahen, das über seine offensichtlichen Leistungen hinausging, und sich als Menschen mit ihrem Eindruck, ihrer Überzeugung und Kontaktfähigkeit zur Verfügung stellten.

Auch wenn wir wie führende Verhaltensgenetiker vermuten, dass grundlegende Persönlichkeitsmerkmale schon von Beginn an angelegt sind und wir werden, wer wir sind,[72] macht es einen großen Unterschied, wie wir genau mit diesen Anlagen und persönlichen Gegebenheiten einen Umgang finden. Dieser Umgang mit uns selbst wird durch die Umgebung gelehrt und geprägt.

Je jünger ein Kind ist, desto mehr erwachsene Unterstützung braucht es, um in die wechselseitige Interaktion einzusteigen. Es braucht den Erwachsenen, der gemeinsam mit ihm diesen Austausch entwickelt. Es ist ein gemeinsames Weben oder Bauen der Beziehung, und da dem Kind noch keine Sprache (und damit verbunden auch keine Vorstellungen) zur Verfügung steht, ist es auf die Angebote, Initiativen, Benennungen und Synchronisierung von Erwachsenen angewiesen. Alle Momente der direkten Interaktion bilden die Basis für die Fähigkeit des Kindes, komplexere und stimmigere Wege des Miteinanderseins mit Menschen, die ihm nahe sind, und mit »relevanten anderen« zu entwickeln.[73]

Ich will kurz erklären, warum ich den Begriff »significant others« (»relevante andere«) neben dem deutschen Begriff »Bezugsperson« verwende: Damit sind Personen gemeint, die nicht unmittelbare Bindungspersonen wie Mutter, Vater oder Großeltern sind, sich dem Kind aber aufgrund sozialer Gegebenheiten über einen gewissen Zeitraum als relevantes Gegenüber zur Verfügung stellen.

Diese Personen haben nicht immer unbedingt denselben sozialen Status wie die Bezugspersonen, sie erlauben aber sich und dem Kind, sich aufeinander zu beziehen und die Verantwortung für relevante Interaktionen zu übernehmen. Der deutsche Universitätsprofessor und Psychotherapieforscher Rainer Sachse betont eindrücklich, dass alle, die mit verwundeten und verletzten Menschen zu tun haben, therapeutische Funktionen haben, egal ob sie für die therapeutischen Prozesse verantwortlich sind (wie PsychotherapeutInnen und klinische PsychologInnen) oder andere Aufgaben im Alltag der Person übernehmen (wie LehrerInnen, SozialpädagogInnen, Ergo- oder PhysiotherapeutInnen usw.). Sie »leisten therapeutische Arbeit in Alltagsituationen. Sie vermitteln, dass sich jemand interessiert; dass jemand aufmerksam zuhört; dass jemand versteht; dass er oder sie nicht abstoßend und nicht hoch pathologisch sind; dass man durchaus einer anderen Person vertrauen kann.«[74]

Impulse, Begleitung, Anregung, Beruhigung

Kommen wir nun noch einmal auf die drei unterschiedlichen Ebenen der Gehirnfunktionen zurück und setzen sie in Bezug zu den Entwicklungsbedürfnissen. Obwohl sich die Ebenen hierarchisch entwickeln, brauchen Kinder aller Altersstufen auf allen drei Ebenen Impulse, Begleitung, Anregung und Beruhigung.[75] Letztendlich ist unser menschliches Gehirn eine funktionale Einheit, die aus unterschiedlichen Richtungen diese Begleitung und Anregung braucht.

Auf der autonomen Ebene braucht das Kind einen synchron agierenden Erwachsenen, der mit den sensorischen Eindrücken des Kindes mitgeht und wie bei einem achtsamen Tanz Impulse gibt und aufnimmt sowie darauf achtet, dass das Erregungssystem nicht zu sehr gereizt und trotzdem herausgefordert wird (siehe Kapitel »Stress und Regulation«). Das Kind braucht motorisch-rhythmische Impulse, Variationen der Erregung, körperliche Berührung und vor allem anfangs Pflege und sichere, sensorisch anregende Erfahrungen.

Ein schönes Beispiel für diese Art der Begleitung stammt aus der Arbeit einer Ergotherapeutin mit einem zehnjährigen autistischen Jungen:

Seine eigene Bewegung finden

»Zuerst war da ein Probieren mit ihm – merken, das war es nicht, dann eine neue Idee – hab feinere Impulse gegeben, und dann bin ich ganz weggegangen. Das war so wie ein Fließen miteinander, dann bin ich zu den anderen gegangen, habe ihn aus der Distanz wieder beobachtet ... Und dann hat er getanzt, sich um sich selbst gedreht, seine eigenen Bewegungen gemacht – nicht viele, aber definitiv anders als zu Beginn.

Auch wenn der Anfang vielleicht für ihn zu viel war, ich weiß nicht, ob es ohne den Anfang gegangen wäre? Weil, wie geht man in Kontakt? Ich gehe als ich in Kontakt. – Ich bin mit mir selbst, mit ihm und meiner Idee in Berührung gewesen und habe das angeboten.

Ich dachte nicht: ›Was braucht er? Oder was soll ich mit ihm üben, damit er nächste Woche auf dem Spielplatz sicherer ist?‹

Es war ein Prozess des Trial and Error. Und es war wunderschön zu sehen, wie er dann allein seine eigenen Bewegungen gefunden hat!«

Auf der limbischen/emotionalen Ebene braucht es Erwachsene, die sich auf die kindlichen Gefühle durch Spiegelung und Resonanz einlassen können. Sie brauchen die Fähigkeit, den Gefühlen einen Raum zu geben und sie ernst zu nehmen – ohne sie zu übernehmen (sich anstecken zu lassen).

Kinder brauchen sowohl freudvolle, lustvolle als auch aufregende Aktivitäten, die sie unterschiedlich herausfordern, damit sie in »sozialen Proberäumen« mit unterschiedlichen Gefühlen wie Angst oder Wut einen eigenen Umgang finden. Sie brauchen Erwachsene, die das gemeinsame Schwingen bei Missstimmung wieder herbeiführen, und emotionale Unterstützung, um nach einem Streit Kooperation unter Kindern wiederherzustellen. Das findet nicht auf der kognitiven Ebene durch Erklärungen, Rechtfertigungen oder Klarheit darüber, wer denn zu streiten angefangen hat, statt, sondern über das emotionale Auffangen.

Zuerst müssen Kinder in ihrer jeweiligen emotionalen Realität ernst und wahrgenommen und im Fall beruhigt werden. Ob dann überhaupt noch eine Klärung auf der kognitiven, sachlichen Ebene notwendig ist, wenn sich die Emotionen beruhigt haben, hängt auch vom Alter der Kinder ab. Häufig entstehen Konflikte durch emotional schwierige Situationen, die wenig mit der Sachebene zu tun haben.

Auf der mentalen Ebene brauchen Kinder sprachliche Dialoge (auch schon bevor sie selbst sprechen), Worte, um Empfindungen, Gefühle und Erfahrungen zu benennen. Daraus entwickeln sich dann die eigenen Narrative, die eigene Art, ihre Geschichte zu erzählen.

Hilfreich sind Sprachspiele, Märchen und Geschichten, welche die Kinder aufnehmen können und die Fantasie anregen. Eine Geschichte zu hören und die Bilder im Kopf entstehen zu lassen, aktiviert das Gehirn in ganz anderem Ausmaß als ein Film mit vorgefertigten Bildern. Rollenspiele ermöglichen die Auseinandersetzung mit etwas, was gerade passiert ist, oder mit Erfahrungen, die noch nicht integriert werden konnten, wie etwa Trauerbewältigungsphasen.[76] Rollenspiele unterstützen zudem das Finden von stimmigen Worten und Beschreibungen für die Erfahrungen.

Ich habe auf den vorigen Seiten versucht, einen kleinen Einblick in die Gehirnentwicklung zu geben. Im Lauf des Buchs werde ich immer wieder darauf Bezug nehmen, wenn es darum geht, wie wir Kinder und Jugendliche besser unterstützen können. Ich habe das Modell hier nur umrissen und empfehle für einen tieferen Einblick die Texte der Neuropsychologinnen Marianne Bentzen und Susan Hart. Vor allem in den »Neuroaffektiven Bilderbüchern« der beiden Autorinnen finden sich weitere hilfreiche Detailinformationen.[77]

Das Selbst und seine Begleiter

»Ich bin Leben, das leben will, inmitten von Leben, das leben will.«
Albert Schweitzer[78]

Auf den folgenden Seiten lade ich dich zu einem Versuch ein. Und zwar, ein wenig Klarheit in die vielen unterschiedlichen Begriffe rund um das Selbstwertgefühl zu bekommen. Wenn wir von etwas sprechen, nutzen wir meist unbewusst genau das Wort, das sich für uns persönlich am stimmigsten anfühlt. Also zum Beispiel »Selbstvertrauen«, wenn es um Zutrauen oder Vertrauen geht.

Im Alltag entstehen oft Missverständnisse durch banale Worte, die ich ganz anders meine, als mein Partner oder meine Kinder sie verstehen. Und wie ist das mit den Begriffen, die wir lesen? Verstehe ich das Gleiche unter einem Wort, das eine AutorIn verwendet?

In unserem Fall gibt es eine beachtliche Anzahl von Wortkombinationen mit dem kleinen Wörtchen »selbst«. Im Duden gibt es »Selbst-« von A bis Z. Wir finden von der Selbstanklage, der Selbstachtung bis zur Selbstzerstörung und Selbstzufriedenheit alles Mögliche. Manche Begriffe sind selbsterklärend und relativ eindeutig.

Je psychologisch relevanter die Konzepte, desto weniger eindeutig ist aus meiner Beobachtung die allgemeine Verständlichkeit. Was meinen wir also, wenn wir von Selbstgefühl reden, von Selbstwertgefühl, Selbstvertrauen, Selbstbewusstsein und Selbstwirksamkeit? Sind das sich teilweise überschneidende Konzepte? Oder sehr unterschiedliche?

Und dann kommen noch die Schwierigkeiten mit Übersetzungen dazu. Die meisten psychologischen Studien werden auf

Englisch veröffentlicht. Ich frage mich im jeweiligen Kontext, ob *self-esteem* eher *Selbstwert, Selbstwertgefühl* oder *Selbstvertrauen* heißen soll. Der Begriff wird im Englischen sehr breit verwendet. Es gibt dafür auch das Wort *self-confidence,* und manchmal hört man von *self-worth,* das mehr oder weniger gleichbedeutend mit *self-esteem* ist.

Wie können wir hier einen Durchblick bekommen, wenn es, wie die Erfahrung zeigt, eigentlich immer auf die Definition der jeweiligen AutorIn ankommt? Und wenn die AutorIn diese Definition nicht explizit hervorhebt, sondern davon ausgeht, dass die LeserInnen wissen, wovon sie oder er schreibt?

»Selbstwertgefühl« ist so ein Wort, das sehr selbstverständlich genutzt wird. Aber sobald ich nachfrage, was die Person damit meint, kommen unterschiedliche Aspekte zutage. Manchmal kommen auch Diskussionen in Gruppen in Gang, die sehr unterschiedliche Vorstellungen deutlich machen.

Ich baue meine Gedanken und Erklärungen auf die Ansätze und Beschreibungen des Familientherapeuten Jesper Juul auf.[79] Ich möchte sie in Verbindung zu Ansätzen anderer Fachleute setzen, um unser psychologisches Verständnis und die Umgangsmöglichkeiten mit Kindern und Jugendlichen zu erweitern.

Jesper Juul ist aus meiner Sicht eine sehr alltagstaugliche und leicht verständliche Unterscheidung gelungen. Er hat diese Begriffe so beschrieben, wie sie sich in unserem Erleben zeigen.

Konfrontation mit neuem Blick auf den »Selbstwert«

Ich wurde in Jesper Juuls Verständnis recht unversehens hineinkatapultiert. Es war meine erste Erfahrung als Live-Dolmetscherin für ihn – und auch das erste Mal, dass ich vor einem großen Publikum (ca. 300 Fachleute auf einer Fachtagung im Schulbereich) korrigiert wurde. Als er zu seinen Ausführungen über das Selbstwertgefühl und das Selbstvertrauen kam, sagte er »self-esteem«

und ich übersetzte es mit »Selbstvertrauen« (weil es für mich in dem Kontext mehr Sinn ergab). Und dann sagte Jesper Juul auf Deutsch: »Nein! Ich meine Selbstwert!«

Ich war gefühlsmäßig irgendwo zwischen beschämt und irritiert und hätte mich ihm am liebsten gleich auf der Bühne widersetzt. Ich hatte mehr Fragen als Antworten im Kopf, übersetzte aber tapfer weiter. Auf eine öffentliche Diskussion mit dem bekannten Referenten wollte ich mich dann doch nicht einlassen. Aber ganz auf meine Sicht und meinen Eindruck, dass ich nicht wirklich das falsche Wort verwendet hatte, wollte ich auch nicht verzichten.

Wie wir später klären konnten, hatte Jesper Juul zu diesem Zeitpunkt schon ein paar Jahre Erfahrung mit öffentlichen Auftritten im deutschsprachigen Raum und sich ein grundlegendes Verständnis für Deutsch erarbeitet. Er referierte aber nach wie vor auf Englisch, und die Missverständnisse nervten ihn zunehmend. Ich selbst wurde beim Übersetzen auf ein paar wichtige Aspekte aufmerksam, die mir bis dahin nicht in dieser Deutlichkeit bewusst gewesen waren. Trotzdem rangen wir bis zuletzt immer wieder um die richtigen Begriffe in den unterschiedlichen Sprachen.

Es gibt Phänomene, Zustände, Vorgänge, für die es spannenderweise in einer Sprache ein Wort und in einer anderen keines gibt. Warum es zum Beispiel für das englische Wort »self-consciousness« kein passendes deutsches Wort gibt, frage ich mich immer wieder. Es wird meist mit »Selbst-Befangenheit« übersetzt, was wir aber in unserem Alltag nicht verwenden.

Im Folgenden beschreibe ich eine Jugendliche, die ich als »self-conscious« wahrnahm. Ich glaube, dass du auch schnell ein Bild davon hast, was mit diesem Begriff gemeint ist.

Beobachtung in der Fußgängerzone
Gestern Abend saß ich in einem Kaffeehaus und konnte durch das Fenster die Fußgängerzone beobachten. Eine junge Frau, vermutlich jünger, als sie aussah, war sehr gut gekleidet und stark geschminkt. Ihre aufrechte Haltung vermittelte auf den ersten Blick Selbstbewusstsein, aber dann sah ich, wie sie ihre Umgebung »scannte«, ihre Augen mit schnellen Bewegungen die anderen Leute beobachteten, sich aber dann wieder nach innen kehrten. Ich merkte, wie sie ihre Wirkung auf andere registrierte, sich aber nicht selbstbewusst daran freute. Ihre Augen und auch ihre Körperspannung drückten eine Verunsicherung aus.

Ich habe in solchen Momenten oft den Eindruck, die oder der Jugendliche will gesehen werden und fürchtet sich gleichzeitig davor, dass jemand am Äußerlichen vorbei ins Innere sehen könnte. Hinter dem äußeren Auftritt der jungen Frau meinte ich eine große innere Selbstunsicherheit zu erkennen.

Solche Erfahrungen umschreibt der Begriff »self-conscious«: sich seines Selbst fast schon zu bewusst zu sein und sich gleichzeitig (noch) nicht wohl in seiner neuen Haut zu fühlen. »Self-conscious« ist eine präzise Beschreibung eines sehr altersangemessenen Gefühls in der Pubertät, wo das Außen und das Innen erst wieder neu zueinanderfinden müssen.

Aufgrund dieser Erfahrungen mit unterschiedlichen Sprachen und Verständnissen ringe ich immer wieder darum, klar zu bekommen, was ich genau meine, wenn ich etwas sage oder, mehr noch, schreibe. Ich werde in der Folge diese Begriffe im Detail beschreiben: Selbst – Selbstgefühl – Selbstkonzept – Selbstwertgefühl – Selbstvertrauen – Selbstbewusstsein – Selbstwirksamkeit.

Das Selbst – wer ist das und was macht es aus?

Ich versuche, einschlägige Theorien und Alltagserfahrungen zusammenzubringen und daraus Beschreibungen zu entwickeln. Es sind keine präzisen Definitionen für eine empirische Forschung, sondern Definitionen, die sich an unserem täglichen Erleben orientieren und die uns Orientierung geben können.

Hier eine Übersicht, bevor ich in den folgenden Kapiteln die oben genannten Begriffe und das, was in ihnen steckt, ausführlich erkläre:

- Unter dem **Selbst** beschreibe ich sowohl den innersten Kern eines Menschen als auch die Gesamtheit seines Erlebens als individuelle Person.
- Das **Selbstgefühl** ist die Fähigkeit, sich wahrzunehmen und zu spüren; ein Gefühl für und zu sich zu haben.
- Das **Selbstkonzept** sind die bewussten und unbewussten Bilder, die eine Person von sich als Person, von ihrem Können und ihrer Art, mit anderen umzugehen, hat.
- Der **Selbstwert** und das **Selbstwertgefühl** beschreiben, wie eine Person mit dem, was sie über sich weiß, umgeht. Es beschreibt sowohl den Wert, den sich eine Person gibt, als auch ihre Art und Weise, sich selbst zu behandeln.

- Das **Selbstvertrauen** ist das Vertrauen und Zutrauen in die eigenen Kompetenzen. Es bezieht sich auf konkrete Fertigkeiten, auf unser Können.
- Das **Selbstbewusstsein** beschreibt, wie sich eine Person der Welt zeigt, die Art des Auftretens und Repräsentierens.
- Das **Selbstwirksamkeitserleben** zeigt sich darin, in wie weit ich mein Tun als wirksam und relevant erlebe.

Das Selbst nimmt in unserem Erleben eine zentrale Rolle ein. Es gibt uns als Person eine Position über Raum und Zeit hinweg. Dass ich mich relativ stabil immer als ich selbst erlebe, obwohl ich mich weiterentwickle, mich körperlich und seelisch verändere, unterschiedliche Gemütszustände habe oder von Europa nach Asien oder Amerika reise, gibt mir eine innere Sicherheit.

Das Selbsterleben gibt uns Halt und ein Gefühl von Kontinuität. Unsere Selbstbilder verändern sich immer wieder, neue Facetten und Erkenntnisse kommen hinzu, während frühere Selbstbilder verblassen. Aber diese Veränderung tut nichts zur Sache. Ich fühle mich immer als Ich, egal ob ich vor dem Computer sitze und schreibe oder später mit meiner kleinen Nichte Pizza essen gehe und über die Karpfen im See philosophiere. Wir erleben unsere unterschiedlichen Facetten meist als stimmig, zusammengehörig und identitätsstiftend.

Wer bist du? Was macht dich aus?

Wenn du Lust auf ein Gedankenexperiment hast, dann lege hier einfach eine Lesepause ein. Suche dir entweder einen Zuhörer oder nimm ein Blatt Papier zur Hand. Die Aufgabenstellung ist simpel, hat es aber doch in sich: Stelle einen Wecker auf drei Minuten und vervollständige den folgenden Satz immer wieder aufs Neue. Benenne Rollen, Eigenschaften, Aufgaben, Hobbys, Fähigkeiten, Gefühle und was auch immer dir zu dir selbst einfällt.

Ich bin ...
... eine PsychologIn/LehrerIn
... kreativ, strukturiert
... jung, alt, schön, lustig
... müde, matt.

Die einzige Regel dabei ist, dass du in diesen drei Minuten über nichts anderes reden darfst; nichts erklären, keine Beispiele, keine Entschuldigungen usw. Wenn dir nichts mehr einfällt, mache einfach eine Pause, spüre nach. Kommt dir noch ein Gedanke? Noch eine Erfahrung? Bleib die ganzen drei Minuten dran. Wer bist du? Was macht dich aus?

Wenn du die Übung allein und schriftlich machst, nimm dir mindestens fünf Minuten Zeit, denn schreiben dauert länger als sprechen.

Wenn du die Übung mit einem Zuhörer machst, könnt ihr danach wechseln. Das gibt dir nicht nur die Möglichkeit, dich selbst besser wahrzunehmen und Worte für dich zu finden, sondern auch die Gelegenheit, dein Gegenüber ein Stück weit besser kennenzulernen.

Es ist ein spürbarer Unterschied, ob wir allein mit uns selbst diesen Fragen nachgehen oder unsere Eigenschaften, Fähigkeiten, Fehler jemanden anderem gegenüber aussprechen. Durch das Artikulieren bekommen sie Gewicht und Wert. Je nachdem, wie gut und aus welchem Kontext wir die Person kennen, verschweigen wir das eine oder andere bzw. heben etwas hervor.

Was alles macht mich aus? Wer bin ich in meinen eigenen Worten? Wie sehe ich mich? Als ich selbst diese Übung das erste Mal machte, war ich erstaunt, dass es mir gar nicht so leichtfiel, drei Minuten über mich zu sprechen. Drei Minuten wären ja nun wirklich nicht lang ...

Ich mache diese Übung immer wieder gern mit Gruppen und merke, wie nach zwei Minuten der Geräuschpegel im Raum sinkt. Wenn ich die Teilnehmer hingegen bitte, sich drei Minuten über ein Kind zu unterhalten, das ihnen gerade Sorgen bereitet, beschweren sie sich meist, dass drei Minuten viel zu kurz dafür seien. »Da haben wir noch gar nicht angefangen«, so die Reaktion.

Die zweite erstaunliche Erfahrung mit dieser Übung war, dass ich erst beim Zuhören meiner Partnerin merkte (wenn ich nicht die Erste gewesen wäre, wäre es mir vielleicht gar nicht aufgefallen), dass ich selbst manche Lebensbereiche einfach unter den Tisch hatte fallen lassen. Sie sagte zum Beispiel: »Ich bin Liebende« – das gab mir ziemlich zu denken.

Es gibt auch in meinem Leben Menschen, die ich liebe, warum hatte ich daran nicht gedacht? Die Übung ließ mich auch mit der Frage zurück, welche Eigenschaften ich mir selbst gegenüber hervorhebe oder vernachlässige. Mir wurde bewusst, wie sehr diese kleinen Dinge, die ich mir selbst gegenüber wiederhole, das Bild von mir selbst prägen.

Aber nun zurück zu unserer Fähigkeit, uns als stimmiges Ganzes wahrzunehmen. Selbst wenn wir manche unserer Facetten zu gewissen Zeiten nicht bewusst am inneren Radar haben, sehen wir unsere Fähigkeiten, Begrenzungen, Erfahrungen und Eigenschaften meist in einem Zusammenhang. So steht für eine Person ihre Lust an klassischen Konzerten in keinem Widerspruch zu ihren jährlichen Besuchen auf einem Rockfestival. Wenn du aber von einem Universitätsdozenten für Kulturwissenschaft hörst, dass er ein Heavy-Metal-Fan ist, bist du vielleicht verwirrt. Oder wie ein Freund mir vor Kurzem mit einem Schmunzeln über sich selbst erzählte, dass er keinen Widerspruch darin sehe, sich gesund zu ernähren und gelegentlich eine Zigarette zu rauchen; aber er nimmt Referenten zu Gesundheitsthemen nicht ernst, die bei einem Büfett richtig zulangen.

Informationen, die nicht zu unseren Erwartungen und Erfahrungen passen, fühlen sich unstimmig an. Wir suchen nicht nur im Außen Stimmigkeit, sondern auch im Innen. Ich habe bei den

Ausführungen zum Gehirn schon über die Bedeutung der Kongruenz des Fühlens, Denkens und Spürens für unser Wohlbefinden gesprochen, und das ist auch bei unserem Selbst so. Wir konstruieren und aktualisieren laufend unser inneres Bild von uns selbst, damit unsere Erfahrungen und unsere Idealbilder von uns selbst so gut wie möglich übereinstimmen. Grobe Dissonanzen mögen wir nicht und versuchen sie so gut es geht zu vermeiden, auch wenn es letztlich genau diese erlebten Widersprüche sind, die uns menschlich weiterbringen. Sie sind häufig der Auslöser von inneren Krisen und äußeren Entwicklungsprozessen.[80]

Und doch kommen wir da an eine Grenze, weil es schwer ist, unser Selbst rein vom Verstand her zu fassen. Rational betrachtet ist das Selbst ein Konstrukt unseres Denkens und Fühlens, und es erfüllt einige Aufgaben, damit wir psychisch stabil und gesund bleiben. Es hat also einen Zweck und Funktionen.

Ist das Selbst nur mit dem Verstand zu begreifen? Entwickelt sich das Selbst erst nach der Geburt durch den Austausch mit anderen Menschen und Erfahrungen, oder kommen wir schon mit einem »inneren Selbstkern« auf die Welt?

Das Selbst – Die innere Saite

Als ich auf den folgenden Text stieß, war ich berührt, wie Andreas Séché in seinem Roman »Zeit der Zikaden« anhand eines einfachen Bilds unterschiedliche Facetten und gefühlte Widersprüche dieses Kerns auf den Punkt bringt. Er beschreibt in dieser Szene, wie ein kleiner Junge mit Gewalterfahrung einem Geigenbauer begegnet, der ihn in seine Welt einweiht:

»... Wer anderen eine Stimme geben will, muss sie zum Reden bringen. Dafür braucht man manchmal ein Hilfsmittel. Hier ist es«, sagte Arif und hielt dem Jungen die geballte Faust unter die Nase. Als er Selims bestürztes Gesicht sah und darin Erlebnisse erblickte, die unreifer waren als der Junge selbst, zog er die Faust hastig wieder zurück.

»Entschuldige«, sagte er leise und blickte betroffen zu Boden, »das war falsch ausgedrückt. Lass mich noch einmal anfangen. Ich habe dir etwas mitgebracht und ich halte es hier in meiner Hand verborgen. Eine kleine Überraschung, verstehst du? Ich wollte dich nicht erschrecken.«

»Was ist es?«, fragte Selim. Seine Miene hellte sich wieder auf.

»Du wirst es todlangweilig finden, aber es ist viel bemerkenswerter, als man ihm ansieht.«

»Zeig.«

»Ich bin nicht sicher, ob du den Anblick ertragen kannst.«

»Ich dachte, es sieht todlangweilig aus?«

»Eben.«

»Mach die Hand auf.«

»Es ist ganz klein. Kaum zehn Zentimeter lang. Aber es wächst an der Bedeutung, mit der wir es anreichern.«

»Ich will es sehen.«

»Das wirst du. Was für sich genommen schon ein kleines Wunder ist.«

»Wieso?«

»Weil es vermutlich das einzige Geräusch auf der ganzen Welt ist, das man sehen kann.«

»Du hast ein Geräusch in der Hand?«

»Eine Stimme. Es ist die Stimme der Violine.«

Arif öffnete seine Faust so langsam, als könnte das, was darin lag, entwischen. In der Hand lag ein kleines, rundes Stöckchen aus Fichtenholz. Der Junge sah kein bisschen enttäuscht aus.

»Das ist eine Stimme?«, fragte er neugierig.

Er spricht den Dingen nicht ihre Größe ab, nur weil sie klein scheinen, dachte Arif ...

»Wir nennen dieses kleine, aber wichtige Bauteil der Violine Stimmstock oder einfach Stimme. Und manchmal sogar –«, er machte eine Pause, »– die Seele des Instruments.« Verschwörerisch beugte er sich zu dem Jungen hinüber. »Aber ich persönlich habe einen anderen Namen dafür.«

»Welchen denn?«

»Ich nenne es die innere Saite.«

»Innere Saite?«

»Weil es tief im Innern der Violine sitzt und vibriert. Und soll ich dir ein Geheimnis verraten?« Er lächelte einladend, und der Junge nickte stumm. »Ich glaube, dass Menschen auch so ein Ding in sich tragen.«[81]

Die innere Saite, das Stimmholz, ist das Element, das dem Körper der Violine ihren Klang gibt, ihre Ausdruckskraft. Dieser Ausschnitt aus »Zeit der Zikaden« bündelt einige wesentliche Aspekte unseres Selbst. Teilweise wirst du Widersprüche spüren und auch die Grenzen des Vergleichs, aber wir kommen über genau diese Bilder der Komplexität näher.

»Weil es tief im Innern … sitzt und vibriert.« Das Selbst wird von Menschen oft als Kern beschrieben. Etwas, das tief in uns drin ist und uns in unserer Einzigartigkeit ausmacht.

»Du wirst es todlangweilig finden, aber es ist viel bemerkenswerter, als man ihm ansieht.« Vielen Erwachsenen fällt es schwer in Worte zu fassen, was sie als ihr Selbst erleben. Umso mehr man nach Worten und Beschreibungen sucht, desto mehr entschwindet das Gefühl dafür. Das relativ klare Gefühl für das eigene Selbst, das viele Menschen haben, entwischt mit dem Versuch es zu fassen. Und wahrscheinlich geht es gar nicht darum, das Selbst zu fassen, sondern vielmehr seine Funktion, seine Auswirkungen, sein Potenzial ernst- und wahrzunehmen.

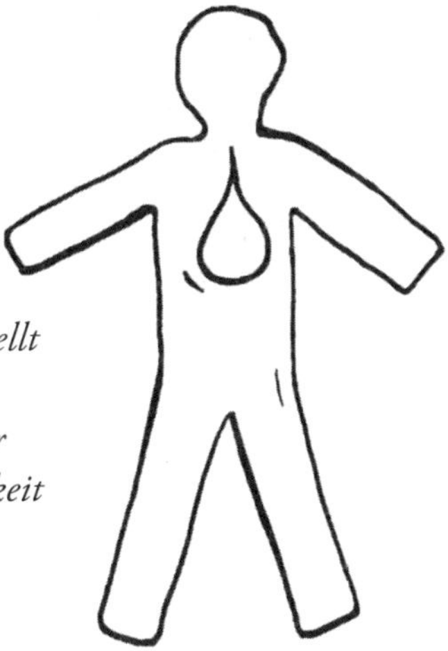

Der innere Kern stellt die Verbindung zu unserem Gefühl für unsere Einzigartigkeit und der inneren Stimmigkeit her.

»Wer anderen eine Stimme geben will, muss sie zum Reden bringen. Dafür braucht man manchmal ein Hilfsmittel.« Das Selbst ist ein Hilfsmittel. Ein Mittel, unser Potenzial zu leben. Es ist ein Hilfsmittel und gleichzeitig ein Referenzpunkt. Das Selbst und unser Gefühl zu uns selbst begleiten uns über unsere Kindheit hinaus in das Leben. Dies hilft uns, uns zu orientieren. Und doch ist das Gefühl für uns selbst häufig nicht einfach im Alltag zugänglich. Ähnlich wie das Stimmholz in der Geige müssen wir es jenseits vom Alltagslärm hören. Anders als die Geige hören wir unsere innere Stimme erst, wenn wir zu einer inneren Stille kommen.

»Es ist ganz klein. Kaum zehn Zentimeter lang. Aber es wächst an der Bedeutung, mit der wir es anreichern.« Dass es mit der Bedeutung, die wir ihm geben, wächst, verbindet sich mit unseren Werten. Geben wir unserer inneren Stimme einen Wert? Denken wir, dass sie hörenswert ist? Nehmen wir uns Zeit hinzuspüren und zuzuhören? Erlauben wir uns Stille und die notwendige Achtsamkeit, mit unserem tiefsten Inneren in Verbindung zu gehen? Dieser Aspekt bewegt mich zutiefst und ist vielleicht der Hauptbeweggrund für dieses Buch.

Es ist eine Kunst, den »inneren Saiten« Bedeutung zu geben, sie anzuerkennen, ihnen aber gleichzeitig nicht zu nahe zu kommen. Das Selbst muss wie die Saiten frei schwingen können.

»Wir nennen dieses kleine, aber wichtige Bauteil der Violine Stimmstock oder einfach Stimme. Und manchmal sogar –«, er machte eine Pause, »– die Seele des Instruments.« ... »Ich nenne es die innere Saite.«

Wenn wir uns intensiv mit dem Selbst auseinandersetzen, kommen wir immer wieder an den Rand des Erklärlichen. Wir kommen in Berührung mit dem, was wir »die Seele« nennen. Und es wird deutlich, dass wir uns nicht nur rational mit dem Thema auseinandersetzen können.

Das Selbst kann über sich nachdenken

Ein rationaler Aspekt des Selbst ist die Fähigkeit, über sich nachdenken und sich wahrnehmen zu können. Es ist also selbstreflexiv und kein Ding oder eine Substanz, sondern ein Prozess.[82] Wir nehmen uns wahr und beeinflussen uns selbst gleichzeitig, wie schon oben bei den Gehirnprozessen und der Kohärenz angesprochen.

Auch wenn die Beschäftigung mit dem Selbst nach Zurückziehen aussieht, ist es nicht eine Bewegung weg von etwas, sondern eine Bewegung zu etwas hin – zu uns selbst und unserem körperlich verankerten Selbstgefühl. Ein Gefühl, das in letzter Instanz nicht nur vorsprachlich, sondern sogar noch vor den ersten Beziehungserfahrungen grundgelegt ist.[83]

Die Erkenntnis, dass unser Gehirn die meiste Zeit mit sich selbst beschäftigt ist, hat mich überrascht und fasziniert zugleich. Selbst wenn wir an nichts Bestimmtes denken, ist das Gehirn hochaktiv und nutzt fast so viel Energie, als würde es eine Denkaufgabe lösen.[84] Soweit wir das verstehen, ist unser Gehirn in erster Linie damit befasst, das, was wir wahrnehmen, zu integrieren und zu verarbeiten und sich einen Reim darauf zu machen, was uns widerfährt. Egal ob das belastende oder beglückende Momente sind.

Für uns als Fachleute ist es hilfreich, Konzepte des Selbst zu haben, um die Erfahrung von Menschen zu einem bestimmten Zeitpunkt an einem bestimmten Ort zu verstehen. Für mich haben sich in der Auseinandersetzung für dieses Buch drei verschiedene Aspekte des Selbst herauskristallisiert:

Das Selbst als

a) ein innerer, unantastbarer Kern, der von Anbeginn im menschlichen Wesen angelegt ist.
b) ein innerer Prozess der Integration und Organisation der eigenen Erfahrungen und Entwicklungen.
c) das Ergebnis konstruktiver/kreativer Prozesse mit anderen Menschen und äußeren Gegebenheiten.

Wie das funktioniert, können wir uns wie ein Online-Selbst und ein Offline-Selbst und die dazugehörige Hardware vorstellen. Die Hardware ist das bereits angelegte Kern-Selbst, das Online-Selbst macht Erfahrungen, spürt und fühlt, und das Offline-Selbst erinnert sich, integriert und bringt die Dinge in einem kreativen, konstruierenden Prozess zu einem neuen, aktuellen Zustand zusammen. Unser Selbst ist also immer in Bewegung und in der Weiterentwicklung und schafft sowohl einen inneren Zusammenhang als auch persönliche Bedeutung der Lebenserfahrungen.[85]

Um diese Prozesse besser zu verstehen und zu begleiten, finde ich es hilfreich, die unterschiedlichen Aspekte des Selbst im Einzelnen zu betrachten. Die folgenden Beschreibungen und Erklärungen werden sich zum Teil überschneiden, weil wir letztlich doch nur von einem Selbst in einer Person reden.

Selbstgefühl –
Wie fühlt es sich in meiner Haut an?

»Nicht nur, dass wir die Welt spüren, wir spüren uns selbst im Spüren der Welt.«[86]

Nach den Ausführungen über das Selbst an sich kommen wir zum Selbstgefühl – das Gefühl zu uns selbst. Wir Menschen haben grundsätzlich die Fähigkeit, uns wahrzunehmen und zu spüren. Unser gefühltes Selbst (Felt Sense[87]) ist das, was wir spüren, fühlen und wahrnehmen, wenn wir unsere Aufmerksamkeit nach innen lenken.

Das Selbstgefühl zu fassen und zu beschreiben, fällt häufig schwer. Eine Seminarteilnehmerin beschrieb es einmal als »die Empfindung, die ich zu mir habe. Es ist fast etwas Abstraktes, also kein bestimmtes Gefühl, sondern eher eine Stimmung, die ich wahrnehme, wenn ich an mich denke«.

Eine andere meinte, dass sie das Selbstgefühl besser mit Umschreibungen auf den Punkt bringen könne: »Eckig, weich, ...

fast wie innere Bilder, die aber sehr aussagekräftig sind, was das Gefühl betrifft.« Diese Aussagekräftigkeit berührt Menschen immer wieder, wenn sie diesen Blick nach innen richten und diesem Aspekt ihres Seins, der im Alltag unbewusst ist, dadurch einen Raum geben.

Es ist das, dem ich begegne, wenn ich mit mir selbst in Kontakt trete, meinen Blick nach innen richte. Diese Erfahrung kann genauso intensiv und beglückend sein, wie jemand anderem tief in die Augen zu schauen.

Unser Selbstgefühl ist zweigeteilt: Einerseits haben wir ein Grundgefühl zu uns selbst (wie oben erwähnt wahrscheinlich seit Anbeginn) und andererseits das jeweilige Gefühl im konkreten Augenblick, wenn wir unsere Aufmerksamkeit nach innen richten. Beide Aspekte sind Teil derselben Medaille.

Das Selbstgefühl umfasst also sowohl die allgemeine Empfindung meines Selbst als auch die Fähigkeit, meine aktuelle Befindlichkeit, meine Gefühle, Bedürfnisse, Sehnsüchte etc. zu spüren und einzuordnen. Es ist der innere Referenzpunkt, wie ein innerer Kompass.

Der Neurobiologe Gerald Hüther sagt, dass man mit bildgebenden Verfahren diesen inneren Kompass beschreiben könnte als inneres Bild, ... das sehr eng an die Vorstelllungen der eigenen Identität gekoppelt und damit auch sehr stark mit emotionalen Netzwerken verknüpft ist. Diese innere Orientierung, die er Würde[88] und die Jesper Juul Integrität[89] nennt, schützt vor dem inneren Chaos, das entstehen kann, weil unser lernendes Gehirn sich ständig an hunderttausend Einflüsse anpassen und laufend Entscheidungen treffen muss.

Dieser innere Kompass entsteht, indem wir in den ersten Lebensjahren Erfahrungen verinnerlichen und in der Auseinandersetzung mit Dingen, Erlebnissen und Menschen lernen uns anzupassen.[90] Wir entwickeln eigene innere Bilder durch die ständige Interaktion mit anderen Menschen und unserer Umwelt.

Unser Körper, unsere Gefühle und unser Geist sind keine getrennten Einheiten, sondern nur verschiedene Erscheinungsformen desselben. Der Psychotherapeut Will Davis vergleicht es mit H_2O. Es gibt diese chemische Verbindung in Form von Eis als etwas Festes und Angreifbares, und als Wasser, das zwar angreifbar, aber doch flüchtig ist, und als flüchtigen Dampf. Unser Körper ist klar angreifbar, unsere Gefühle sind auch identifizierbar und doch flüchtig und veränderlich, und unser Geist entwischt uns, wenn wir versuchen, ihn zu fassen.[91]

Für mich ergibt die Beschreibung des Körpertherapeuten Will Davis viel Sinn, er nennt dieses verkörperte Selbst das »innerpsychische Selbst« (endopsychic self). Er erklärt, es sei ein körperbasiertes, nonverbales und nicht bewusstes Gefühl für uns selbst.

Auch wenn sie unterschiedliche Begriffe verwenden, gehen Neurowissenschaftler und Säuglingsforscher zunehmend davon aus, dass wir schon mit einem Selbst, einem subjektiv erlebten Selbstgefühl, auf die Welt kommen.[92] Es ist dieses frühe Selbst, das sich dann in der Interaktion zu einem sozialen und Beziehungsselbst weiterentwickelt. Dieses frühe Selbst ist kein gedachtes, sondern ein gefühltes Selbst. Ein tiefes verkörpertes Gefühl für mich selbst, jenseits der Erfahrungen mit anderen.

Das heißt, auch wenn es nie möglich sein wird, die Erfahrung eines Säuglings aus seiner Perspektive zu erfragen, können wir davon ausgehen, dass es schon so etwas wie ein Kernselbst in jedem Neugeborenen gibt. Dieses tritt fühlend und spürend mit der Mutter und anderen Bezugspersonen in Interaktion.

Diese Sichtweise verändert einige Annahmen über das Selbst sowie auch therapeutische Herangehensweisen. Nimmt man sie ernst, bedeutet das auch, dass – selbst wenn die ersten Erfahrungen sehr, sehr prägend sind – es dahinter noch eine Instanz gibt, mit der ich mich verbinden kann, um eben diese Erfahrungen zu verarbeiten.

Diese Sichtweise eröffnet dem Einzelnen Möglichkeiten der individuellen Selbststärkung, auch jenseits von destruktiven Beziehungserfahrungen. Für unsere Arbeit heißt das, dass es noch einmal mehr Sinn macht, das Kind hinter seinen Erfahrungen zu sehen, zu stärken und zu entdecken.

Für mich als dreifache Mutter macht diese Erklärung viel Sinn. Bei jedem meiner Kinder hatte ich vom ersten Blickkontakt an den Eindruck, es mit einem eigenständigen und in letzter Instanz unabhängigen Menschen zu tun zu haben, auch wenn sie ohne meine Fürsorge nicht überlebensfähig gewesen wären.

Grundsätzlich kann das Gefühl zu uns selbst sowohl positiv als auch negativ sein. Das heißt, es kann sich angenehm oder unangenehm anfühlen. Eine Kollegin hat das angenehme, stark mit sich selbst Verbundensein sehr schön in Worte gefasst: »Es ist, wenn ich mich ›ganz richtig fühle‹, es ist oft ein Moment der völligen Entspannung und Heiterkeit; wenn sich alles gut anfühlt und richtig und stimmig – das kann nur sehr, sehr kurz andauern, aber es wirkt sehr tragend und beruhigend.«

Das Gefühl von Kohärenz und Integrität, wie Jesper Juul es beschreibt, also innere Stimmigkeit, hängt eng mit der Fähigkeit zusammen, auf sich selbst zu schauen, sich gefühlt in den Blick zu nehmen. Das heißt, wahrzunehmen und zu spüren, was gerade in uns passiert, während wir im Außen Erfahrungen machen.

Das Selbstgefühl ist nicht per se angenehm. Es ist dann angenehm, wenn wir unsere Gefühle innerlich zuordnen können. Gelingt diese Zuordnung, fühlt es sich stimmig an, und das wiederum ist stärkend. Gelingt sie nicht, fühlen wir uns von uns selbst abgespalten; wir fühlen uns innerlich nicht verbunden.

Das erklärt zu einem Teil auch, warum diese innere Stimmigkeit eine wesentliche Säule psychischen Wohlbefindens ist. Auch wer zum Beispiel Einsamkeit spürt, wenn er den Blick nach innen richtet – ein Gefühl, das schmerzt –, kann dies als befreiend und entspannend erleben, wenn er begreift: »Ja, das gehört zu mir, diese Einsamkeit ist Teil meines Lebens und meiner Geschichte«. Sie muss weder ignoriert noch wegtherapiert werden. Sie erhält ihren Platz.

Unser Gefühl für uns selbst hängt maßgeblich von unserer Fähigkeit ab, achtsam zu sein und in sich hineinspüren zu können. Dazu haben wir bestimmte Grundkompetenzen, wie Atmung, Bewusstsein, Körperempfinden, Kreativität und Herzqualitäten.[93] Auch wenn der Zugang zu diesem Gefühl für uns selbst im Lauf des Lebens verschüttet wird, ist er wieder aktivierbar. Wenn man sich seines Körpers, seines Denkens, Fühlens und Spürens bewusst ist, ist man ganz »bei sich«. Unsere Umgangssprache bringt das gegenteilige Phänomen präzise auf den Punkt, wenn es heißt, jemand ist »außer sich«. In diesem Fall fehlt dem Kind oder Erwachsenen die innere Anbindung und damit auch die Fähigkeit sich zu regulieren.

Wie wichtig der innere Kompass und das Gefühl, »bei sich« zu sein, sind, sehen wir erst, wenn diese Orientierung fehlt. Oder wenn eine Erfahrung so heftig war, dass es uns nicht möglich ist, die schmerzhaften und überwältigenden Gefühle zu integrieren. Das ist vor allem bei traumatischen Erfahrungen der Fall.

Ob ein Unfall, Missbrauch, eine Vernachlässigung oder ein Gewalterleben traumatisierende Folgen hat, hängt nicht vom Vorfall (oder den Vorfällen) ab, sondern davon, wie viel innere Ressource vorhanden ist, das Erlebte zu verarbeiten und zu integrieren. Wenn der Grad der inneren Erregung den persönlichen Toleranzbereich übersteigt, »betäuben [Jugendliche] sich häufig durch Essen, Drogen, Sex und Musik ... Manche Jugendliche fügen sich auch Schnittwunden oder andere Selbstverletzungen zu, um ihre Benommenheit und ihren Schmerz zu verringern und um so – paradoxerweise – Kontrolle über ihre Gefühle zu erlangen.«[94]

EXKURS: DISSOZIATION

Traumatische Erfahrungen werden oft dissoziiert (das heißt so viel wie abgespalten) erlebt oder erinnert. Wir können das so beschreiben, dass die Person in der traumatischen Erfahrung einen Teil ihres Gefühls für sich abspaltet. Die Person kann sich zum Beispiel an eine Gewaltszene, die sie erlebt hat, erinnern, als wäre sie bloß Beobachter gewesen, ohne die entsprechende Angst oder Überwältigung zu spüren. Das ist ein gesunder Selbstschutz, den die Natur uns mitgegeben hat.

Die Traumaexperten Maggie Kline und Peter A. Levine beschreiben dies so: »Wenn eine innere Erregung in Form von Angst oder Nervosität einen unerträglichen Grad erreicht, ist Dissoziation der störungssichere Mechanismus, der einen jungen Menschen davor bewahrt, verrückt zu werden. Dissoziation ermöglicht die Abspaltung erschreckender Erfahrungen vom Alltagsbewusstsein. Sie funktioniert wie eine Sicherung, die dafür sorgt, dass die Stromkabel in einem Gebäude nicht durchbrennen.«[95]

Dissoziation ist eine unwillkürliche Reaktion, keine bewusste Entscheidung und kann nicht gesteuert werden. Dieser Mechanismus wird häufig über die Situation hinaus beibehalten, wenn das Erlebte nicht verarbeitet werden kann. Dann führt dies, wie wir im Beispiel unten sehen, im späteren Leben zu einem Gefühl des Abgetrenntseins und der Unfähigkeit sich ganz zu spüren. Das hält an, bis die Erfahrungen einen anerkannten und tragbaren Platz im Selbst der Person gefunden haben.

Im folgenden Blogbeitrag[96] sehen wir, wie ein junger Mann dieses Gefühl von Abgetrenntsein in seinem Alltag erlebt.

Mit 27 ein mürrischer alter Mann?

»Ich bin 27, aber ich fühle mich langsam wie ein mürrischer alter Mann. Ich bin zynisch und negativ. Ich fühle mich von anderen abgetrennt. Ich fühle mich sogar von mir selbst abgetrennt. Manchmal sehe ich mich von außen – wie wenn ich Dinge aus der dritten Person machen würde. Das ist seit meiner Kindheit so. Ich bin immer kalt rübergekommen. Die Leute sagen, dass ich als Kind ein richtiger Kotzbrocken war. Meine Familie nannte mich ›King‹, weil ich Wutanfälle hatte und immer bekam, was ich wollte. Aber trotz dieser Schwierigkeiten war ich in der Schule gut. Ich schloss mein Studium ab, und jetzt sind die Dinge gut, Job, Wohnung, kein großer Stress. Aber ich fühle mich ständig so negativ. Und ich will nicht diese Person sein. Ich bin nämlich nicht wirklich kalt. Ich bin in einer Denkweise gefangen. ... Meine Mutter war in meiner Kindheit mal da und wieder weg. Sie hatte eine Bipolare Störung und vielleicht Schizophrenie. Sie flüsterte mit sich selbst und schrie in der Öffentlichkeit. Dann war sie wieder mal Monate weg. Letzte Woche war ich bei ihrem Begräbnis. Alle weinten, aber ich bin von allem so abgespalten, dass es mich kaum berührte. Ich sagte es nicht einmal meinen engsten Freunden. ... Leute tendieren dazu, sich zurückzuziehen, wenn man so etwas teilt. Es ist keine Kritik an ihnen. Ich mache ja das Gleiche.«

Dissoziationen können unauffällig sein, wie Tagträume, Verleugnen oder Weggetretensein – sie können bis hin zum Gedächtnisverlust oder einer Depersonalisation führen. Die meisten Menschen beschreiben diesen Zustand als »nicht im Körper sein«, »über mir im Raum schweben« oder »nicht wirklich spüren, dass ich da bin«.[97] Es wird häufig als unheimlich und unangenehm erlebt.

Diese Ausführungen sind nur ein kleiner Einblick: Wenn du besser verstehen willst, wie traumatisierte Kinder körperorientiert begleitet werden können, empfehle ich das Buch »Verwundete Kinderseelen heilen« von Maggie Kline und Peter A. Levine.[98]

Selbstgefühl – ein körperliches Gefühl

Dissoziation ist eine extreme Form von Abspaltung. Wir alle kennen unterschiedliche Formen von Abspaltung oder des Ignorierens des Selbstgefühls sowie das Gefühl, nicht mit uns selbst in Verbindung zu sein. Wir betäuben uns von Zeit zu Zeit, um Gefühle der Verletzlichkeit und des Unbehagens, von Kränkung und Schmerz leichter zu ertragen. Das passiert mit einem Glas Alkohol oder auch einfach durch Eintauchen in die virtuelle

Welt. Facebook, Instagram, Computerspiele usw. sind eine leicht verfügbare Ablenkung, die allerdings zweischneidig ist – wenn sie zur Sucht wird. Sucht ist genau genommen ein dauerhaftes Mittel, uns selbst nicht zu spüren. Aber bevor solche Mittel zur Sucht werden, helfen sie vorerst auch zu regulieren.[99]

Um dies zu verstehen und dem zu begegnen, ist es hilfreich, sich daran zu erinnern, dass das Gefühl für uns selbst ein körperliches ist, das in enger Verbindung mit unseren Emotionen und unserem Bewusstsein steht.

Das »bewusste Empfinden körperlicher Zustände [ist] ein Maß für unser emotionales Selbst-Bewusstsein – für das Gefühl, dass ›ich bin‹«.[100] In diesem Punkt sind sich viele einig, spirituelle Lehrer wie Anselm Grün (»Der Leib ist Barometer und Instrument für das Selbst«[101]), Psychotherapieforscher wie Will Davis (»Es gibt ein unmittelbares Erkennen eines tieferen Gefühls für das Selbst, das im Köper verwurzelt ist«[102]) oder Sigmund Freud (»Das Ich ist vor allem ein Körperliches«[103]).

Daher ist es auch eine der einfachsten Möglichkeiten, über den Körper wieder mit sich in Beziehung zu treten. Die tiefe Bauchatmung ist der Zugang, der für nicht schwer traumatisierte Menschen meist relativ leicht funktioniert. Wir richten nämlich, wenn wir tief einatmen, unsere Aufmerksamkeit automatisch nach innen und ziehen sie von der Umgebung ab. Wir spüren uns bewusster und können uns unseres Körpers sowie unserer Gefühle bewusst werden. (Hinweis: Bei traumatisierten Menschen ist dieser Zugang häufig mit überwältigenden Gefühlen verbunden. Daher ist eine sorgsame Begleitung notwendig, um wieder ein gutes Gefühl für sich selbst zu entwickeln.)

Unser Körper ist sozusagen ein Gefäß, in dem unser Denken und Fühlen stattfinden. Dieses Gefäß ist immer im Kontext unserer sozialen Beziehungen – von Familie über Freunde bis hin zur Gesellschaft, in der wir leben – eingebettet.

Das heißt, kurz gesagt: Alle Aspekte unseres Selbst und unsere Umgebung beeinflussen sich gegenseitig und greifen ineinander.

Denken ist also ohne Körper, Emotionen und Umwelt nicht möglich.[104] Und daher ist auch unser Selbst ohne Körper, Gefühle und Umwelt nicht denkbar.

Wir stellen uns immer wieder die Frage: Was passiert gerade? Aber eigentlich lautet die wichtigere Frage: »Was passiert mir/dieser Person gerade?«[105]

Der Psychologe und Journalist Steve Ayan erzählt aus seiner Kindheit, wie sein Vater ihn in einer beschämenden Situation beruhigte: »Ich weiß noch, wie beruhigend es war, als mir mein Vater eine Hand auf die Schulter legte und sagte: ›Es gibt Schlimmeres, als nicht toll malen zu können‹«.[106] Hier spüren wir förmlich, wie sich die Beruhigung körperlich ausbreitet. Die Hand auf der Schulter vermittelt in Verbindung mit dem wohlwollenden Ton und der Sicherheit, die der Vater offensichtlich ausstrahlte, eine körperliche Entspannung und ein gutes inneres Selbstgefühl. Nämlich, dass es in Ordnung ist, nicht alles zu können.

Im Zusammenhang mit der Arbeit mit Kindern ist es wichtig zu wissen, dass sich das Selbsterleben anhand körperlicher Empfindungen entwickelt.[107] Es speist sich sowohl aus den körperlichen Empfindungen der Bewegung und Selbstberührung als auch der Berührung durch andere. Das eigene Körperbewusstsein und das Selbstgefühl sind bei Kindern in der Regel recht gut entwickelt. Allerdings hat dieses Selbsterleben in unserer Gesellschaft einen sehr persönlichen Beigeschmack und wir reden kaum über dieses Erleben. Dies führt dazu, dass Kindern manchmal die Worte und häufig das Vorbild fehlen. »Wie ist es denn gerade bei mir?« – »Wie ist es gerade in dir?« sind Fragen, die selten genug mit offenem Ohr und offenem Herzen gestellt werden. Im letzten Abschnitt dieses Buches (»Tools von A–Z«) werde ich noch genauer auf die Möglichkeiten eingehen, Worte und Rahmenbedingungen für die Stärkung des Selbstgefühls zu entwickeln.

Weil wir das hin und wieder übersehen, möchte ich daran erinnern: Auch in der Pubertät erfahren das Körperbewusstsein und der Zugang zu sich selbst einen Knick. In dieser Phase schwindet das kindliche Körperbewusstsein und das neue, erwachsene muss sich erst entwickeln. Das erklärt auch, warum das Phänomen »Self-consciousness« vor allem in diesem Alter deutlich wird.[108]

Alles, was wir unter dem Begriff Selbstgefühl zusammenfassen, ist so vielschichtig und komplex, dass sich keine einfache Definition anbietet. Dennoch lässt sich zusammenfassend sagen, dass mein Selbstgefühl das Gespür umfasst, das ich für mich als Person, für mein Erleben, meine Gedanken, meine Gefühle und Empfindungen habe. Auch wenn das Selbstgefühl schwer zu fassen ist, spielt genau dieses Empfinden in unserem Leben eine zentrale Rolle. Die Fähigkeit, die eigene innere Befindlichkeit nicht nur grob, sondern auch differenziert wahrzunehmen und auszudrücken, ist eine wichtige Basis für psychische Stabilität und für unsere Beziehungen.

Das Selbstgefühl wird als etwas sehr Intimes und Privates erlebt, was dazu führt, dass es fast tabuisiert wird, aber wir merken, wenn es fehlt. Wenn Menschen keinen Zugang zu sich selbst finden, wirken sie unnahbar, schwer zu greifen und zu sehr am Außen orientiert. Dann fehlt der innere Kompass (eigentlich fehlt er nicht, sondern ist als Referenzpunkt nicht zugänglich) und es wird beispielsweise wichtig, dass jemand anderer entscheidet, wie Dinge zu handhaben sind.

Ohne innere Referenz fällt es schwer, sich selbst zu achten, die Verantwortung für sich und seine Entscheidungen zu übernehmen und mit anderen in Beziehung zu treten. Aber nicht nur unser Gefühl für uns selbst, sondern auch unsere Sicht auf uns selbst spielt eine wichtige Rolle; das Konzept, das wir im Lauf unseres Lebens entwickelt haben.

Selbstkonzept – Ich in meinem eigenen Blick

Wie ich oben beschrieben habe, ist das Selbst also a) ein innerer unantastbarer Kern, b) ein organisierender innerer Prozess der eigenen Erfahrung und Entwicklung und c) das Ergebnis der Auseinandersetzung und des Lernens mit und an anderen Menschen.

Das folgende Kapitel erklärt psychologische Phänomene und gibt Hintergrundinformationen darüber, wie wir ein bewusstes Bild über uns selbst entwickeln. Wie wir die Informationen, die wir fühlen und wahrnehmen, die Zuschreibungen anderer über uns sowie unsere Erfahrungen einordnen und zu einem Bild über uns selbst vereinigen.

Unser Selbstkonzept ist nicht etwas Fixes oder Statisches, sondern immer in Bewegung und Veränderung. Es umfasst verschiedene Aktivitäten, um unsere Erfahrungen auf vielen Ebenen zusammenzubringen und ihnen Sinn zu verleihen – einen persönlichen, individuellen Sinn.[109]

Du hast bei der Übung oben (»Wer bist du? Was macht dich aus?«) vielleicht ein paar wichtige Aspekte über dich selbst ausgesprochen oder zu Papier gebracht, aber was weißt du über dich? Welche Bilder hast du von dir? Und warum hast du genau diese Bilder von dir selbst?

Unser inneres Selbstkonzept ist nicht ein objektives Bild von uns, sondern ein Zusammenspiel von dem, wie wir uns erleben und wie wir uns gerne sehen würden. Es umfasst unser Wissen über uns selbst und beschreibt, was wir denken, wenn wir an uns selbst denken. Also das Bild unserer Eigenschaften, Kompetenzen, Vorlieben, Interessen, Gefühle, Absichten und Erinnerungen.

Auch wenn das Selbstkonzept manchmal ausschließlich als unser bewusstes Wissen über uns beschrieben wird, möchte ich den Aspekt des »vorbewussten Wissens« ansprechen. Nicht alle inneren Bilder, Ideen oder Vorstellungen, die ich von mir habe, sind mir direkt zugänglich. Wir haben Bilder und Annahmen über uns selbst, die sich in den ganz frühen Interaktionen mit Menschen gebildet haben. Bilder, die sich entwickelt haben, noch bevor wir Worte dafür hatten, oder die uns so vertraut sind, dass wir sie für unser wahres Selbst halten (und uns nicht bewusst sind, dass es Bilder von uns sind).

Jesper Juul beschreibt in seinen Büchern[110] diesen Aspekt als »Selbstgefühl« oder je nach Übersetzung »quantitatives Selbstwertgefühl«. Ich verwende in meiner Herangehensweise lieber die Begriffe Selbstkonzept oder Selbstbild. Den Begriff Selbstwertgefühl nutze ich für die qualitativen Aspekte des Umgangs mit mir selbst.

Beim Selbstkonzept geht es um das, was ich über mich weiß. Um das, was ich sehe, wenn ich mich in den Blick nehme. Wir wissen leider relativ wenig darüber, welche Vorstellungen Kinder sich in welchem Alter von sich machen und welchen Gesetzen die Entwicklung dieser Vorstellungen unterworfen ist.[111] In der Arbeit mit Erwachsenen sehen wir eindeutige Zusammenhänge zwischen ihrem Selbstbild und den Erfahrungen in ihrer Kindheit, wie im folgenden Beispiel sichtbar wird.

Angst, dass ihr etwas zustößt
Eine Frau bat um Unterstützung, weil ihr Sohn im Kindergarten trotz sorgfältiger Eingewöhnungsphase weinte und schrie, wenn sie ihn hinbrachte. Er sagte, dass er Angst habe, dass der Mama etwas passieren könnte. Wenn ihn der Vater hinbrachte, war der Junge gelassen, und auch beim Abholen bestätigten die engagierten Pädagoginnen, dass er immer schnell zu weinen aufgehört hatte, sich im Spiel mit den Kindern einbrachte und auch sonst altersgemäß verhielt.

Die Mutter kam mit der Annahme in die Beratung, dass das Problem wohl mehr mit ihr als mit ihrem Sohn zu tun habe. Sie fragte sich, ob es mit der Vergangenheit ihres Vaters im Krieg zu tun haben könnte, weil sie sonst keine Anhaltspunkte hatte und dieses Thema sie selbst immer wieder beschäftigte. Sie war eine beruflich sehr erfolgreiche Frau, hatte eine gewinnende und selbstbewusste Ausstrahlung und war gewohnt sich selbst zu reflektieren. Sie hatte bewusst spät ein Kind bekommen und sich dafür Zeit genommen. Nun wollte sie langsam wieder stärker und mit Unterstützung ihrer Großfamilie in ihren Beruf einsteigen. Dass ihr Kind so starke Reaktionen zeigte, verunsicherte sie sehr und ergab oberflächlich betrachtet für sie keinen Sinn.

Da sie Berichte über transgenerationale Traumata (= Traumata wirken in die nächste Generation) gelesen hatte, war ihr Verdacht, dass das Problem mit einem verborgenen Detail in ihrer Familiengeschichte zu tun haben könnte. Im Lauf der psychologischen Begleitung wurde klar, dass ihr Problem weniger mit der Geschichte ihres Vaters als vielmehr mit ihrem Selbstbild zu tun hatte, das sie aufgrund der Ängste und Hoffnungen ihrer Eltern von sich entwickelt hatte.

Sie war das Kind, das etliche Jahre nach dem Krieg auf die Welt gekommen war. Sie war das »Friedenskind«, das Kind des Überlebens gewesen. Sie war das Kind, das nach dem Krieg für Lebendigkeit und Freude sorgen sollte. Ihr Leben und ihre Lebendigkeit waren über das normale Ausmaß hinaus für ihre Familie wichtig.

Sie hatte selbst unbewusst die tiefe Angst ihrer Familie übernommen, dass ihr etwas zustoßen könnte.

Ihr Sohn kooperierte, wie Jesper Juul es nennt, spiegelverkehrt[112] mit diesen unbewussten Anteilen und brachte die Angst, dass ihr etwas zustoßen könnte, beim Abschied im Kindergarten zum Ausdruck.

An diesem Beispiel sehen wir, wie weitreichend unser Bild von uns selbst wirken kann, auch wenn es uns nicht zur Gänze bewusst ist. Dieser Frau war sehr bewusst, dass sie aufgrund ihrer Geschichte viele Kompetenzen erworben hatte. Und dass ihre Selbstsicherheit, ihr selbstbewusstes Auftreten auch etwas Zweischneidiges hatte, und dass darunter eine tiefe existenzielle Angst versteckt war – der Gedanke, dass ihr, komme was wolle, nichts passieren dürfe. Dies war ihr nicht bewusst, bis ihr Sohn dies zum Ausdruck brachte.

Auch wenn innere Selbstbilder oft lange, starre Begleiter sein können, ist es wichtig, sie nicht für etwas Unveränderliches zu halten. Unsere Selbstbilder sind keine fixen Konstanten und wir passen nicht immer in ein und dieselbe Schublade.

Die Funktion unseres Selbstbildes ist, dass es uns helfen soll, unser Leben zu meistern.[113] Erstaunlicherweise leben jene Menschen besser und freier, die ein etwas überzogenes, aber flexibles Selbstbild haben.

Wenn wir die Entwicklung von Kindern betrachten, macht das auch Sinn. In einer gesunden Eltern-Kind-Beziehung machen sich Eltern durch ihre Liebe zum Kind ein Bild, das sich nicht an objektiven Vergleichen orientiert. Der Psychoanalytiker Heinz Kohut bezeichnet das als den »Glanz in den Augen der Mutter«[114], wenn sie ihr Kind anschaut, mit ihm spielt, es füttert und pflegt. Dieser Glanz in den Augen der Eltern bewirkt, dass sich Kinder einzigartig und liebenswert erfahren. Sie sehen sich im Spiegel der Eltern, noch lange bevor sie sich selbst im Spiegel erkennen. Um mit Jesper Juul zu sprechen, erleben Kinder das

Gefühl »Ich bin in Ordnung und wertvoll, ganz allein deshalb, weil ich bin!«[115]

Aber nicht immer haben Kinder erlebt, dass sie der Glanz in den Augen ihrer Eltern sind. Sie entwickeln ein Selbstbild, das negativ und abwertend sein kann. Die folgende Selbstbeschreibung eines 13-jährigen Mädchens, das ich hier Sarah nenne, zeigt deutlich ihr Selbstbild und ihre in sich schlüssigen Erklärungen. Deutlich wird dabei die Überforderung, mit ihren Gefühlen umzugehen.

Sarah I – ein dunkler Charakter

»Ich bin eigentlich ein dunkler Charakter. Ich zeige mich nur sehr langsam ... bin wie eine Nuss zum Knacken, wie ein Drache: nach außen ein ziemlich starkes, mächtiges Wesen mit harter Schale – das aber eine weiche Seele hat. Wenn die Schale bricht, dann kommt dieses Weiche nach außen. Aber das will ich oft gar nicht, weil das verletzlich macht. Ich bin ein Drache, der sich selbst zurückziehen kann.

Auf mich ist nie geschaut worden, das habe ich selbst machen müssen. Ich bin oft verletzt worden, mein kalter Charakter reagiert nicht, aber eigentlich bin ich eine ganz andere. Es gibt in mir diese Zügellose, Kalte ... Ich will gar nicht so unfreundlich sein. Es schießt dann einfach aus mir raus. Das ist das Weiche. Wie eine Kesselenergie, die kein Ventil hat – das Weiche, Verletzliche springt heraus und sagt diese unfreundlichen Dinge.«

Wenn Kinder ein Selbstkonzept entwickeln, dass sie in Ordnung sind, wie sie sind, ist das der beste Start und eine tragfähige Basis für das Leben. Aber selbst in diesem Fall verändert sich das Selbstkonzept im Lauf des Lebens immer wieder.

Der Säuglingsforscher Daniel Stern hat durch akribische Beobachtungen der Interaktion von Müttern und ihren Babys bzw.

Kleinkindern viel Wertvolles über unsere Art in Beziehung zu treten herausgefunden. Er unterscheidet in den ersten Lebensjahren vier Ebenen der Selbstentwicklung. Ohne ins Detail gehen zu wollen, möchte ich hier auf seine Begriffe des »Selbst als Subjekt« und des »verbalen Selbst« kurz eingehen.[116]

Ich bin ein Subjekt

Die Tatsache, dass wir Menschen unser Selbst zum Subjekt unserer Beobachtung machen können, ermöglicht auch unsere weitere Entwicklung als verstehende Wesen.[117] Viele menschliche Fähigkeiten, wie Empathie und Mentalisierung[118], bauen auf dem Bewusstsein zum eigenen Denken und Fühlen auf. Also, kurz gesagt, auf unserer Fähigkeit zur Selbstreflexion (auch wenn sich die Fähigkeit eines Vierjährigen, unterschiedliche Perspektiven zu erkennen, von jener eines Vierzigjährigen grundlegend unterscheidet).

Kleinkinder erschaffen sich ein Bild von sich selbst, das – mit erwachsenen Worten – ungefähr so ausschauen dürfte: »Ich bin von innen spürbar und von außen wahrnehmbar. Das von außen Wahrnehmbarsein wird mir durch das vermittelt, wie die Erwachsenen in meiner Umgebung auf meine Äußerungen und Gefühlszustände reagieren. Es hängt davon ab, ob sie sich mit mir emotional synchronisieren und für meine inneren Zustände Worte finden.«

Ziehen wir zur Veranschaulichung ein Alltagsbeispiel aus einem Haushalt heran:

Erschrecken und aufatmen

Dem Vater fällt beim Kochen ein Topf auf den Boden. Es macht einen lauten Tusch und das Kleinkind neben ihm erschrickt und beginnt zu weinen. Wenn nun der Vater das Kind auf den Arm nimmt und in einem liebevollen Ton sagt: »Oh, da sind wir wohl jetzt beide erschrocken!«, erlebt das Kind zum einen: »Ich bin tröstenswert« und zum anderen »Ich bin nicht allein«. Nicht zuletzt bekommt es Worte für sein inneres Erleben (nach Luft schnappen, sich zusammenziehen, schreiend weinen = erschrecken).

Das Selbstbild des Kindes wird bei dieser Erfahrung angereichert – um die Facetten »Ich bin tröstenswert, ich gehöre dazu und meine Reaktion macht Sinn«.

Ein weiterer Aspekt der Subjekthaftigkeit des Selbst ist, dass es erst in bestimmten Entwicklungsstufen fähig ist, unterschiedliche Anteile von sich in den Blick zu nehmen. Im oben beschriebenen Beispiel von Sarah, die sich als Drachen beschreibt, sehen wir die gut entwickelte Fähigkeit, ihr eigenes Verhalten und ihre Gefühle wie von außen zu betrachten.

Es ist eine Tatsache, dass wir Anteile unseres Verhaltens, unseres Denkens und Fühlens als Objekte erst in den Blick nehmen können, wenn sie nicht mehr Teil von uns selbst als Subjekt sind.[119] Erst dann können wir beginnen, diese Aspekte zu verstehen, und tiefere Zusammenhänge erkennen.

Ich habe Wörter für mich

Wenn man mit kleinen Kindern zu tun hat, verblüfft es immer wieder, wie wichtig Sprache ist, obwohl sie selbst noch nicht sprechen können. Die französische Psychoanalytikerin und Säuglingstherapeutin Caroline Eliacheff[120] hat das Potenzial und die Macht der Sprache in ihren Fallbeispielen mit schwer misshandelten und vernachlässigten Kindern deutlich zum Ausdruck gebracht. Allein durch das Hören der Beschreibungen ihrer eigenen Erfahrungen milderten sich viele Symptome dieser Kinder. Sprache wirkt schon, lange bevor sich Kinder ihrer bedienen können.

Ich erlebe in meiner Arbeit mit Familien wiederholt, wie berührend und wirksam es ist, die richtigen Worte für das Erleben zu finden. Es fällt aber schwer, dies hier treffend zu beschreiben, weil Worte immer in Töne und Gefühle gepackt sind. Das folgende Beispiel gibt einen kleinen Einblick.

»Ich will mit dir Fußball spielen!«

Es ist tatsächlich schwer zu Papier zu bringen, warum ein Bonusvater[121] zu Tränen gerührt ist, wenn der zehnjährige Sohn seiner Partnerin ihm fest in die Augen schaut, Luft holt und mutig sagt: »Ich will aber mit dir Fußball spielen und nicht mit den Kleinen.«

Vorangegangen war ein Gespräch mit dem Jungen über sein Verhalten, wobei die Erwachsenen unter anderem sagten:

Mutter: »Wir verstehen ja, dass du nicht immer mithelfen willst, aber wir brauchen einfach mit den Kleinen deine Unterstützung.« Bonusvater: »Ich verstehe nicht, warum du manchmal beim Fußball so austickst. Da nehme ich mir eh Zeit, mit euch zu spielen, und dann passt dir eine Kleinigkeit nicht ...«

Ich hatte als Beobachterin der Szene den Eindruck, dass der Junge all seinen Mut zusammengenommen hatte, um sich zu zeigen. Er konnte in diesem Moment seine Bedürftigkeit und seine Sehnsucht nach Kontakt, aber auch sein Bedürfnis, als »Großer« einen eigenen Raum der Interaktion und Begegnung zu haben, zeigen.

Er war in diesem Moment sehr mit sich in Kontakt, und das spürte der Bonusvater auch. Der Mann konnte dem Blick des Kindes standhalten, ohne in die »Verteidigung« zu gehen. Er ließ zu, dass eine Träne über seine Wange rollte und sagte zu dem Jungen: »Das kann ich verstehen!«

Es ist für unser Selbsterleben essenziell, dass wir Worte finden, die unser inneres Erleben und unsere Bedürfnisse, Ängste, Sorgen, Freuden und vieles mehr zum Ausdruck bringen. Es ist diese persönliche Sprache, die ich im Kapitel »Wert: geben – Qualität leben« schon angesprochen habe. Eine Sprache, die warm und direkt ist und einer anderen Person einen Teil meines Selbst offenbart. Persönliche Sprache geht immer mit Momenten des Kontakts und der Begegnung einher.

Ich bin besser als … und kann mich anpassen

Das Bild von sich selbst wird also durch die Qualität, Feinfühligkeit und Angemessenheit der Reaktionen der Bezugspersonen bestimmt. Das geht in den meisten Familien, in denen eine mehr oder weniger gesunde Beziehungskultur herrscht, mit einer Überschätzung des Kindes einher. Eben mit diesem Glanz in den Augen der Eltern. Bemerkenswerterweise hat die elterliche Überschätzung der eigenen Kinder im Großen und Ganzen eine wichtige Bedeutung, sie wirkt in widrigen Umständen wie ein Puffer. Es erwächst dadurch das Zutrauen in sich selbst: »Ich schaff' das schon!«

Die zweite wichtige Facette ist, wie oben erwähnt, ein dynamisches Selbstkonzept, das Veränderung und Wachstum mitdenkt. Der häufig ausgesprochene abwertende Satz: »Der/die ist halt so!« oder die manchmal liebevoll gemeinte Äußerung: »Ich kenn' dich schon, du bist ...« erweist Kindern einen Bärendienst, wenn sie auf bestimmte Eigenschaften oder Verhalten festgelegt werden.

Unterschiedliche Studien[122] zeigen, dass Menschen mit einer Wachstumsmentalität (Bereitschaft zur Weiterentwicklung) leichter mit Belastungen fertig werden. Und je wandelbarer wir unsere Eigenschaften halten, desto mehr Energie stecken wir in unsere persönliche Entwicklung und Veränderung.

Die gesündesten Selbstannahmen sind nachweislich:

- Ich bin in Ordnung, so wie ich bin.
- Ich bin besser als der Durchschnitt.
- Ich kann mich verändern und anpassen.

Auch wenn das keine objektiven, realitätsnahen Aussagen sind, helfen sie uns, die Diskrepanzen zwischen unserem erwünschten und unserem realen Selbstbild wahrzunehmen und zu verändern. Sie ermöglichen es, uns mit anderen Menschen auseinanderzusetzen und in Begegnungen Neues über uns selbst zu erfahren.

Zusammengefasst können wir sagen, dass das Selbstkonzept die bewussten und unbewussten Bilder beinhaltet, die eine Person von sich als Person, von ihrem Können und ihrer Art, mit anderen umzugehen, hat.

Selbstwertgefühl – Ich bin in Ordnung!

»Die beste Freude ist wohnen bei sich selbst.«

Johann Wolfgang von Goethe[123]

Hast du dir schon mal überlegt, ob du dich eher für das, was du kannst, oder für die Person, die du bist, wertschätzt?

Fragen rund um mangelndes Selbstwertgefühl sind eigentlich Anlass und Grund, dieses Buch zu schreiben. Unten findest du dazu das Beispiel über Nina. Ihre Lehrerin holte sich schließlich professionelle Unterstützung, weil Ninas Selbstwert offensichtlich sehr niedrig war und alle Interventionen nicht fruchteten.

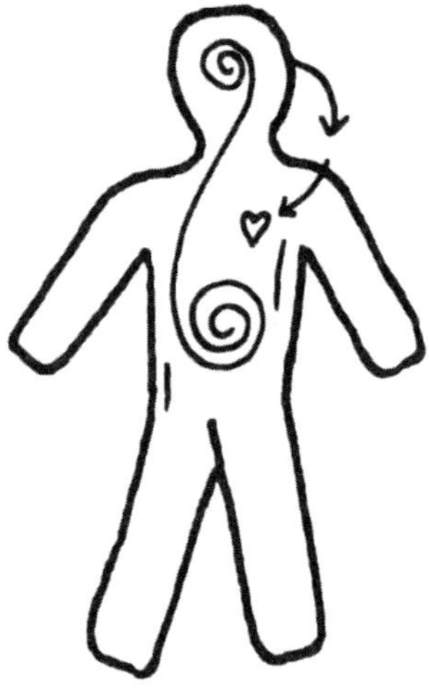

Die meisten Menschen haben intuitiv ein Gefühl dafür, dass es nicht egal ist, wie sie mit sich selbst umgehen, dass ihr Selbstwertgefühl eine wichtige Rolle spielt. Auch die Forschung hat sich im Lauf der letzten Jahrzehnte intensiv[124] mit dem Selbstwertgefühl auseinandergesetzt. Aber wie erwähnt, werden in der fachlichen Auseinandersetzung verschiedene Aspekte des Erlebens von Selbstwert miteinander vermischt; Aspekte, die nicht wirklich etwas miteinander zu tun haben. Das Dorsch Psychologie-Lexikon beschreibt »Selbstwertgefühl«[125] so: Es ist »die Bewertung des Bildes von sich selbst und damit eine grundlegende Einstellung gegenüber der eigenen Person. Obwohl es sich nicht um ein Gefühl im eigentlichen Sinne handelt, spricht man im Alltag oft von Selbstwertgefühl.« Noch ein Hinweis: Ich unterscheide nicht zwischen Selbstwert und Selbstwertgefühl und verwende die Begriffe hier im Buch wie im Alltag gleichbedeutend.

Beim Selbstwertgefühl steht also eine Bewertung im Fokus, die Bewertung unseres Selbstbilds. Im Schulalltag kann das so aussehen:

Nina I – »Das verdiene ich nicht!«

Nina ist elf Jahre alt und sehr selbstständig. Von außen betrachtet kommt sie in der Schule gut mit und »schafft eh alles«, was die Lehrer und Eltern erwarten. Nur: Sie verspürt einen riesengroßen Druck, alles richtig zu machen. Eine Lehrerin nimmt ihre Not wahr. Sie fragt Nina danach, und das Mädchen bestätigt: »Ja, aber die Mama hat gesagt, der Druck fällt ab, wenn ich mit der Schule fertig bin und die Matura habe!«

Nina lehnt Komplimente ab und will kein Lob hören. Sie findet sich selbst nicht gut. »Das verdiene ich nicht! Ich bin einfach schlecht!«, sagt sie immer wieder. Sie fühlt sich unwichtig, vor allem im Vergleich mit ihrer Schwester.

Im Klassenverband erlebt Nina vieles, das sie persönlich beschämend findet, wie sie der Beratungslehrerin anvertraut. Sie hasst es beispielsweise, wenn ihre Klassenlehrerin die Noten laut vorliest. Die LehrerInnen haben den Eindruck, dass Nina aus Mücken Elefanten macht, weil sie ohnehin gute Noten hat. Einmal hat sie versucht, bei einer Lehrerin ihren Stress anzusprechen, diese aber meinte, sie solle »die Zähne zusammenbeißen und nicht so ein Drama machen«. Die Beratungslehrerin kennt sie als sehr reflektiertes Mädchen, das seine Gefühle gut in Worte fassen kann und präzise Wahrnehmungen von sich und ihrer Umgebung hat. Sie bemerkt aber auch Ninas schwaches Selbstwertgefühl und dass sie sich laufend abwertet.

Nina hat erfolgreiche Eltern und eine Klassenlehrerin, die einen hohen Anspruch an sich selbst und ihren Unterricht hat. Nina ist also von leistungsorientierten Erwachsenen umgeben, die das Positive in ihr sehen und sie in gutem Glauben stärken wollen ...

Was läuft hier falsch? Warum ist Ninas Selbstwert so niedrig? Um diese Frage zu beantworten, müssen wir das Wesen des Selbstwertgefühls verstehen. Kurz gefasst schaut die Dynamik zwischen Nina und den Erwachsenen so aus:

Nina: »Ich fühle mich ungenügend und habe Angst, dass ich nichts gut genug mache.« Die Erwachsenen antworten mit Aussagen wie: »Du brauchst doch keine Angst zu haben!« (wenn sie noch Geduld haben) und »Mach' nicht so ein Theater!« (wenn sie keine Geduld mehr haben).

Ninas Mutter hält den schulischen Druck für unabwendbar und zweifelt nicht daran, dass ihre Tochter dem standhält. Indirekt sagt sie ihr: »Du schaffst das schon, der Druck gehört zur Schule.« Dass dies alles den Druck des Mädchens nicht verkleinert, können wir leicht nachvollziehen – aber erklärt das auch den schwachen Selbstwert? Hat es überhaupt etwas damit zu tun?

Wir verwenden zur Beschreibung des Selbstwertgefühls Begriffe wie hoch oder niedrig. Und wir sprechen davon, das Selbstwertgefühl zu stärken. Wir gehen also davon aus, dass es etwas messbar Hohes oder etwas Niedriges ist und es sich stärken lässt. Ähnlich wie ein Topf, der gut gefüllt, leer oder halb voll ist. Und wir nehmen an, dass es gut ist, wenn der Topf voll ist. Da macht es nur Sinn, dass wir den Topf füllen müssen (oder stärken, in unserem Sprachgebrauch).

Wenn man Erwachsene fragt, was zu ihrem Selbstwert beiträgt (was in ihrem Topf drin ist), kommen folgende Antworten: Selbstakzeptanz, meine Fähigkeiten und Kompetenzen, mein Wissen, meine Eigenschaften und für andere Menschen wertvoll zu sein.[126] Der Selbstwert wird also als Vermischung verschiedener Aspekte erlebt. Es geht zum einen um die Einstellung zu sich als Person und zum anderen um die eigenen Fertigkeiten und Kompetenzen.

Aber geht es wirklich auch um einen vollen Topf? Ist das wirklich das Beste und Wichtigste? Was ist mit den Menschen, die nur sich im Blick haben, sich narzisstisch um sich selbst drehen? Ist das ein übertriebenes Selbstwertgefühl, ein aufgeblähtes Ego? Und sollen wir den Selbstwert von Kindern überhaupt stärken?

EXKURS: NARZISSMUS[127]

Narzissmus ist ein Begriff, der in ist und gern benutzt wird, um andere zu beschreiben – aber was meinen Psychologen damit? Menschen mit narzisstischen Zügen haben oft ein übersteigertes Selbstwertgefühl, eine Selbstverliebtheit, und sie setzen sich gerne mit Macht und Verführung durch.

Dass sich jemand selbst im Fokus hat und gern bewundert wird, ist an sich nicht krankhaft oder problematisch. Alle Kinder kommen mit einem natürlichen Bedürfnis nach Aufmerksamkeit und einem »normativen Narzissmus«, wie Kernberg es nennt, auf die Welt. Diese Selbstzentrierung und Selbstdarstellung gesunder Kinder ist warm und einladend, während das Heischen nach Aufmerksamkeit und Bespiegelung beim krankhaften Narzissmus kalt, abwehrend und kontrollierend ist. Der normative Narzissmus gehört zur kindlichen Entwicklung und verändert sich im Fall erst mit 8 bis 10 Jahren, wo sich erste Anzeichen pathologischer Formen zeigen können.[128]

Erwachsene mit narzisstischen Störungen identifizieren sich mit ihrer Fassade, die sie auch grandios ausbauen, und sie haben keine innere Verbindung zu dem, was sie als Person ausmacht. »Sie selbst spüren das nicht, denn in ihrem Verständnis sind sie das, was sie darstellen: ›Ich glänze, ziehe an, bewege, ängstige – also bin ich.‹«[129] Ihnen fehlt ein innerer realistischer Bezug zu sich selbst. »Hinter der prächtigen Fassade ist ein emotional verwahrlostes Kind, das nach Anerkennung und Spiegelung seiner wahren Identität hungert.«[130]

Es ist schwer, mit narzisstischen Menschen in Kontakt zu kommen, weil sie sich nicht als die, die sie sind, zeigen, sondern als die, die sie sein wollen oder meinen, sein zu müssen. »Wirkliche Nähe vermeiden sie, weil sie Gefahr laufen, dass ihre Maske bröckelt ... Zu groß ist die Gefahr, verletzt, zurückgewiesen oder nicht verstanden zu werden.«[131]

Narzissten trennen sich so gut wie möglich von ihrer Gefühlswelt ab. Es geht um das perfekte Funktionieren. Menschlichkeit mit ihren Unvollkommenheiten erleben sie als bedrohlich. Die eigenen perfekten Ansprüche werden zur Norm, die erfüllt werden muss.

Gesunder Narzissmus zeichnet sich durch eine hohe Motivation aus, persönliche Ziele mit Kreativität und Freude zu verfolgen. Im krankhaften Fall wird der Narzissmus zu einer ausbeuterischen Haltung sich selbst gegenüber. »Narzissten fehlt der innere Kompass für menschliches, emotionales und gewinnbringendes Miteinander, denn so wie sie sich von ihrem Inneren abspalten, so entmenschlichen sie auch ihr Gegenüber.«[132]

Die Psychologin und Forscherin Susan Harter, die sich auf die Entwicklung verschiedener Selbstanteile im Kindes- und Jugendalter spezialisiert hat, kritisiert die intensive Beschäftigung mit dem Selbstwert als »Rausch«, mit ihren Worten: »Enhancing self-esteem is a national frenzy«.[133] Sie bezieht sich damit auf die USA, aber ich erlebe diese Tendenz auch in unseren Breiten im pädagogischen Umfeld.

Harter sieht das Problem darin, dass das vermeintliche Selbstwertgefühl nicht nur gestärkt, sondern fast verherrlicht wird. Das verhindert, dass Kinder ein realistisches Selbstwertgefühl entwickeln. Es zeigt sich darin, dass pathologischer Narzissmus unter

Jugendlichen und jungen Erwachsenen vermehrt auftritt. Zur unrealistischen Selbsteinschätzung tragen laut Harters Untersuchungen Eltern und PädagogInnen bei, die das vermeintliche Selbstwertgefühl aufpäppeln und die Kinder mit Lob und überzogenen Einschätzungen überhäufen.[134]

Der Wert des Menschen an sich ist einfach gegeben, weil der Mensch ist. Warum stellen wir den Wert des Selbst durch die Betonung des Selbstwertgefühls überhaupt infrage?

Psychische Gesundheit und Wohlbefinden gehen damit einher, dass sich Menschen über ihren Selbstwert keine Gedanken machen, sondern einen »selbstverständlichen Selbstwert«[135] und manchmal sogar einen »gesunden Narzissmus[136] haben.

Der Psychologe Richard M. Ryan[137] beschreibt die Paradoxie des Selbstwertgefühls so: »If you need it, you don't have it, and if you have it, you don't need it.«[138] Wir brauchen es also, wenn wir es nicht haben, aber sonst reicht die Selbstverständlichkeit. Dieser Gedanke zeigt die Komplexität des Selbstwertgefühls. Das ist auch der Grund, warum wir uns als Fachleute damit beschäftigen sollten.

Viele Kinder und Jugendliche haben kein selbstverständliches Gefühl für ihren Wert. Viele werten sich ab, wie die elfjährige Nina, andere haben ein narzisstisch-überhöhtes Selbstbild oder beschäftigen sich zum Beispiel intensiv mit ihrer Selbstdarstellung auf Instagram und anderen Plattformen.

Nicht nur Kinder, sondern auch viele Erwachsene sind sehr mit der Bestätigung ihres Wertes beschäftigt. Sie loben sich, vergleichen sich mit anderen und wehren Dinge ab, die ihr positives, aber fragiles Selbstwertgefühl bedrohen. Richard M. Ryan ist überzeugt, dass die Tatsache, dass sich Menschen überhaupt mit ihrem Wert beschäftigen, allein schon ein Zeichen psychischer Anfälligkeit ist.[139] Das machen sie unter anderem deswegen, weil sich viele Heilsversprechen unserer Zeit auf die Zusammenhänge zwischen starkem Selbstwertgefühl und Erfolg berufen. Unsere westliche Gesellschaft legt großen Wert auf Selbstbewusstsein,

Selbstvertrauen und Selbstdarstellung, jedoch ist »psychische Gesundheit eher gegeben, wenn der Selbstwert einfach kein Thema ist, weil der Wert des Selbst nicht hinterfragt wird.«[140]

Selbstoptimierungstendenzen und reine Erfolgsorientierung sind problematisch, weil diese Prozesse ein inflationäres Selbstwertgefühl vermitteln. Wir hübschen uns selbst sozusagen mit Dingen wie Fitness, Aussehen oder Leistungen auf, aber tief drinnen fühlt es sich leer und unstimmig an. Diese Prozesse schaden, weil sie die innere persönliche Authentizität[141], also unser natürliches Zusammenspiel von Selbstgefühl, Integrität, Kohärenz und unseren realistischen Selbstbildern, verraten. Das beeinträchtigt auch unser wahres Selbst[142] und damit auch unsere Beziehungen und unsere Beziehungsfähigkeit.

Kinder hinterfragen im Normalfall weder ihr Selbstbild noch ihren Wert. Erst mit etwa acht Jahren entwickeln sie überhaupt die Fähigkeit, Worte und Konzepte für ihr Gefühl zu sich selbst zu formulieren.[143] Und erst in der Pubertät taucht die Frage auf: Wer bin ich denn überhaupt? Wenn Jugendliche dann ihren Wert als Person infrage stellen, hängt das mit ihrer bereits 10- bis 15-jährigen Erfahrung zusammen, dass der Fokus ihrer Bezugspersonen meist auf äußeren Dingen wie Talenten und Leistungen lag und sie nicht als Person, einfach weil sie existieren, geschätzt wurden.

Das Bedürfnis, den Selbstwert ins Zentrum zu stellen, kommt so gesehen aus einem Mangel. Dadurch entsteht eine »ungesunde Bedürftigkeit«, als Individuum ernst und wahrgenommen zu werden. Dieser Mangel verbindet sich mit dem natürlichen Bedürfnis, mit sich selbst in Einklang zu sein. Weder der Mangel noch das Bedürfnis nach innerer Kongruenz können aber durch Selbstoptimierungsversuche gestillt werden.

Wie kommt es zu diesem Hype? Wie zu den vielen Ratgebern, die den Selbstwert über die Selbstoptimierung und Selbstdarstellung stärken wollen? Zum Teil hängt das an der Forschung und der Art und Weise, wie sie interpretiert wird. Wir wissen, dass selbstabwertende und selbstdestruktive innere Sätze und Einstellungen zu Depressionen, Angstzuständen und Persönlichkeitsstörungen führen können.[144] Dies führte schon vor vielen Jahren zur Erkenntnis, dass das Selbst auch davon beeinflusst wird, was wir über uns selbst denken, und dass wir dabei selbst etwas in uns konstruieren.[145] Mit anderen Worten heißt das, dass wir unsere Selbstbilder und Selbstbewertungen laufend gemeinsam mit unserer Umwelt selbst gestalten und in uns erschaffen. Wenn man das weiterdenkt, könnte man meinen, dass es Sinn macht, dort auch anzusetzen: nämlich bei unseren Gedanken über uns selbst.

Viele Modelle versuchen über den kognitiven Zugang und das Bearbeiten innerer Glaubenssätze einen niedrigen Selbstwert zu korrigieren. Dies ist für Kinder nicht wirklich relevant und selbst für Erwachsene nur die halbe Miete, da wir fühlende Wesen sind und unser Denken unserem Körper und seinen Empfindungen mehr folgt als umgekehrt.

Vielen Menschen geht es wie der kleinen, sich selbst abwertenden Nina, andere haben aufgeblähte Bilder von sich, wo der Schein und Glanz die innere Leere verdeckt.[146] In beiden Ausprägungen gibt es das Problem: »Wenn du es brauchst, hast du es nicht …«

Wie helfen wir also Kindern und Jugendlichen, die entweder an einem geringen Selbstwert leiden, oder pathologische narzisstische Züge entwickeln? Zuvor noch ein paar Zeilen, damit du ein klares Bild von einem »gesunden Selbstwertgefühl« bekommst.

Bei mir ist das so

Ein gesundes Selbstwertgefühl bedeutet, dass ich selbst der Ansicht bin, dass ich »in Ordnung bin, so wie ich bin«. Wie die Psychologin und Familientherapeutin Helle Jensen in einem Seminar einmal betont hat, geht dieses Selbstwertgefühl mit einer annehmenden und wohlwollenden Selbstverständlichkeit einher, dass »es bei mir so ist!« Es ist also eine Form der Selbstkenntnis, die mit einer inneren Akzeptanz gepaart ist. Und diese hängt nicht von Eigenschaften ab, die ich wünschenswert oder nicht wünschenswert finde. Ich habe meinen Wert und bin wertvoll, genauso wie ich bin. Und ich anerkenne, dass alles bei mir so ist, wie es eben ist.

Dieses Selbstwertgefühl ist etwas Zartes, Leises und doch Selbstverständliches. Es hat nichts mit unseren Leistungen oder Eigenschaften zu tun. Es ist das, was Kant vermutlich meinte, als er sagte, dass der Mensch Selbstzweck sei.[147] Es ist die Verbindung zu unserem inneren Gerüst, unserem Selbstgefühl. Und es ist unsere Fähigkeit, uns selbst mit Wohlwollen anzusehen – ein akzeptierendes Selbstbild zu entwickeln. Es ist, wie Jesper Juul sagt, unsere Fähigkeit, unser Sein als Menschen in den Blick zu nehmen.[148]

Kommen wir nochmals zurück zur elfjährigen Nina und der Frage: Wo ist das Problem? Dazu müssen wir das Was und das Wie unterscheiden. Das Was sind die oben beschriebenen Aspekte: unser Selbstkonzept und das Gefühl, das wir zu uns selbst haben. Das Wie ist die Qualität unseres Umgangs mit uns selbst, und das ist das Ausschlaggebende für unseren Selbstwert. Um es prägnant mit den Worten Kants zu sagen: »Wer sich zum Wurme macht, darf nicht darüber klagen, mit Füßen getreten zu werden.«[149] Dies ist allerdings kein hilfreicher Ansatz, wenn man mit Kindern und Jugendlichen arbeitet (auch nicht für die Begleitung von Erwachsenen mit einem niedrigen Selbstwert), weil es wiederum in eine Selbstabwertung mündet: »Ich bin ja selbst schuld, ich müsste mich ja nicht zum Wurm machen!« Ähnlich wie Nina von sich selbst sagt: »Das verdiene ich nicht!« Der Umkehrschluss: »Ich verdiene nicht, dass ich mir gegenüber wohlwollend eingestellt bin, solange ich nicht so oder so bin«. Damit bin ich meines eigenen Wohlwollens nie wert, und der Teufelskreis dreht sich weiter.

»Wenn Menschen das Gefühl haben, von geringem Wert zu sein, leben sie in der Erwartung, dass man sie betrügt oder auf ihnen herumtrampelt. [Sie erwarten,] dass andere sie geringschätzen

… sie werden leicht zum Opfer. Indem sie mit dem Schlimmsten rechnen, beschwören sie es regelrecht herbei … [Und] um sich zu schützen, verstecken sie sich hinter einer Mauer des Misstrauens und versinken in einem schrecklichen Gefühl der Einsamkeit und Isolation.«[150] Diese von der Familientherapeutin Virginia Satir sehr treffende Beobachtung begründet auch die vielen Versuche und Angebote, den Selbstwert zu stärken, und den oben genannten »Rausch«.

Der erfolgreiche Weg heißt allerdings nicht Selbstoptimierung, sondern führt über die unaufgeregte Feststellung: »So ist das bei mir.« Es geht um die Fähigkeit, sich aus einem inneren Wohlwollen heraus mit seinen Fehlern und Macken zu arrangieren. Psychische Gesundheit und Stabilität basieren auf einer inneren Flexibilität im Umgang mit Krisen und Herausforderungen, auf einer Fehlerfreundlichkeit sich selbst gegenüber.

Schauen wir uns Nina und ihr Bezugssystem weiter an:

Nina II: Besser sein wollen, als man ist

Nina (11) ist von Erwachsenen umgeben, die ihre Kompetenzen und Erfolge in der Schule sehen und sie für gut befinden. Sowohl ihre Eltern als auch ihre Klassenlehrerin definieren sich selbst stark über ihre Erfolge und Leistungen und haben hohe Idealvorstellungen, an denen sie auch die Kinder messen.

Für Nina führt das zu einem großen Druck und zur gefühlten Notwendigkeit, besser sein zu müssen, als sie ist. Sie hat bereits eigene Idealvorstellungen entwickelt, die sich an ihrer Schwester orientieren und dem Leistungsbild ihrer Eltern und Lehrer entsprechen.

Wir können davon ausgehen, dass Nina unbewusst glaubt, dass ihre Zugehörigkeit zur Welt der Erfolgreichen (= ihre Familie) von ihrem Erfolg abhängt. Zeichen dafür sind die Beschämung, die sie erlebt, wenn die Schulnoten laut vorgelesen werden, und ihre Angst vor einem Leistungsabfall. Wenn das passiert, wackelt ihr Selbstvertrauen (das Vertrauen in ihr Können, das einen Halt im Außen gibt). Sie hadert stark mit einem für die Erwachsenen nicht nachvollziehbaren Gefühl des Ungenügendseins.

Und zumindest in der Reaktion der Mutter (»Das legt sich, sobald du mit der Schule fertig bist«) wird offensichtlich, dass diese Ninas Angst und ihre Gefühle des Ungenügendsein emotional nicht an sich heranlässt, sie geht nicht mit den Gefühlen ihrer Tochter in Resonanz. Die Mutter zeigt kein Mitgefühl mit der inneren Abwertung, der Scham und Verzweiflung ihrer Tochter, auch wenn sie sieht, dass diese unglücklich ist und mit sich kämpft.

Nina würde Erwachsene brauchen, die mit ihr aushalten, dass sie gerne so wäre wie ihre Schwester, es aber einfach nicht ist. Die sie so nehmen, wie sie ist. Erwachsene, die sie als unabhängige Person wahrnehmen und die neugierig sind, was sie in ihrer Individualität ausmacht; die sich für ihre persönlichen Kompetenzen, die nicht im Vergleich zu anderen stehen, interessieren.

Dieser Blick auf das Kind – ohne es mit jemand zu vergleichen, egal ob Auf- oder Abwärtsvergleich – ist wesentlich. Erst dadurch werden die Eigenständigkeit und das Individuelle sichtbar, spürbar und greifbar.

Grundsätzlich beginnen Kinder im Alter von acht bis zehn Jahren soziale Abwärtsvergleiche als Schutzmechanismen für ihr Selbstwertgefühl zu verwenden.[151] Wenn aber Erwachsene die gleichen Muster benutzen, bestätigen sie, dass der Selbstwert etwas Abhängiges und Vergleichbares ist, was wiederum dem Wesen des Selbstwertgefühls (»Ich bin in Ordnung«) zuwiderläuft.

Auch wenn für Kinder Können und Sein eng zusammenhängen und sie sich ganz natürlich an anderen messen und mit ihnen vergleichen, können wir durch unseren Blick auf ihr bloßes Sein ihrem inneren Kern einen Wert geben. Es macht einen großen

Unterschied, ob die Erwachsenen ihren Blick nach innen auf das Kind oder nach außen auf sein Tun richten.

Nina braucht gelassene Erwachsene, die ihr helfen, einen realistischen Blick auf ihre Fähigkeiten, Möglichkeiten, aber auch auf ihre Schwächen zu gewinnen. Wenn sie in der Abhängigkeit des Vergleichs mit ihrer Schwester bleibt, wird sie ihr eigenes Potenzial nicht entwickeln können. Es macht also einen Unterschied, ob wir ein »abhängiges« oder »unabhängiges« Selbstwertgefühl entwickeln.

Bevor wir uns intensiver damit beschäftigen, zuerst noch eine Begriffserklärung: In der Forschung sprechen wir von zwei Arten des Selbstwerts: Vom globalen Selbstwert und vom domain- oder bereichsspezifischen Selbstwert.

Der globale Selbstwert umfasst die allgemeine Einstellung einer Person zu sich als Gesamtes und wird als Zustandsbeschreibung, ähnlich wie ein Persönlichkeitsmerkmal, benutzt, so wie Nina sich einfach als »schlecht und des Lobes nicht würdig« empfindet.

Im Gegensatz dazu steht der domain- oder bereichsspezifische Selbstwert, den Menschen sich aufgrund ihrer Kompetenzen zuschreiben und der in unserem Sprachgebrauch besser mit »Selbstvertrauen« umschrieben wird. Es geht um ein Vertrauen und Zutrauen in das eigene Können.

Wir beschäftigen uns hier in diesem Kapitel mit dem globalen Selbstwert. Er orientiert sich an unterschiedlichen Faktoren. »Woraus beziehen wir unser Gefühl zu uns?« ist die leitende Frage für die weiteren Überlegungen.

Nach innen – oder nach außen?

Woraus beziehen wir unser Gefühl zu uns? Dazu zwei Begriffe: das nach außen orientierte/abhängige Selbstwertgefühl und das nach innen orientierte/unabhängige Selbstwertgefühl.

Das nach außen orientierte Selbstwertgefühl wird unter dem Begriff »contingent self-esteem« erforscht, es lässt sich am besten als »abhängiger Selbstwert« übersetzen. Das heißt, Menschen erleben ihren Selbstwert abhängig von dem Erreichen gewisser Standards, von ihrem äußeren Erscheinungsbild, ihrem Auftreten oder Erfolg. Für andere wertvoll und wichtig zu sein, motiviert sie stark.[152] Diese Menschen können auch ein hohes Selbstwertgefühl haben, in dem Sinn, dass sie sich selbst wertschätzen. Dieses Selbstwertgefühl ist jedoch nicht stabil und von einer narzisstischen Qualität. Es ist nicht von einer entspannten, wohlwollenden Haltung geprägt, sondern abhängig von Erfolg, den Reaktionen anderer oder Ähnlichem.

Das nach innen orientierte Selbstwertgefühl ist unabhängig. Eine Person erlebt sich der Wertschätzung und Liebe ihrer selbst und anderer würdig. Äußere Anerkennung und (Miss-)Erfolg haben für sie wenig Einfluss auf ihren Selbstwert, auch wenn diese sehr wohl dazu führen können, dass sie Handlungen und Bemühungen verändert oder neu einschätzt.[153] Grundsätzlich mögen sich diese Personen, sie fühlen sich in Ordnung.

»Ein echtes/wahres Gefühl für seinen eigenen Wert beinhaltet eine ausgewogene Perspektive auf die eigenen Stärken und Schwächen, es ist relativ stabil, hängt nicht an äußeren Erwartungen und steht nicht im eigenen Fokus.«[154] Das heißt, obwohl das Gefühl für sich selbst die innere Referenz ist, beschäftigt sich die Person nicht nennenswert mit ihrem Selbstwert und hat einen flexiblen Umgang mit sich selbst. Diesen flexiblen Umgang brauchen wir, um unsere jeweilige aktuelle Realität anzuerkennen und mit unseren Niederlagen, Enttäuschungen und Krisen, aber auch mit Erfolgen und freudvollen Erfahrungen umzugehen.

Manchmal sind wir von uns selbst enttäuscht, manchmal zufrieden. Mit einem nach innen orientierten, unabhängigen Selbstwertgefühl ist beides möglich, ohne dass ich an den Grundfesten meines Werts zweifle oder in eine tiefe Krise gerate.[155] Flexibilität und Anpassungsfähigkeit zeichnen sowohl die körperliche als auch die psychische Gesundheit aus.

Ich habe damit zwei sehr entgegengesetzte Pole gezeichnet. Natürlich ist das Selbstwertgefühl etwas Dynamisches, Lebendiges und zeigt sich nicht immer in diesen starken Ausprägungen, aber die unterschiedliche Richtung der Orientierung macht im Erleben der eigenen Person, aber auch in ihrer Wirkung auf andere einen großen Unterschied.

»Menschen mit einem gut entwickelten Selbstwertgefühl sind leicht an ihrer natürlichen Autorität, ihrem authentischen Profil und ihrer nüchternen und annehmenden Haltung gegenüber sich selbst erkennbar.«[156] Dieser Satz von Jesper Juul und Helle Jensen beschreibt das, was wir wahrscheinlich alle unter einem reifen Menschen verstehen. Es ist nicht der Anfang, sondern das Ergebnis einer Entwicklung.

Unser Selbstwertgefühl entwickelt sich und reift mit unseren Erlebnissen und Erfahrungen. Die notwendige unaufgeregte Akzeptanz und Selbstverständlichkeit sich selbst gegenüber entwickelt sich im Lauf des Heranwachsens, wenn die Umgebung die Würde und Integrität des Kindes sieht und wertschätzt. Dies ist jedoch ein verletzlicher und komplexer Prozess.

Das Selbstwertgefühl verlieren?

Patrick – »Nein, mich liebe ich nicht!«
Patrick kommt nach einem Wochenende bei seiner Familie zu seiner Betreuerin in die Kinderwohngruppe und erzählt: »Ich habe die Oma lieb und die Mama auch.« Die Betreuerin fragt ihn daraufhin: »Und du – hast du dich selbst auch lieb?« Patrick antwortet spontan: »Nein!«

Wie kommt ein Kind zu solch einer Aussage? »Negative Selbstbewertungen sind niemals authentisch; sie sind innere Repräsentationen einer von anderen formulierten persönlichen Kritik.«[157] Diese Kritik ist nicht nur die ausgesprochene Kritik, sondern auch in anderen Formen des Umgangs mit Kindern versteckt:

- Abhängige Liebe
- Erziehung zur vermeintlichen Empathie und Anpassung
- Übermäßige Orientierung am Kind
- Autoritäre Erziehung
- Wenig Raum und Halt für Gefühle
- Introjekte (Verinnerlichung äußerer Realitäten, Werte etc.)

In der Folge möchte ich diese Konzepte kurz beschreiben.

Abhängige Liebe

Abhängige Liebe heißt, dass die Liebe, Zuwendung und Wertschätzung wichtiger Bezugspersonen an Bedingungen geknüpft sind. Diese sind in der einen Familie das Bravsein oder »Funktionieren« und in der anderen Familie etwa die Leistung. In dem einen Kindergarten das Wildsein und Grenzen-Überschreiten und in dem anderen die Anpassung. Wir können diese Beispiele beliebig auf die Schule und andere Einrichtungen übertragen.

Kinder lernen dadurch, dass Wertschätzung und Gesehenwerden nicht selbstverständlich sind und an äußeren Faktoren hängen. Sie unterdrücken in der Folge zunehmend den eigenen inneren Zugang zu sich, und dieser verliert an gefühltem Wert. Sie lernen sich selbst aktiv auf- oder abzuwerten. Erst durch die Koppelung der Wertschätzung an die Anerkennung wird das Bedürfnis nach Selbstwertbestätigung geweckt.[158]

Die Kinder erleben aktiv, wie es ist, nicht wertgeschätzt und gesehen zu werden und nicht geliebt zu sein – also die Abwertung ihres Selbst, wenn sie die Bedingungen nicht erfüllen können; wenn ihr Verhalten, ihre Leistungen und Kompetenzen nicht den Erwartungen der »wichtigen anderen« entsprechen. Das Kind erlebt, dass es nicht um seiner selbst willen der Liebe und Zuwendung anderer Menschen würdig ist, sondern erst durch Leistung.

Erziehung zur vermeintlichen Empathie und Anpassung

Empathie und Rücksichtnahme sind kritische Variablen in diesem Prozess. Die historisch gewachsene Pädagogik spricht in Bezug auf die Entwicklung des Mitgefühls eine gänzlich andere Sprache als die moderne Neurowissenschaft. Die Annahme, dass Kinder zu Empathie und Mitgefühl erzogen werden müssen, weil sie sonst zu egozentrischen Narzissten werden, lässt Erwachsene schon sehr früh einen starken Druck ausüben. Dieser vermittelt Kindern, dass sie sich an den Erwartungen und Bedürfnissen anderer orientieren sollen, noch bevor sie die kognitive Reife dafür haben. Sie werden daraufhin erzogen, auf die Menschen um sich zu schauen, rücksichtsvoll zu sein und sich zurückzustellen, ehe sie sich selbst überhaupt in den Blick nehmen können.

Diese Prozesse der Anpassung und der Außenfokussierung finden manchmal offensichtlich, oft aber auch unscheinbar statt. Um dies etwas bildlicher darzustellen, möchte ich ein persönliches Beispiel erzählen. Als Eltern von Kleinkindern gibt es immer wieder Gelegenheiten, wie zum Beispiel Taufen oder Hochzeiten, Situationen in der Öffentlichkeit, die etwas stressig werden können. Vor allem dann, wenn das Kind zwar schon genug von der Umgebung aufnimmt, um beeindruckt zu sein oder viele Fragen zu stellen, aber noch kein Gefühl dafür hat, was es heißt, still zu sein; was es heißt, die Aufmerksamkeit auf etwas anderes zu richten als das, woran es gerade interessiert ist, und nicht alles selbst mehr oder weniger durchgehend zu kommentieren.

Ja statt Nein

Bei meinem ersten Kind, meinem Sohn, kann ich mich an Situationen erinnern, in denen ich zuerst »Pscht« sagte, ihn dann vielleicht streng anschaute, wenn er etwas fragte, oder mit einer Geste ein Nein andeutete und betonte, dass »wir« jetzt leise sein müssen (wahrscheinlich war ich für die Umstehenden lauter als er). Letztendlich stand ich mit dem quengelnden kleinen Sohn vor der Kirchentür und redete auf ihn ein, dass wir erst wieder hinein können, wenn er leise sei. Meine Orientierung war im Außen, bei den Menschen, die möglicherweise gestört wurden. Das Kind sollte wegen der anderen leise sein. Ich wollte, dass es lernt sich anzupassen.

Bis zum dritten Kind hatte ich einiges dazugelernt. Auch meine Tochter machte in solchen Situationen geräuschvoll auf sich aufmerksam. Ich hatte erkannt, dass das Wörtchen »Ja« – sehr leise ausgesprochen, mit einem wohlwollenden Nicken und direktem, freundlichem Augenkontakt – in solchen Situationen viel beruhigender wirkt. Ich gab ihr bewusst das Gefühl, dass ich sie und was auch immer sie gesagt hatte wahrgenommen hatte, und konnte dann fast konspirativ mit einem Augenzwinkern den Finger auf die Lippen legen. Ich bestätigte ihre Wahrnehmung oder ihr Gefühl immer zu allererst. So waren wir beide »im selben Boot«, ich stand selten mit ihr vor der Kirche und sie lernte mit der Zeit still zu sein.

Damals sagte ich oft lachend, dass ich nur Ja statt Nein gesagt hätte, aber mit dem Wissen um das, was uns Menschen beruhigt und Halt gibt, macht das Verhalten beider Kinder Sinn. Meine Fokussierung auf das, was im Inneren des Kindes passierte, um es dort »abzuholen«, machte den großen Unterschied.

Wir gehen davon aus, dass Kinder lernen müssen, andere zu respektieren und freundlich zu sein. Seltsamerweise glauben wir oft, dass sie sich selbst ohnehin mögen und respektieren. Wir haben Angst, dass sie egoistisch werden, wenn sie nicht lernen, sich an ihrer Außenwelt zu orientieren, und halten die Innen-Orientierung (Selbst-Fokussierung) für ein Problem. Diese Verwechslung führt langfristig und im Extremfall zur Selbstverachtung, wie das Beispiel von Patrick zum Ausdruck brachte.

Mein Beispiel zeigt die gleiche Dynamik, nur weniger drastisch. Meinem Sohn habe ich damals in erster Linie vermittelt, dass seine Lebendigkeit nicht das ist, was ich in dieser Situation sehen wollte, und er spürte meine Orientierung im Außen, meine Strenge und Unfreundlichkeit (die ihn logischerweise gestresst hat). Meine Tochter hingegen erlebte meine Hinwendung zu ihrer Unruhe und eine Bestätigung, dass das, was sie wahrnimmt, in Ordnung ist, dass ich freundlich an ihrer Seite bin und sie Teil der leisen Menschenmenge ist; also eine Zugehörigkeit zu mir und zur Gemeinschaft der anderen.

Wir brauchen nicht viel Fantasie oder Wissenschaft, um zu sehen, dass Letzteres wesentlich wirksamer das Mitgefühl eines Kindes stärkt als Kritik.

Zu hohe Orientierung am Kind
Ein relativ neues Phänomen ist die hohe Orientierung an den Bedürfnissen und Wünschen des Kindes. Moderne Eltern sind oft sehr bemüht, ihren Kindern Steine aus dem Weg zu räumen und alle Wünsche zu erfüllen.

Dieser Blick auf das Kind ist nicht per se ein Problem. Viele Kinder bekommen dadurch aber sehr früh eine Verantwortung, die sie überfordert.

Niklas – Es besser machen
Niklas ist ein sechsjähriger Junge, der sehr aufbrausend sein kann. Er zuckt aus, wenn etwas nicht so läuft, wie er will, und selbst wenn seine Eltern darauf eingehen, wirkt er nicht zufrieden, sondern erhöht seine Forderungen noch. Er kann seine Reaktionen nicht gut einschätzen und ist auch im Spiel oft grob und verletzend.

In manchen Alltagsituationen hat seine Mutter Angst, dass ihr die Hand ausrutscht. Die Mutter ist selbst autoritär, herablassend und mit körperlicher Gewalt erzogen worden und will es bei ihren Kindern nun besser machen.

Es sind Momente, in denen sich Mutter und Sohn gegenseitig hochschaukeln, der Junge sehr aggressiv reagiert und sich kaum beruhigen lässt. Das kann selbst bei etwas so Banalem wie Zähneputzen sein: An vier, fünf Tagen ist das kein Thema, und dann plötzlich sorgt allein schon die Aufforderung zum Zähneputzen für einen Eklat. Es ist für die Eltern nicht nachvollziehbar, was der Auslöser dafür ist.

Es läuft so ab, dass der Junge die Eltern beschimpft, der Vater beschwichtigend reagiert und die Mutter den Sohn ermahnt, nicht so mit ihr zu reden. Das Ganze schaukelt sich dann auf. Die gleiche Dynamik kann passieren, wenn die Mutter ihn von der Schule abholt und sagt, dass sie am Heimweg noch Pizza essen gehen wolle. Der Sohn reagiert mitten auf der Straße mit lautem Schimpfen: »Du … ich will keine scheiß Pizza!« Situationen wie diese bringen Eltern oft an den Rand der Verzweiflung. Sie haben das Gefühl, nichts richtig zu machen.

Im Therapeutengespräch wird deutlich, dass beide Eltern sehr bemüht sind, das Familienleben kind-orientiert und pädagogisch wertvoll zu gestalten. Sie haben sehr bewusst erst spät Kinder bekommen und können sich aufgrund ihrer Lebensumstände relativ flexibel auf die Kinder einlassen. Beide wissen auch, dass sie auf sich selbst schauen müssen (was nicht immer selbstverständlich ist), und haben viele pädagogische Ratgeber gelesen.

Als ihr Junge dann mal in einem ruhigen Moment erzählt, wie unglücklich er sei und häufig heftige Angstträume habe, wissen sich die Eltern gar nicht mehr zu helfen.

Den Eltern wird klar, dass das Befinden und die Wünsche der Kinder im Mittelpunkt stehen – wenn sie zu viert sind. Alles richtet sich an den Wünschen der Kinder aus, die aber unterschiedliche Vorstellungen haben. Der Sohn ist mit dieser Verantwortung überfordert und unglücklich. Er hat bisher wenig Gelegenheit bekommen, einen Umgang mit den schwierigen und aggressiven Gefühlen in sich zu finden.

Ich bin als Kind (und auch als Erwachsener) einsam, wenn meine Wünsche und mein Wohlbefinden der Maßstab für den Umgang anderer mit mir sind und sich alle nur dafür interessieren, wie ich möglichst zufrieden und glücklich bin. Dann bin ich vor allem mit meinen Gefühlen der Enttäuschung, dass nicht alles so läuft, wie ich mir das vorstelle, sowie mit meiner Wut und Aufregung ganz allein: »Ich habe ja alles bestimmt, also sollte ich zufrieden sein und nicht meckern.«

Dass das Kind die Auswirkungen seiner Wünsche und der vielen Faktoren, die zu seinem Wohlbefinden betragen, nicht abschätzen kann, weiß das Kind nicht, es fühlt sich in erster Linie einfach »falsch«. Es erlebt dann immer wieder, dass das, was gerade in ihm ist, einfach nicht sein soll. Viele Kinder lernen, so wie in diesem Fall, dass sie sich am besten zurückziehen und erst wieder rauskommen sollen, wenn es ihnen besser geht.

Entweder die Kinder kooperieren spiegelverkehrt[159] und flippen aus, wie im oben genannten Beispiel, oder sie lernen sich zu entschuldigen und anzupassen, um die Zuwendung und Zugehörigkeit zu spüren. Was wiederum in den meisten Familien gern gesehen wird. Die Eltern leiden genauso und können mit dem Kind, das sich selbst zumindest äußerlich wieder beruhigt hat, umgehen. Das Gefühl, falsch zu sein, bleibt jedoch in beiden Fällen und ist eine tickende Bombe, die sich manchmal nach außen und bei anderen Kindern nach innen richtet. Und da die Eltern sich anscheinend für die Wünsche der Kinder, aber nicht für ihre wahren Bedürfnisse interessieren, versuchen Kinder die notwendige Zuwendung über materielle Dinge zu bekommen.

Als Kind im Mittelpunkt aller Bestrebungen der Eltern zu stehen, hinterlässt eine tiefe Verunsicherung. Kinder haben immer nur ihre jeweils altersbedingte Fähigkeit, mit der Welt zu interagieren. Auch wenn sie eine tiefe Weisheit haben, so fehlen ihnen doch die Zusammenhänge und die Möglichkeiten.

In meiner Arbeit fällt auf, dass diese Kinder häufig ein starkes Kontrollbedürfnis entwickeln. Sie wollen bestimmen, wer wann was macht. Die Kontrolle über die Dinge scheint ihnen eine innere Sicherheit zu geben und anfangs kämpfen sie aktiv dagegen, wenn Eltern oder PädagogInnen etwas verändern.

Kinder brauchen, wie Jesper Juul einmal sagte, Eltern, die Leuchttürme sind – Bezugspersonen, die wissen, wer sie sind, wie sie sich fühlen und was sie wollen. Der Leuchtturm steht für Stabilität und das Leuchten von innen heraus. Es bezieht sich also auf das erwachsene Selbstgefühl und Selbstwertgefühl. Aber das Bild vom Leuchtturm kommt an seine Grenze, wenn wir über Interaktion reden, weil es zu statisch ist.

Kinder brauchen Erwachsene, an denen sie sich orientieren können – aber sie brauchen diese im wechselseitigen Zusammenspiel und Austausch. Die Beziehung zwischen Erwachsenen und Kindern braucht Flexibilität, Anpassung, Veränderung und die Fähigkeit, im richtigen Moment fünf gerade sein zu lassen und trotzdem die Fäden in der Hand zu haben, sprich die Verantwortung für die Situation zu tragen. Es braucht Reife und Gelassenheit, die Verantwortung mit zunehmendem Alter der Kinder nach und nach abzugeben.

Autoritäre Ambivalenz

Das Gegenteil dieser ausschließlichen Kind- und Bedürfnisorientierung ist die Idee, dass man Kindern sagen muss, wo es langgeht; dass Kinder ohne Konsequenzen und klare Regeln zu kleinen Tyrannen werden.

Autoritäre Erziehung geht von der Annahme aus, dass Kinder eindeutige, konsequente Regeln brauchen; dass Kinder von den Erwachsenen lernen müssen, wie sie sich zu verhalten haben und dass dafür strenge Regeln notwendig sind. Diese sollten von den Erwachsenen keinesfalls nach Belieben verändert werden, sondern klar verfolgt werden, damit Kinder sich auch daran halten können. Im Fall der Nichtbeachtung von Regeln sind deshalb auch gerechtfertigte Strafmaßnahmen notwendig. Auch wenn man Kinder nicht mehr körperlich züchtigt, geht man davon aus, dass Strafen ein notwendiger Teil der Erziehung sind, da Kinder sonst die Grenzen nicht spüren.

Genauso wie bei früheren Formen der Autorität werden auch heute selbst definierte Regeln des Erwachsenen über das Kind, die jeweilige Situation und häufig auch über die altersadäquaten Möglichkeiten des Kindes gestülpt. Dies hat wiederum negative Auswirkungen auf das Selbsterleben des Kindes.

Das Ignorieren des Kindes führt bei ihm zur Erfahrung, dass sein Erleben, seine Begründungen und Wünsche keine Rolle spielen. Das Ignorieren der Situation führt zum Erleben, dass der

Erwachsene bestimmt, welche Situation wie zu bewerten und interpretieren ist. Sie führt zu einem Gefühl des Ausgeliefertseins an die Situation. Das Ignorieren der realen Möglichkeiten des Kindes führt schließlich zu einer inneren Verwirrung und Überforderung.

Neben diesen Ähnlichkeiten hat modernes autoritäres Verhalten aus meiner Sicht drei besondere Kennzeichen, die es von früheren Formen autoritären Verhaltens unterscheidet. Ich nenne sie im Folgenden »Diktate«, weil sie wie unumstößliche Annahmen zu dieser Sichtweise dazugehören.

Diese Diktate sind:
- Begründung
- Konsequenzen
- Funktionieren

Im Gegensatz zu früheren Generationen geht es weder Eltern noch Fachleuten heute darum, dass Kinder einfach lernen müssten zu gehorchen oder Grenzen der Grenzen willen zu akzeptieren. Heute sollen sie lernen, dass es Gründe gibt, warum sie sich so oder so verhalten müssen, und dass diese Gründe wichtig genug sind, sie zu akzeptieren. Sie sollen wissen, dass ihr Verhalten Konsequenzen hat, und es wird erwartet, dass sie funktionieren.

An sich sind Begründungen, Konsequenzen und das Funktionieren nicht per se ein Problem. Sie sind Aspekte unserer Realität, aber sie werden hier missbraucht und nach wie vor rigid, starr und willkürlich eingesetzt. Auch hier macht der Ton die Musik. Hier fehlen, wenn auch ganz anders wie oben, der gemeinsame Tanz, das Lernen aneinander und die Flexibilität, die gesunde Beziehungen und gesunde Menschen auszeichnen.

Das Diktat der Begründung schaut im Alltag so aus: Wir erwarten, dass kleine Kinder nicht mehr quengeln und schreien, wenn unsere Begründungen gut sind. Sie sollen verstehen, warum es zum Beispiel an der Kassa keine Süßigkeit gibt. Erwachsene erklären und rechtfertigen sich um die Wette, um zu verhindern, dass das Kind unzufrieden ist und laut protestiert. Genauso werden Teenager mit Begründungen zugetextet, wenn sie eigentlich nur eine klare Aussage – Ja oder Nein – erhoffen. Die versteckte Annahme ist: Wenn meine Begründung gut genug ist und das Kind sie versteht, müsste das allein schon ausreichen, dass es »Ruhe gibt« oder »die Klappe hält«, also einsieht, was der Erwachsene will, und zustimmt.

Man erkennt schnell, dass das nicht funktionieren kann. Überlege dir vielleicht das nächste Mal selbst, wenn du anfängst, jemandem (ja, wir machen das auch mit Erwachsenen) etwas zu erklären: Geht es darum, die Verantwortung für deinen Wunsch, dein Anliegen oder deine Grenze dem anderen durch eine gute Erklärung zu übertragen? Er aufgrund deiner Erklärung dir zustimmen muss oder sollte? Oder darum, klar Ja oder Nein zu sagen und mit der realen Reaktion des anderen klarzukommen, egal ob es eine Zustimmung oder Ablehnung ist? »Lerne deine Anliegen, Wünsche und Bedürfnisse hinter guten Begründungen zu verstecken. Begründungen sind wichtiger als dein Empfinden …«, lautet die verkehrte Botschaft an das Kind, sie betont wieder die Orientierung und Abhängigkeit am Außen.

Das Diktat der Konsequenz ist ähnlich und hat doch eigene Facetten. Wenn wir mithilfe von Konsequenzen etwas durchsetzen wollen, geht es eigentlich immer um etwas anderes. Warum ich das weiß? Weil echte Konsequenzen aus sich heraus sprechen: Wenn ich einen Apfel fallen lasse, fällt er zu Boden. Wenn ein Teenager das erste Mal das Konto überzieht, bekommt er entweder am Bankomaten kein Geld oder zahlt Zinsen. Wenn sich ein Säugling die Rassel an den Kopf schlägt, tut es weh. Wenn ich den Bus verpasse, muss ich warten oder zu Fuß gehen. Das alles sind Konsequenzen, aus denen wir lernen – und die für unser Selbstvertrauen eine wichtige Rolle spielen. Erstaunlicherweise sind Eltern und andere Erwachsene sehr flott, wenn es darum geht, Konsequenzen für Kinder zu mildern, abzufedern oder zu verhindern.

Andererseits drohen wir schnell mit Konsequenzen, die nicht natürlicher, konkreter Art sind. Meist sind dies auch keine echten Konsequenzen, sondern versteckte Strafen. Statt einfach Nein zu sagen – »Ich will das nicht«, »Das macht mir Sorgen« usw. –, werden mögliche »Konsequenzen« angedroht oder vorgeschoben. Wir drohen Gummibärchen, die wir gerade erstanden haben, wegzuschmeißen, wenn das Kind nicht zu quengeln aufhört, oder Handys zu konfiszieren, wenn Kinder ihre Hausaufgaben nicht machen oder den Tisch nicht abräumen – lassen ihnen die Handys dann aber, um für eine Zeit ungestört zu sein. Wir drohen, dass wir nicht zum Spielplatz gehen, obwohl wir uns selbst am meisten auf die frische Luft freuten. Das alles sind unlogische Zusammenhänge und Versuche, etwas durchzusetzen. Dabei fehlen uns nur die Ideen, es anders zu bewältigen.

Das Schlimmste an solchen Konsequenzen und Androhungen ist, dass wir dadurch letztendlich unsere Autorität untergraben. Es hängt nicht davon ab, ob die Konsequenz durchgezogen wird oder nicht. Schon allein durch die Androhung kommt ihr mehr Bedeutung zu, als ich mir selbst, meinen Bedürfnissen, Wünschen und Grenzen gebe. Ich gestehe der vermeintlichen Konsequenz mehr Wirkmacht zu als meiner Fähigkeit, mein Anliegen deutlich zu machen.

Das dritte Diktat ist das Funktionieren. Funktionieren hat in vielfacher Hinsicht dem Gehorsam den Rang abgelaufen. Wir erwarten nicht mehr, dass Kinder gehorsam sind, sondern dass sie in unserem eng getakteten Alltag funktionieren – so wie wir selbst; dass sie gern in den Kindergarten gehen, bei den Großeltern brav sind, beim Kindergeburtstag nicht streiten usw. Da bleibt nur wenig Raum für das emotionale Auf und Ab, wenig Raum zum Kuscheln und Reden, für große oder kleine Krisen. Sogar von beeinträchtigten Kindern erwartet man, dass sie sich nicht über das erwartete Maß auffällig verhalten, wenn man selbst den Eindruck hat, ihnen »gerecht zu werden« und sich Zeit für sie nimmt.

Ohne all diese Aspekte weiter zu vertiefen, bekommen wir eine Ahnung davon, was diese Annahmen mit uns und unseren Kindern anstellen: Gekoppelt mit einer großen Unsicherheit, führen solche Begründungen, Konsequenzen und das Funktionieren-Müssen bei vielen Erwachsenen zu einem ambivalenten und autoritären Verhalten.

Das erlebe ich sowohl in der Arbeit mit Eltern als auch mit Fachleuten. Die Erwachsenen schwanken zwischen ihren Ansprüchen und ihrer Überforderung. Sie handeln aus dem Wunsch nach Klarheit und Ordnung heraus unauthentisch, ambivalent und autoritär. Sie halten sich selbst für keineswegs autoritär und leiden daran, wenn sie den Eindruck haben, zu streng oder unfreundlich gewesen zu sein. Sie rechtfertigen sich mit dem Gefühl, dass es ja anders und freundlicher auch nicht funktioniert ...

Abgesehen von den starren Bildern, die Kinder über sich verinnerlichen, bewirkt eine zu starke oder ambivalente Bestimmung durch die Erwachsenen und ihre starke Orientierung am außen, dass sie sich wenig selbstwirksam fühlen. Sie gewinnen den Eindruck, den Entscheidungen und dem Willen anderer ausgeliefert zu sein. Und sie lernen, authentisches Handeln aus sich heraus sowie Gefühle zu unterdrücken, ganz nach dem Motto: »Es bringt nichts oder ist extrem ungünstig, so zu sein, wie ich bin.«[160]

Schon das kleine Kind lernt, dass unauthentische, an den Erwachsenen angepasste Strategien erfolgreich sind, um die Zuwendung und Anerkennung zu bekommen, die es zum emotionalen Überleben braucht. Später steht dieses Überleben nicht mehr so im Vordergrund, die Strategien haben aber fatalerweise lange Nachwirkungen, wie wir am Beispiel von Katja sehen.

Katja II

Als junge Erwachsene erzählt Katja, dass sie sich noch gut an eine bestimmte Situation (siehe Kapitel »Ich, die anderen und mein Gehirn«) erinnern kann und wie ihr damals zum ersten Mal richtig bewusst wurde, dass sie lernen will »besser zu lügen«, anstatt die Wahrheit zu sagen. Sie erzählt, wie sie lernte, dass es in der Schule häufig von Vorteil war, sich ahnungslos und dumm zu stellen – manches war dann nicht so »demütigend« und man konnte die Reaktion der Erwachsenen besser selbst bestimmen …

Das ist der nächste Faktor, der das autoritäre, ambivalente Verhalten der Erwachsenen kritisch macht: das menschliche Bedürfnis nach Selbstbestimmung. Wir alle brauchen das Gefühl, Dinge selbst in der Hand zu haben und über uns selbst bestimmen zu können. Unser Wohlbefinden und unsere Motivation hängen eng mit unseren wahrgenommenen Möglichkeiten der Selbstbestimmung zusammen.

Auch Kinder versuchen, wo es ihnen möglich ist, trotz aller Fremdbestimmung ein Stück weit Selbstbestimmung zu erlangen. Dieses Bedürfnis hängt mit unserem inneren Bestreben nach Würde und Integrität zusammen. Das heißt nicht, dass wir unabhängig und losgelöst von unserem Umfeld agieren wollen, sondern dass wir gerade in unserer Zugehörigkeit einen Raum für Selbstbestimmung brauchen. Erst dann können wir uns auch den Einschränkungen und der Kooperation mit anderen selbstbestimmt unterwerfen.

Letztendlich gehen alle Formen autoritären Verhaltens auf das Bedürfnis zurück, zu bestimmen, wie der andere sich verhält. Man will Einfluss auf jemand anderen nehmen, ohne seine Wünsche, Bedürfnisse und Befindlichkeiten miteinzubeziehen – oder man beachtet sie nur in dem Maß, wie man es selbst für relevant hält.

Wenig Raum und Halt für Gefühle

Wie ich in der Einleitung schon ausführlich beschrieben habe, spielen Gefühle für das Selbstwertgefühl eine wichtige Rolle. Solange das Kind noch keine ausgereifte Fähigkeit der Selbstregulation entwickelt hat (meist erst im Lauf der späten Kindheit), braucht es Erwachsene, die ihm helfen, seine Gefühle zu regulieren; Erwachsene, die sowohl einen sicheren Raum für dieses Gefühle bereitstellen, als auch die Gefühle mit dem Kind verarbeiten.

Es bedarf also zweierlei: Den geschützten Ort, an dem die Gefühle anerkannt, erlaubt und von der Bezugsperson ausgehalten werden, ohne dass diese sich dadurch anstecken lässt oder direkt darauf reagiert. Dann, nachdem die Gefühle gezeigt und gelebt werden durften, braucht das Kind jemanden, der sie sozusagen mit ihm verdaut. Das passiert durch das Spiegeln der Gefühle und Finden der richtigen Worte. Worte, die die Gefühle und Zusammenhänge, die das Kind gerade erlebt hat, benennen. Sie benennen – und nicht bewerten, das zählt. In der Fachsprache sprechen wir von Containing.[161]

Introjekte

Den letzten Aspekt, den ich kurz anreißen will, ist das Konzept der Introjekte. Unter diesem Begriff versteht man abwertende oder lebensfeindliche Bilder und Gefühle, die relevante Personen dem Kind gegenüber haben oder die die engste Umgebung kennzeichnen. Introjekte sind Bilder und Gefühle anderer, die das Kind unverarbeitet in sich aufnimmt. Das tut es, weil es noch nicht die Möglichkeiten hat, sie zu verarbeiten.

Introjekte sind anders als Identifikationen. Identifikation ist ein aktives Aufnehmen, Hinterfragen oder auch Ablehnen, wie es in späteren Lebensphasen möglich ist. Auch wenn Identifikation nicht immer ein bewusster Vorgang ist, führt es zur zunehmenden Übernahme der Normen und Werte unserer Umgebung auf eine integrierte Weise. Wir machen dabei die Dinge zu unseren eigenen.

Der Organismus kann sich nicht gegen die Aufnahme von Introjekten wehren, da weder eine bewusste noch unbewusste Auseinandersetzung möglich ist. Der frühkindliche Organismus ist dafür ausgelegt, Nahrung ohne Kauen aufzunehmen, Sprache inklusive grammatikalischer Strukturen ohne Denken zu absorbieren, und seine Stresssysteme sind noch nicht darauf vorbereitet, sich zu schützen oder Stress zu verarbeiten.[162] Das Kind ist emotional auf die nährende, wohlwollende, liebevolle und feinfühlige Fürsorge und den Schutz vor großen Stressoren durch seine Bezugspersonen angewiesen.

Der Begriff »absorbierender Geist«, den die Reformpädagogin Maria Montessori für die Denkweise des Kleinkinds bis ca. drei Jahren verwendet hat, bringt diese Fähigkeit und Besonderheit auf den Punkt. Mich fasziniert immer wieder, wie Zweijährige zwar »1, 2, 5, 3, viele« zählen, und doch schon genau zu wissen scheinen, dass Rot keine Zahl ist. Und auch wenn sie Blau und Grün verwechseln, sagen sie keine Zahl, wenn sie Farben beschreiben wollen.

Diese grammatikalischen Strukturen nehmen sie rein aufsaugend, absorbierend, auf. Das ist eine geniale Fähigkeit, die aber mit einer fehlenden inneren Schutzfunktion einhergeht. Der Schutz von Kleinkindern vor Überforderung, Abwertung, Verletzung und übermäßigem Stress muss durch ihre Umgebung gewährleistet werden.

Dieser aufsaugende Geist ist von Nachteil, wenn man in einer vernachlässigenden oder gewalttätigen Umgebung aufwächst. Dann wird die äußere abwertende Realität, die man unverdaut in sich aufnimmt, zu einem Teil des Selbst, der ihm gegenüber feindlich und ablehnend eingestellt ist. Das ursprüngliche Kernselbst wird zum Feind[163], weil es die Beziehung zu den Eltern gefährdet.

»Ein Kind ist nicht in der Lage, sich gegen die drohende Kälte elterlicher Autorität zur Wehr zu setzen. Da die Eltern seine Gefühle als ... wertlos einstufen, lernt es, sich für sein Eigenes zu schämen. ... Das Ergebnis ist ein tief in der Persönlichkeit verankerter Selbstwertverlust.«[164]

Singen dürfen

Eine Frau, die von ihrer Mutter oft abgewertet wurde und immer um deren Anerkennung rang, erinnerte sich, dass sie als Kind unglaublich gern und viel sang. Sie begleitete ihre Großmutter so oft wie möglich zum Kirchenchor, nur um zu spüren, wie die Vibrationen sich in ihrem Körper ausbreiteten.

Der Wunsch, professionelle Sängerin zu werden, keimte auf, bekam aber sehr schnell einen starken inneren Druck. Dieser wirkte der Entfaltung ihrer Stimme stark entgegen. Sie absolvierte als junge Frau eine Stimmbildung und vieles mehr, um ihrer Stimme Ausdruck zu verleihen und sich zeigen zu können. Irgendwann verstummte sie.

Als sie mit über 50 Jahren, davon 30 Jahre ohne Singen, zurückblickt, sieht sie, dass das Singen ein Versuch war, von ihrer Mutter endlich gesehen, gehört und anerkannt zu werden. Aber ihre Mutter hatte weder Interesse an ihrem Singen noch daran zu hören, was sie bewegte. Durch diese Abwertung verwandelte sich ihre Stimme und das Sich-Zeigen langsam in etwas, dem sie keinen Wert mehr zumaß.

Als eine Gesangslehrerin einmal den Satz fallen ließ: »Ich glaube, das hat keinen Sinn ..., da kommen keine wünschenswerten Entwicklungen«, bestätigte sich das unbewusste innere Bild, dass ihre Leidenschaft und die persönliche Ausdruckskraft keinen Wert hatten.

Erst durch eine kleine, zufällige Erfahrung, als andere einmal spontan zum Singen aufforderten, wurde ihr mit über 50 Jahren nach und nach und mit Unterstützung bewusst, dass sie selbst diesen Teil von sich lange abgewertet hatte. Sie hatte eine innere Norm ihrer Mutter sich selbst gegenüber übernommen; das innere Bild, dass sie es nicht zu dem bringen kann, was sie sich wünscht, und ihren eigenen Gefühlen keinen Raum geben darf.

Mit diesem Bewusstsein tat sich in ihr ein neues, weites Feld auf: Sie konnte sich von den abwertenden Bildern lösen und ihrem Selbst wieder einen Wert beimessen. Und – sie begann wieder zu singen. Die negativen inneren Bilder gehen mit dem Gefühl einher, nichts wert zu sein, nicht zu zählen; mit der Angst, zurückgewiesen zu werden und weder sich selbst noch andere oder Ereignisse realistisch einschätzen zu können. »Das ist der Zustand geringer Selbstachtung.«[165]

Introjekte sind meist tiefgreifender und hartnäckiger Natur. Alle Bezugspersonen können jedoch wertschätzende Sichtweisen auf das Kind und gute Beziehungserfahrungen hinzufügen und dadurch die Palette an Erfahrungen erweitern.

Die Funktionsweise von Introjekten zu verstehen, hilft in der Arbeit mit Kindern, ihre abwertenden und selbstdestruktiven Anteile besser auszuhalten und nicht selbst in die Abwertung oder Rationalisierung (»Aber das stimmt doch nicht!«) zu schlittern.

Selbstvertrauen – Ich kann

Die bisher beschriebenen Begriffe Selbstgefühl, Selbstkonzept und Selbstwertgefühl zeigen unterschiedliche Facetten des Blicks auf uns selbst: Die Art und Weise, wie wir nach innen schauen und mit uns selbst in Beziehung treten.

Für die nächsten drei Konzepte ändern wir unseren Fokus. Beim Selbstvertrauen, Selbstbewusstsein und der Selbstwirksamkeit geht es um das Selbsterleben der eigenen Interaktionen mit der Umwelt. Also unser Erleben, wie wir auf andere wirken, uns zeigen und positionieren, mit dem Blick von innen nach außen.

Die oben beschriebenen Konzepte haben alle eine elementare Bedeutung, und die folgenden Konzepte sind nicht minderwertiger oder weniger relevant. Sie sind die andere Seite unseres Selbst: nämlich unsere Art, mit anderen Menschen, Erfahrungen und Herausforderungen umzugehen.

Wie erwähnt, beziehen sich viele Studienergebnisse über den Selbstwert eigentlich genau auf diese Art und Weise: wie wir uns in der Welt zeigen und wie selbstsicher wir in Interaktion mit der Welt treten.

Eine aktuelle Studie der Uni Bamberg erforscht, wie sich Körperhaltungen, die Macht zum Ausdruck bringen, auf den Selbstwert auswirken.[166] Die Selbstkonzepte, die diese Forscher in den Blick nehmen, sind Leistung, soziales Selbstvertrauen und äußerliche Erscheinung. Der Blick geht immer von innen nach außen.

Wenn wir zwischen Innen- und Außenorientierung unterscheiden, passen diese Ergebnisse zu den Konzepten Selbstvertrauen und Selbstbewusstsein. Sie sind aber nicht für den Wert, den wir uns selbst beimessen, oder für unseren Umgang mit uns selbst relevant.

Diese Unterscheidung ist mir gerade im Umgang mit Kindern und Jugendlichen sehr wichtig. Wir müssen klar wissen, ob wir ihr Selbstgefühl und ihre Art und Weise, mit sich selbst umzugehen, oder ihr Selbstvertrauen und Selbstbewusstsein stärken. Wenn wir die Entwicklung ihrer Kompetenzen, den Umgang mit Herausforderungen oder mit Schulkollegen usw. stärken, unterstützen wir das Vertrauen in ihr Können.

Ich verwende aufbauend auf die Konzepte von Jesper Juul dafür den Begriff Selbstvertrauen: das Vertrauen in unser Können und unsere Kompetenzen. Das Selbstvertrauen gibt – ergänzend zum Halt im Inneren (siehe oben bei »Selbstgefühl« und »Selbstwertgefühl«) – Halt und Struktur im Außen.

Selbstvertrauen gibt uns einen äußeren Halt durch die Zuversicht in die eigenen Kompetenzen.

Dass Selbstvertrauen aber das Selbstwertgefühl nicht ersetzen, sondern nur ergänzen kann, erleben wir in den Momenten, wo wir mit Kindern und Erwachsenen zu tun haben, die wir als sehr kompetent wahrnehmen, die aber trotzdem an sich zweifeln.

Extreme Beispiele, die uns immer wieder erschüttern, sind, wenn gut aussehende, schulisch erfolgreiche und sozial eingebundene Jugendliche oder Erwachsene Selbstmord begehen[167] oder überraschend mit Depressionen oder Burn-out-Symptomen zusammenbrechen. Ein gesundes Selbstvertrauen können wir nur haben, wenn es mit unserem Selbstgefühl und unserem Selbstwert in Einklang ist.

Was das Ganze im Umgang mit Kindern noch komplexer macht, ist die Tatsache, dass Kinder erst in der späten Kindheit lernen, zwischen ihrem Verhalten und ihrem Sein einen Unterschied wahrzunehmen. Sie erleben sich durch ihr Tun, identifizieren sich damit und können weder emotional noch kognitiv verstehen, was Erwachsene meinen, wenn sie betonen, dass sie nur mit dem Verhalten des Kindes und nicht mit ihm als Person unzufrieden sind.

Da ist vor allem bedeutsam, dass wir als Erwachsene die Unterscheidung zwischen Sein und Können machen. Es ist entscheidend, ob wir auf das Sein oder das Verhalten bzw. die Kompetenzen eines Kindes schauen. Es ist hingegen nicht hilfreich, Kinder auf diesen Unterschied aufmerksam machen. Sie lernen den Unterschied intuitiv an ihren Erfahrungen kennen.

Ich halte es sogar für ausgesprochen kontraproduktiv, kleinen Kindern diesen Unterschied »unter die Nase zu reiben«. Sie können nicht unterscheiden, wer sie sind und was sie tun oder können. Aber sie spüren sehr genau den Unterschied in unserem Blick. Sie spüren intuitiv, wo wir hinschauen, worauf wir Wert legen und wo ihre Chancen auf Resonanz liegen, noch bevor sie solche Gedanken kognitiv fassen können. Bin ich als Person interessant oder sind es meine Leistungen, mein Auftreten? In Bezug auf Erfolge lautet der Befund, der diese These bestätigt, »dass [die Erfolge] im Leben eher wenig Einfluss auf den Selbstwert haben. ... Positive Erfahrungen in der Kindheit und Jugend [jedoch sind] wichtig, um ein stabiles Gefühl der Selbstwirksamkeit aufzubauen.«[168]

Florians Tagebuch

Florian (11) lebte in einer sozialpädagogischen WG. Die ErzieherInnen waren verzweifelt, da sein Selbstwert immer tiefer zu sinken schien. Er ritzte sich, beschimpfte sich und war sehr unausgeglichen. Er rastete auch immer öfter aus, vor allem, wenn Dinge nicht so abliefen, wie er sich das vorgestellt hatte – was für die anderen, kleineren Kinder in der WG bedrohlich war. Er hatte ein zunehmendes Bedürfnis, die anderen Kinder und auch die Betreuer zu kontrollieren. Die Versuche, ihn mit seinem Fehlverhalten zu konfrontieren, endeten häufig damit, dass er alles aggressiv abstritt.

Um seinen Selbstwert zu stärken und ihm eine objektivere Sicht auf sein Verhalten zu geben, entstand die Idee, ein Tagebuch anzulegen. Er sollte darin gemeinsam mit den Betreuern seine täglichen Erfolgserlebnisse und Fortschritte dokumentieren.

Die Erwartung war, dass Florian nach und nach einen objektiveren Blick auf seine Fähigkeiten gewinnen würde, da er in der Schule recht gut vorankam. Auch in der WG gab es in sozialen Interaktionen sehr wohl positive Erfahrungen mit ihm. Er half auch oft mit, häufig sogar in Situationen, wo es den MitarbeiterInnen nicht recht war. Sie hatten den Wunsch, dass er sich weniger verantwortlich fühlen und mehr Kind sein könnte.

Das Tagebuch war ein sehr praktischer Zugang. Die Betreuer hofften, dass sich dadurch Florians Aggressionen – selbstabwertende, aber auch ihnen gegenüber – wieder legen würden. Leider wurde jedoch die Spannung seit der Einführung des Tagebuchs nicht geringer, sondern eher stärker.

Was war passiert? Das Tagebuch kam dem Kontrollbedürfnis von Florian sehr entgegen. Er kontrollierte damit sich selbst und die anderen noch genauer. Sein innerer Druck und seine Aggression stiegen. Die Betreuer hatten vergeblich gehofft, dass durch die gemeinsame »objektive Instanz« mehr Außensicht auf die Dinge entstehen würde.

Florian verlangte stattdessen immer detailliertere Regeln von den PädagogInnen, die er selbst bestimmen wollte. Das Tagebuch war für ihn und für sie zu einem »Gesetzbuch« geworden. Dieses Buch stand zwischen ihnen und Florian und nicht unterstützend hinter ihnen und Florian.

Der Elfjährige war mit seinen eigenen hohen Ansprüchen überfordert, was ihn zusätzlich unter Strom setzte. Er wurde von den PädagogInnen zurechtgewiesen, wenn er sich wieder ausfallend benommen hatte, was ihn wiederum kränkte und demütigte.

In der Supervision wurde klar, dass das Tagebuch an seinen tieferliegenden Bedürfnissen nach Sicherheit, Anerkennung und daran, einen wertvollen Beitrag in der WG zu leisten, vorbeiging.

Florian hatte schon sehr früh Verantwortung für seine Eltern übernehmen müssen. Er war bis zu seiner Fremdunterbringung gewohnt gewesen, für sich selbst zu sorgen. Nach einer anfänglichen Phase des Ankommens in der WG war er in der Umbruchphase der beginnenden Pubertät mit sich selbst, seinem schwindenden Selbstgefühl und dem Gefühl der Wertlosigkeit in der WG konfrontiert.

Die Kompetenzen, die er in seinem früheren, dysfunktionalen Umfeld erlernt hatte, haben die PädagogInnen übernommen. Sie wollten ihm eine gute Kindheit ermöglichen, was für ihn aber keine innere Bedeutung hatte.

Wenn die Betreuer im Alltag »Fehler« machten, etwas anders verlief, als er erwartet hatte oder ausgemacht gewesen war, oder sich sonst etwas änderte, löste das in ihm eine starke Unsicherheit aus. Er wusste nicht mehr, worauf er sich denn verlassen könne.

Florians Realität war, dass er innerlich und äußerlich stark verunsichert war und sich als Person und mit seinen Kompetenzen wertlos erlebte. Die schulischen Erfolge waren in Anbetracht der emotionalen Verunsicherung keine Ressource. Seine Versuche, sich im Alltag kompetent einzubringen, wurden von den PädagogInnen nicht wirklich wertgeschätzt. Dies hinterließ ebenfalls eine große Unklarheit.

Die Fragen, die sich jedem Pubertierenden aufdrängen, wer man denn ist und wie man mit anderen in Kontakt tritt, erlebte er als bedrohlich.

Den PädagogInnen wurde klar, dass das Tagebuch nur Sinn macht, wenn es Florian dabei unterstützt, mit sich selbst, seinen Gefühlen und seiner Realität in Kontakt zu kommen. Ihnen wurde vor allem auch klar, dass sie versucht hatten, Florians »innere Realität« auf die Seite zu schieben und eine neue zu schaffen.

Florians Geschichte und seine Gefühle ernst zu nehmen, war kein leichtes emotionales Unterfangen. Zwei aus dem Team hatten den Eindruck, einen Draht zu ihm zu haben. Sie machten sich auf den Weg, die »Person« in Florian zu entdecken und ihn mitsamt seinen Unsicherheiten und seinem Kontrollbedürfnis ernst zu nehmen.

Dieses Beispiel zeigt, wie schnell wir verleitet sind, äußere Dinge mit inneren zu verwechseln. Natürlich sind die Kompetenzen, die Florian hatte, wertvolle Ressourcen, die er aber nur integrieren und nutzen kann, wenn er mit sich und seinen schwierigen Gefühlen einen Umgang findet.

Auch wenn Selbstvertrauen allein nicht ausreicht, sind unsere individuellen Fähigkeiten sowie unsere Handlungsfähigkeit wichtige Aspekte unseres Selbst. Wir sind von Anbeginn gestaltende und aktive Wesen. Und »prinzipiell will jeder gesunde Mensch etwas Sinnvolles im Leben machen. Wir brauchen ein Ziel, sind dafür bereit, Energie zu investieren, und fühlen uns glücklich, wenn wir etwas erfolgreich abschließen.«[169] Es ist allerdings wichtig, Können und Kompetenzen als das zu nehmen, was sie sind: bereichsspezifische Fähigkeiten oder situationsbedingte Reaktionen.

Die Logik, dass unsere Kompetenzen nicht eng an unserem Selbstwert hängen, erschließt sich uns, wenn wir es umgekehrt denken: Wer bin ich denn und was bleibt von mir, wenn ich von heute auf morgen aufgrund eines Unfalls etc. zu nichts mehr fähig bin? Was bleibt, sind unser Selbstgefühl und unser Selbstwert. Die Botschaft lautet: Ich als Mensch bin wertvoll, weil ich bin!

Das bedeutet, dass wir sowohl das Kind hinter seinem Verhalten als auch das Kind mit seinem Tun und Verhalten sehen. Sein Tun ist ein Ausdruck. Im Beispiel von Florian ist sein Kontrollbedürfnis ein kompetenter Versuch, mit seiner inneren Unsicherheit umzugehen. Dass es für das Zusammenleben ein Hindernis ist, spürt er, aber ohne innere Sicherheit kann er sich auf die Flexibilität und Lebendigkeit seines Umfeldes nicht einlassen.

Auch in weniger extremen Fällen schürt unser Schulsystem – das auf Leistung und öffentlichen sozialen Vergleich statt auf individuelle, persönliche Anstrengung (Effort) setzt – die jugendliche Selbstverunsicherung und innere Verlegenheit (self-consciousness). Dies führt im frühen Jugendalter zu einer besonders starken Verunsicherung.

Diese verhängnisvolle Verbindung schwächt nachweislich über Kontinente hinweg die intrinsische, aus sich selbst entstehende Motivation aller, die weit entfernt von perfekt sind und sich daher in diesem System nicht behaupten können.[170]

Ein gesundes Selbstvertrauen entwickelt sich a) durch relevantes, ehrliches, wohlwollendes Feedback, b) durch Erleben von realen Diskrepanzen und c) durch reale Konsequenzen.

Relevantes, ehrliches, wohlwollendes Feedback

Wir brauchen Rückmeldungen zu unseren Kompetenzen, Leistungen und vielem mehr, damit wir lernen, uns besser einzuschätzen, aber auch, um unsere Kompetenzen zu stärken und zu verfeinern.

Wir brauchen sowohl positive als auch negative Rückmeldungen, Lob und Kritik – beides muss differenziert sein und sich an konkreten Dingen festmachen. Pauschalaussagen über eine Person stärken weder das Selbstvertrauen noch das Selbstwertgefühl. Wir brauchen und wollen ein Feedback zu unseren persönlichen Kompetenzen und unserer Wirkung auf andere.

Manchmal bekommen Kinder zu viel undifferenziertes Lob, wie: »Das machst du ja toll!« Dies hinterlässt spätestens nach der dritten Zeichnung eine innere Leere. Und manchmal bekommen sie keine relevanten Reaktionen, wie Susanne, die eine Rückmeldung der erwachsenen Einschätzung ihrer Kompetenzen suchte.

Susanne – Ist jemand da?

Susanne, ein 14-jähriges Mädchen, wuchs etwas außerhalb einer Großstadt in einer sehr touristischen Gegend auf. Die meisten Verwandten haben einen Pflichtschulabschluss und leben vom Tourismus – den geerbten Hotels und Ferienwohnungsanlagen.

Als ihr, ähnlich wie im Fall von Jakob weiter oben, von den LehrerInnen nahegelegt wird, eine weiterführende Schule zu besuchen, sucht sie bei ihren Eltern Rat. Sie will ihre Meinungen hören und wissen, ob sie ihr diese Ausbildung zutrauen.

Die Eltern sind jedoch mit sich selbst beschäftigt, empfinden ihre Tochter als ausreichend kompetent und antworten, sie solle tun, was sie wolle, und sich selbst ihre Meinung bilden. Ihnen wäre alles recht. Die distanzierten Reaktionen ihrer Eltern hinterließen bei Susanne ein Gefühl der Einsamkeit, Leere und Überforderung.

Sie entschied sich schließlich für die weiterführende Schule. Eigentlich, wie sie später sagte, aus einem kindlichen Trotz heraus – ihr Vertrauen in die Eltern war nachhaltig verunsichert. Erst als Erwachsene merkte sie, wie sehr sie sich immer noch anstrengte, beweisen zu wollen, dass sie alles schaffen konnte, was sie sich in den Kopf setzte. Ihr dämmerte, dass sie sich nur über ihre Leistungen und ihr Können identifizierte und immer noch ein wenig aus dem Trotz heraus lebte, »es den Eltern zu zeigen«.

Loben ist in den frühen Jahren der Psychologie als das Instrument schlechthin verkauft worden, um positive, erwünschte Eigenschaften zu verstärken. Diese Annahme des Behaviorismus lässt sich aber weder auf unser Leben noch auf sich entwickelnde Kinder so reduziert übertragen.

Eine aktuelle Forschung an Studierenden bestätigt, dass unerwartetes und öffentliches Lob einer Leistung nicht die folgenden Leistungen derjenigen verbesserte, die gelobt wurden, sondern derjenigen, die ihnen nacheiferten. »Das Lob der Leistung etabliert eine Norm.«[171] Es ermutigt diejenigen, die zur Gruppe der Erfolgreichen dazugehören wollen und knapp dran sind. Diejenigen, für die das Erreichen des Ziels weit entfernt ist, bleiben davon unberührt.

Wie Forscher der Uni Utrecht[172] herausfanden, unterstützt Lob – im Gegensatz zur Meinung vieler Erziehungsexperten – Kinder mit niedrigem Selbstwert nicht. Im Gegenteil, ausgerechnet Lob für das erfolgreiche Abschneiden bei einem Test, wie: »Du bist so schlau«, schlägt ins Gegenteil um, wenn Kinder in der Folge einen Misserfolg erleiden.

Je niedriger der Selbstwert, desto mehr schämen sie sich und werten sich ab. Es ist noch Gegenstand weiterer Untersuchungen, ob es daran liegt, dass durch das Lob eine direkte Beziehung zwischen ihrer Leistung und der Anerkennung hergestellt wird, oder ob das personenzentrierte Lob die Aufmerksamkeit des Kindes auf sich selbst und damit auf seine Unsicherheit lenkt.

Was die Forscher auch herausgefunden haben: Erwachsene neigen dazu, Kindern mit geringem Selbstwertgefühl eher personenzentrierte Rückmeldungen zu geben. Kindern mit einem hohen Selbstwertgefühl erhalten eher ein konkretes, auf ihr Verhalten bezogenes, also prozessorientiertes Lob. Sie nehmen das wiederum als das, was es ist.

Hier ein Beispiel für eine konkrete Rückmeldung zu einer bestimmten Tätigkeit.

Anja – »Endlich kann ich sagen, dass ich nicht lesen kann«

Anja, acht Jahre alt, tat sich in der Schule immer schwerer. Ihre Leseleistungen entsprachen nicht denen ihrer Altersgruppe. In der Alternativschule, in der sie unterrichtet wurde, wurde kein Stress gemacht, und auch ihre Eltern gingen davon aus, dass sie einfach etwas langsamer war als alle anderen und die Defizite in absehbarer Zeit schon nachholen würde. Um sie zu schonen, versuchten die Lehrer ihre Schwäche nicht zu thematisieren, sie beobachteten das Mädchen aber.

Als sich keine Verbesserung einstellte, wurde eine Ergotherapeutin hinzugezogen, die sehr schnell eine Lese-Rechtschreib-Schwäche diagnostizierte.

Anja kam von der ersten Stunde bei der Ergotherapeutin nach Hause und sagte erleichtert: »Endlich kann ich meinen Freundinnen sagen, dass ich nicht lesen kann.« Weder den Eltern noch den LehrerInnen war bewusst gewesen, welchem inneren Druck Anja ausgesetzt war, da sie selbst ihre Schwäche wahrgenommen hatte, dies aber von den Erwachsenen aus falsch verstandener Nachsicht nie angesprochen worden war.

Erleben von Diskrepanzen

Das obige Beispiel führt uns geradewegs zum nächsten Thema: Das Erleben von Diskrepanzen – ein wichtiger Motor unserer Entwicklung. Jean Piaget[173] hat das Phänomen, dass der Organismus immer wieder nach innerem Gleichgewicht sucht, im Rahmen seiner Entwicklungstheorie ausführlich beschrieben. Das innere Gleichgewicht ist durch widersprüchliche und noch nicht verstehbare Aspekte immer wieder bedroht. Erst dadurch sind wir gezwungen, uns mit neuen Blickpunkten auseinanderzusetzen, und lernen neue Kompetenzen.

Reale Konsequenzen

Wie oben ausgeführt, sind echte Konsequenzen für unsere Lernprozesse sehr wichtig. Wir erleben, dass unsere Handlungen Auswirkungen haben, und das wiederum stärkt sowohl unsere realistische Selbsteinschätzung als auch unsere Selbstwirksamkeit. Ich erlebe mich als Urheber und Gestalter meines Handelns. In der Lösung von Problemen, die sich aufgrund meines Verhaltens ergeben haben, lerne ich sowohl, wie meine Umwelt funktioniert, als auch, welche Kompetenzen ich habe.

Um das zu verdeutlichen, möchte ich eine kleine persönliche Geschichte erzählen. Ich habe sie als 14-Jährige erlebt. Heute, in Zeiten von Handy, Internet & Co, könnte dies gar nicht mehr in dieser Form passieren. Damals hat dieses Erlebnis jedoch mein Selbstvertrauen in meine Fähigkeit, Probleme zu lösen, nachhaltig gestärkt.

Die Reise nach Frankreich oder Selbst ist das Kind

Zwei Jahre nach einem Schüleraustausch wollte ich mit einer Freundin die schon bekannte Gastfamilie in Südfrankreich in den Sommerferien besuchen. Meine Eltern kauften über das Reisebüro Zugkarten bis nach Toulouse. Wir mussten zweimal umsteigen, einmal in Zürich und einmal in Lyon.

Meine Freundin und ich kamen zunächst gut nach Lyon. Beim Umsteigen am Bahnsteig verglichen wir unsere Zugtickets mit den Daten an der Anschlagtafel und stiegen voll Zuversicht in den Zug Richtung Marseille.

Als ich etwas später auf dem Weg zur Toilette die ausgehängte Frankreichkarte mit den Zugrouten studierte, wurde ich stutzig. Toulouse lag nicht auf dieser Strecke, und ohne weiteres Umsteigen würden wir auch nicht dorthin kommen, selbst wenn unsere Reiseplanung etwas anderes sagte.

Meine Freundin war ziemlich gestresst, um nicht zu sagen in Panik, als ich ihr die Karte zeigte. Ich übernahm die Rolle der Coolen, Überlegten und begann Lösungen zu suchen – und kam zu dem Schluss, dass wir in Avignon aussteigen und den nächsten Zug nach Narbonne nehmen sollten, um von dort den Zug nach Toulouse zu ergattern. Was wir auch taten. Statt um 20 Uhr kamen wir irgendwann um halb drei Uhr in der Früh in Toulouse an und wurden dort von der Gastfamilie in Empfang genommen. (Die hatten auch schnell gecheckt, dass kein Zug direkt aus Lyon zur angegebenen Zeit angekommen war und hatten einfach gewartet ... Dass Eltern von Teenagern so entspannt reagieren, überrascht mich auch heute noch.) Unseren Eltern erzählten wir erst zwei Wochen später, nämlich zu Hause, von unserem Zugabenteuer.

In den rund zehn Stunden zwischen der Entdeckung des Reiseplanungsfehlers bis zu unserer Ankunft in Toulouse hatte mein Gehirn auf Hochtouren gearbeitet. (Der Fehler lag wahrscheinlich am Reisebüro, da es wegen des Zentralmassivs auch heute noch keinen direkten Zug von Lyon nach Toulouse gibt.) Für mich war es damals sofort eine Tatsache, dass wir mit unserem Zug nicht das Ziel erreichen würden. Also ein Problem, das es zu lösen galt. Ich habe mich unendlich erwachsen gefühlt, selbstständig. Ich war mir sicher, dieses Problem lösen zu können – und danach auch stolz auf meine Entscheidungen.

Dass eine gewisse Portion Selbstüberschätzung im Spiel war, war weder meiner weiteren Entwicklung noch meinem Selbstwertgefühl abträglich. Wie wir schon gehört haben, hat »die Fähigkeit, andere wie auch sich selbst hinters Licht zu führen, ... eine Menge für sich. In vielen Lebensbereichen sind wir erfolgreich, wenn wir Kompetenz und Vertrauenswürdigkeit ausstrahlen. Das wiederum gelingt deutlich besser, wenn man sich selbst für kompetent und vertrauenswürdig hält und über anderslautende Beweise hinwegsieht. ... Wir täuschen uns und unsere Mitmenschen laufend, wir können gar nicht anders, denn der schöne Schein, die gefühlte Sicherheit helfen uns, jene Ziele zu erreichen, die wir uns vornehmen.«[174]

Selbstwirksamkeit – Ich bewirke

Die vorangegangene Geschichte von der Frankreichreise ist ein gutes Beispiel für die innere Überzeugung, selbst gestalten zu können. Diese Überzeugung, selbst wirksam zu sein, ist bei manchen Menschen stark und bei anderen schwach ausgeprägt. Es gibt allerdings eine »selbstbezogene Befriedigung, wenn wir eine Tätigkeit meistern, schon das Suchen einer Lösung ist befriedigend«.[175]

Warum picke ich hier die Selbstwirksamkeit heraus? Es gibt noch viel mehr Begriffe, die mit »Selbst-« anfangen, die ich aber nicht alle erklären werde. Kurz gesagt: Nicht alle haben so einen besonderen Stellenwert für unser Wohlbefinden.

Auch wenn es der Begriff im ersten Moment vielleicht nicht vermuten lässt, ist die Überzeugung, selbst wirksam zu sein, nicht etwas, das nur mit mir selbst zu tun hat. Selbstwirksamkeit erlebe ich erst im Zusammenspiel mit meiner Umwelt und meinen Beziehungen. Anders ausgedrückt: Ich habe die sichere innere Vorstellung, dass ich eine Handlung erfolgreich durchführen kann (unabhängig davon, ob ich es wirklich tue) und wirksam, wertvoll und relevant für andere bin.

Wir sehen Ähnliches bereits bei Babys. Nach der Anfangsphase, in der sich Babys nur über ihre Empfindungen wahrnehmen, werden sie nach und nach aktiver und erleben sich zunehmend als Gestalter, als handelnde Subjekte. Das beginnt schon in den ersten Monaten, wenn sie durch Lachen oder Weinen Kontakt suchen und Erfolge erzielen. Sie machen die Erfahrung, dass sie Reaktionen bewirken.

Auch auf körperlicher Ebene machen sie Erfahrungen. Wenn sie sich mit einer Holzrassel auf den Kopf schlagen, spüren sie sich durch den Schmerz. Das erste Mal erschrecken sie, aber im Normalfall schlägt sich kein Säugling öfter als etwa drei Mal selbst auf den Kopf. Babys lernen wahnsinnig schnell, und man kann beobachten, wie sie die Bewegung testen, die Handbewegung zunehmend kontrollieren, wenn die Rassel in die Nähe des Kopfes kommt.

Das alles und vieles andere mehr im Tagesablauf sind Erfahrungen an Leib und Seele. Im Gehirn werden diese Erfahrungen anders abgespeichert als reine Empfindungen, und sie bilden das Fundament für Selbstwirksamkeit.[176]

Erfolgreiche Erfahrungen führen zu der inneren Überzeugung: »Ich kann etwas bewirken!« Nicht nur Kinder haben ein starkes Bedürfnis, sich wertvoll zu fühlen und Erfolge mit ihrem Tun zu erzeugen. Ich bin immer wieder erstaunt, mit welch großen Augen und Kopfnicken schon Kindergartenkinder diese Tatsache bestätigen, wenn ich dies im Rahmen eines Gesprächs anschneide.

Die Selbstwirksamkeits-Überzeugung ist der entscheidende Faktor in vielen Berufs- und Schulentscheidungen von Kindern, Jugendlichen und Erwachsenen: Diese Entscheidungen werden nicht anhand der realen Leistungen, Noten oder anderen »objektiven Maßstäbe« getroffen, sondern aufgrund der Selbstwirksamkeits-Überzeugung. Der Überzeugung, etwas zu können und zu schaffen.[177]

Kontrollüberzeugung und Selbstverantwortung

Das, was Psychologen »Kontrollüberzeugung« nennen, hängt eng mit der Selbstwirksamkeit zusammen. Die Kontrollüberzeugung klärt die Frage: Inwieweit habe ich den Eindruck, selbst zu meinem Erfolg beizutragen? Manche Menschen haben eher eine internale, manche eine externale Kontrollüberzeugung.

Bei der externalen Kontrollüberzeugung geht es um den Eindruck, die Fäden bzw. Kontrolle im Leben nicht selbst in der Hand zu haben. Es ist also das Gegenteil von der Überzeugung, selbst wirksam zu sein. Wir messen unseren Handlungen und Fähigkeiten keinen relevanten Wert zu, wir fühlen uns den Dingen, die im Leben passieren, anderen Menschen oder dem »Schicksal« ausgeliefert. Mit dieser Haltung erleben wir uns als Opfer von Gegebenheiten.

Menschen mit externaler Kontrollüberzeugung erklären ihr Versagen häufig mit allgemeinen Gründen oder Dingen, auf die sie keinen Einfluss haben: »Ja, da kann man nichts machen«, »Da braucht man ja gar nicht erst zu fragen, der Chef lässt einen sowieso nicht«, »Man weiß ja nie, wen man vor sich hat« usw. Auch im Umgang mit Kindern werden oft solche »Außenorientierungen« (ja, wir landen schon wieder bei diesem Wort) und damit die Verantwortungsabgabe sichtbar: »Da muss man durch!«, »So etwas macht man nicht!« oder »Wer glaubst du, wer du bist?«. Menschen mit einer internen Kontrollüberzeugung hingegen sind zufriedener und glücklicher. Sie übernehmen leichter für sich und ihr Verhalten (auch für ihre Fehler und Macken) Verantwortung. Sie wissen einfach, dass vieles in ihrer Macht und an ihrem Gestaltungswillen liegt.

Die aktuelle Generation – von der Psychologin und Forscherin Jean Marie Twenge als »Selfie-Generation« bezeichnet – ist geprägt durch eine steigende externe Kontrollüberzeugung. Immer mehr Jugendliche sagen, »man solle einfach die eigenen Lebensumstände akzeptieren, und dass sie fortwährend daran gehindert werden voranzukommen.«[178] Sie haben zunehmend den Eindruck, Erfolg sei unerreichbar.

Das an sich ist schon eine traurige Realität. Überdies geht die externe Kontrollüberzeugung mit steigenden Depressionsraten und Angststörungen einher.[179] Betroffene laufen auch eher Gefahr, narzisstischen Führungspersönlichkeiten und ihren Verführungen zu verfallen, wie man in der aktuellen Weltpolitik beobachten kann.[180]

Bei der externalen Kontrollüberzeugung spielen auch Erfahrungen im sozialen Umfeld eine Rolle. Beobachte ich Erfolg bei anderen? Gibt es Menschen, mit denen ich mit identifizieren kann und will? Wie erlebe ich die Kontrollüberzeugung und Selbstwirksamkeit meiner Bezugspersonen?

Es ist leicht nachvollziehbar, dass Kinder bei einem autoritären und ambivalenten Verhalten von Erwachsenen keine internale Kontrollüberzeugung entwickeln können, sie erleben sich ausgeliefert.

Selbstbewusstsein – Ich zeige mich

»Während Selbstgefühl ein existenzielles Thema und Selbstvertrauen eine Frage von Kompetenz ist, verstehen wir Selbstbewusstsein als gesellschaftliches Phänomen.«[181] Es bezieht sich auf das, wie wir uns der Welt zeigen.

Aylin I – die unbekannte Seite

Aylin, 13 Jahre alt, wird von der ambulanten Familienbegleiterin als sehr leises, zurückgezogenes Mädchen beschrieben. Ihr Kopf hängt, der Körper scheint schlaff, sie hat eine unsichere Stimme. Es ist schwer, mit ihr in Kontakt zu kommen, ebenso, ihre Signale zu lesen. Wenn sie spricht, dann nur zaghaft und zögerlich, extrem leise, fast flüsternd, und man muss sich anstrengen, etwas zu verstehen. Auch im persönlichen Gespräch ist Aylin kaum zu spüren. Es ist schwierig, eine Brücke zu ihr aufzubauen. Ganz ähnlich geht es ihrer Lehrerin.

Umso überraschter ist diese, als sie eines Tages mitbekommt, dass Aylin Videos auf YouTube veröffentlicht. Im Internet zeigt sie eine völlig andere Seite von sich: Aylin dreht Bastelvideos, auf denen sie auch selbst zu sehen ist. Sie präsentiert sich selbstbewusst, kompetent und erklärt die genauen Anleitungen zu ihren Projekten. Sie will Künstlerin werden.

Wie wir an diesem Beispiel sehen, kann sich die innere Welt eines Kindes maßgeblich von dem unterscheiden, was es im Außen präsentiert. Aylins Verhalten ist auf den ersten Blick widersprüchlich und irritierend. Wenn wir aber mal überlegen, zeigen wir doch alle in der Öffentlichkeit je nach Situation – und je nach Selbstvertrauen in die geforderten Kompetenzen – auch nur gewisse Seiten von uns.

Tiefe Ängste beschäftigen Aylin, aber sie kommt ihrem Bedürfnis, mit der Welt in Beziehung zu treten, über YouTube-Videos nach. Sie geht selbstbestimmt mit diesen Möglichkeiten der modernen Medien um. Sie hat Selbstvertrauen in ihre Kompetenz (Basteln), und die technischen Möglichkeiten geben ihr einen Rahmen, der sich für sie sicher anfühlt.

Sich gut präsentieren, ist zunehmend auch in unserem Schulwesen eine Kategorie, die zum Notenerfolg beiträgt. Es wird erwartet, dass ein Kind, das die schulische Reife erlangen will, sich auch gut darstellen können muss. An Universitäten und anderen Ausbildungsstätten werden immer wieder Kurse über selbstbewusstes Auftreten angeboten. Sich der Wirkung seines Auftretens bewusst zu sein, ist zu einem Tool unserer Zeit geworden.

Hier kommt die Außenorientierung sozusagen zum Höhepunkt. Es zählt nur das, was gezeigt wird, und das bestimme ich selbst. Andersherum ist dies auch eine Möglichkeit, sein Selbst und die inneren, verletzlichen, zarten Teile zu schützen und in einer unsicheren und potenziell ablehnenden Welt zu bestehen.

Das Selbst ist nie allein

»Wenn zwei Menschen zusammenleben, so ist das im günstigsten Fall schwierig.«[182]

Der existenzielle Konflikt zwischen Kooperation und Integrität führt zu Konflikten in unseren Beziehungen.

Wir alle sind in einen Kontext eingebunden und haben das Bedürfnis dazuzugehören. Der Psychiater Joachim Bauer bezeichnet diesen Wunsch nach Zugehörigkeit als grundlegendes menschliches Bedürfnis. Wenn sie bedroht sind, »reagieren die Alarmsysteme des Gehirns«. Unmittelbar zeigen sich Angst und Aggression.[183]

Jesper Juul beschreibt den inneren Konflikt zwischen dem Bedürfnis auf sich selbst zu schauen und sich anzupassen als existenziellen Konflikt zwischen Integrität und Kooperation. Es ist ein Konflikt, den alle Menschen kennen und der im Lauf unseres Lebens immer wieder Neuauflagen mit unterschiedlichen Komponenten erlebt; ein Konflikt, den wir nie zu hundert Prozent zufriedenstellend lösen können. Es gibt in der Mitte keine perfekte Balance, die sich gut anfühlt. Die Herausforderung ist, flexibel und angepasst zwischen den Polen pendeln zu können. Das ist eine Lebensaufgabe, die sich immer wieder neu stellt.

Ich habe bisher schon viele Facetten des starken Selbst herausgearbeitet. Hier noch ein paar Gedanken zur Integrität von Kindern. Schon Säuglinge wissen, was gut für sie ist und was nicht. Sie spüren, wenn ihnen etwas zu viel wird und wo sie eine Reaktion brauchen. So drehen etwa Säuglinge schon im Alter von wenigen Tagen den Kopf zur Seite, wenn sie genügend Blickkontakt gehabt haben, und sie machen deutlich darauf aufmerksam, wenn die Resonanz mit anderen Menschen nicht stimmt.[184] Sie machen klar, wenn eine Inkohärenz eintritt. Gerald Hüther vergleicht dies mit einer roten Lampe, die angeht, wenn etwas nicht passt, und »als zartes und das gesamte Kind durchströmendes Gefühl ... das ihnen ... von Anfang an hilft, nicht alles mit sich machen zu lassen: [ein] feines Gespür dafür, wie es richtig wäre«.[185]

Kinder spüren, wann ihre Würde verletzt wird, und reagieren. Im Lauf der Zeit lernen sie auch, sich zu verstellen, sich anzupassen. Mit etwa vier bis sechs Jahren lernen sie, dass sie »ihre Gedanken und Gefühle anderen nicht zeigen müssen und dass es manchmal besser ist, das Gegenteil von dem zu sagen, was wir denken und fühlen, wenn es uns ermöglicht, besser dazuzugehören.«[186]

Verkomplizierend kommt hinzu, dass die psychische Bindung eines Babys an die Mutter immer stattfindet. Sie wird selbst durch eine starke Ablehnung durch die Mutter nicht verhindert. Allerdings müssen solche Kinder dann im Lauf ihrer Entwicklung ihre Gefühle von Freude, Angst, Wut, Trauer oder Schmerz abspalten und damit die Verbindung zu sich selbst aufgeben. Nur dann können sie in der Bindungsbeziehung zu ihren Eltern bleiben.

Wenn sie aber in dieser Beziehung, von der sie abhängig sind, nicht die notwendige Liebe erfahren, führt das zu einem »Trauma der Liebe«, wie der Psychotraumatologe Franz Ruppert[187] es nennt – »erfahren« ist hier im wortwörtlichen Sinn gemeint. Kinder müssen die Liebe ihrer Eltern in erster Linie körperlich und emotional spüren und erleben. Sie brauchen die unmittelbare Resonanz und Wärme im Hier und Jetzt.

Jesper Juul betont, dass wir uns in der Zusammenarbeit mit Eltern mit deren Liebe verbinden können und müssen. Wenn wir ihnen ihre Liebe absprechen oder ihre Liebe an ihren Handlungen und unseren Maßstäben messen, nehmen wir uns und ihnen eine wichtige Ressource. Häufig zeigt sich die Liebe der Eltern versteckt oder ambivalent. Für Fachleute, die den Auftrag haben, in erster Linie dem Wohl des Kindes zu dienen, ist dies manchmal sehr schmerzhaft und schwer auszuhalten.

Facebook: Integritätsverletzung

Vor einiger Zeit habe ich auf Facebook ein anschauliches Beispiel von Integritätsverletzung eines 13-jährigen Mädchens gesehen. Es war das Bild eines Vaters, der liebevoll und stolz den Arm um seine Tochter legte, die deutliche Anzeichen einer pubertierenden jungen Frau zeigte. Ihr Gesicht war allerdings verzerrt, eine Mischung aus Scham, Verzweiflung und Wut. Ihr ganzer Körper schien sich zu krümmen und zusammenzuziehen, obwohl sie neben ihrem Vater stand.

Der Satz unter dem Bild lautete: »My daughter got caught skipping school yesterday. So this morning I walked her all the way to the front door of the school to make sure she didn't miss another day.« Das alles sagte klar aus, worum es dem Vater ging: um das Bemühen, seine Tochter vom Schulschwänzen abzuhalten.

Was der Antrieb des Mannes für den Beitrag gewesen ist, wissen wir nicht, aber ich werde hier ein paar Vermutungen anstellen. Vielleicht war er geschockt, dass seine Tochter die Schule schwänzte. Dass Kinder in der Pubertät dies einmal ausprobieren und die Welt davon nicht untergeht, ist die Meinung vieler Eltern – solange es nicht um ihre eigenen Kinder geht. Wenn doch, dann fallen sie meist aus allen Wolken. Vielleicht hatte der Mann auch Bilder und Geschichten von SchulabbrecherInnen und VersagerInnen im Kopf und wollte seine Tochter unbedingt auf dem rechten Weg wissen.

Wie auch immer, ich bin ziemlich sicher, dass dieser Vater a) seine Tochter liebt und b) sich um sie sorgt. Warum ich mir da so sicher bin? Weil er einen großen Aufwand betreibt und sich selbst zum Narren macht, nur damit sie das Schulschwänzen nicht noch einmal in Erwägung zieht. Wie viele Eltern und PädagogInnen glaubt er vermutlich, dass der Zweck die Mittel heilige, und er ist wahrscheinlich davon überzeugt, dass es hier »eindeutige Signale« brauche.

Was ich beim obigen Facebook-Beispiel vorenthalten habe, war die Beschreibung des Vaters: ein etwas stämmiger Mann mit rotem Bart, einer nach hinten gedrehten Baseballkappe, körpernahes, buntes Damenkleid mit Blümchenmuster, Badeschlapfen. Wie schon gesagt, er lächelt stolz in die Kamera, während die Tochter gedemütigt dreinschaut.

Ich bin sicher, dass der Vater nur das Beste für seine Tochter wollte. Ob sie ihm das später einmal vorwerfen oder es lächelnd als lustige Episode abwischen wird, wissen wir nicht. Auch nicht, ob sie bei ihrem inneren Erleben der Geschichte, wie es sich in ihrem Gesicht widerspiegelt, bleiben wird, oder ob sie später die

Sicht des Vaters annehmen, die öffentliche Kränkung unter den Tisch fallen lässt und sagen wird: »Ja, so muss man mit Kindern umgehen, die nicht folgen!«

Auf dem Foto zeigen sich deutlich ihre Scham, Verzweiflung und das Ausgeliefertsein. Wir spüren als Betrachter selbst – durch ein soziales Medium buchstäblich über Kontinente hinweg – die Grenzüberschreitung. Es ist im Gesicht des Mädchens ablesbar, wie sehr ihre Integrität in diesem Moment verletzt wurde. Offen bleibt hingegen, wie es diese Situation abspeichern und wie es damit umgehen wird, wie es diese Erfahrung in ihr Selbstbild integrieren wird.

Viele Eltern, die derart destruktiv handeln, lieben ihre Kinder aber sehr. Die Liebe, die mit einem Kind »mitgeboren« wird, ist eine sehr überwältigende Erfahrung. Eine Kollegin und frischgebackene Mutter hat dies vor Kurzem sehr emotional und mit großen Augen auf den Punkt gebracht: »Das kannst du dir nicht vorstellen!! Dass man jemanden sooo lieben kann!! Wie das überhaupt geht! Und wenn dann ein Zweites kommt!?! Ich kann mir nicht vorstellen, wie ich noch mal jemanden sooo lieben kann!«, um dann pragmatisch hinzuzufügen: »Aber andere schaffen das offensichtlich auch, also werde ich es auch schaffen.«

Nicht alle Eltern erleben das Gefühl so intensiv, aber dass Eltern ihre Kinder nicht lieben, kommt eigentlich nicht vor (nur in äußerst seltenen Fällen bei Menschen, die keinerlei Bindung aufbauen können). Selbst gewalttätige und traumatisierte Eltern oder solche, die ihren Kindern Schaden zufügen, lieben – manchmal sehr ambivalent und unberechenbar, aber ihre Kinder sind ihnen trotz allem emotional nah und wichtig.

Wenn wir diese Kinderliebe ernst nehmen, kann sie sich auch in unserer Zusammenarbeit zu einer wertvollen Ressource entwickeln. Egal wie gut unsere Beziehung als Fachleute zu einem Kind ist, wir werden für das Kind nie wichtiger sein als dessen Eltern. Wenn wir aber mit den Eltern »kämpfen«, sie abwerten oder ignorieren, bringen wir Kinder in einen schwierigen Loyalitätskonflikt.

Das passiert in der Schule genauso wie in betreuten Wohneinrichtungen.

Auch wenn ein »Trauma der Liebe« Kinder betrifft, die mit schweren Formen der Ablehnung und in destruktiven Beziehungen heranwachsen, ist das Phänomen sehr universell: dass Kinder und Erwachsene ihre eigenen Gefühle und Bedürfnisse unterdrücken, um in der jeweiligen Bindungsbeziehung zu bleiben. Menschen kooperieren lieber, als sich nicht zugehörig zu fühlen.[188]

Schlussfolgerungen

Für mich sind die vielen Facetten unseres Selbst mit den jeweiligen Aufgaben und Fokuspunkten sehr beeindruckend. Sie faszinieren mich immer wieder aufs Neue. Jeder von uns hat einen tiefen Kern in sich selbst, ein Gefühl für sich selbst, Bilder und Konzepte von sich. Wir messen uns selbst Wert bei, haben Vertrauen in unsere Kompetenzen, erleben uns im Tun wirksam und können selbstbewusst auftreten. Und das alles tun wir mehr oder weniger annehmend und positiv bzw. negativ, mehr oder weniger sicher, mehr oder weniger stabil.

Dies alles ist wie ein vielseitiges, buntes Kaleidoskop in uns, das sich erst durch die persönliche Geschichte und die Erfahrungen, die auf das Selbst treffen, entwickelt hat. So verfeinert sich unser innerer Kompass über die Jahre und wird im günstigen Fall im Lauf des Lebens immer reicher und tiefer.

Die unterschiedlichen Facetten wirken zusammen, um schließlich das Gesamtbild jedes Menschen abzubilden. Diesem Ganzen stehen wir mehr oder weniger ernst nehmend, liebevoll oder abschätzig, abwertend (oder irgendwo dazwischen) gegenüber. Wir haben wertende oder wertgebende Tendenzen uns selbst als Ganzem, aber auch unseren spezifischen Kompetenzen gegenüber.

Vielleicht geht es dir auch so, dass diese Facetten, einzeln betrachtet, gut zu erkennen sind, sich aber vieles überschneidet und schwer zu differenzieren ist, sobald du versuchst, es in deinen Alltag zu übertragen. Und so ist es auch. Mir gefällt daher das Bild des Kaleidoskops mit einer Vielzahl an Spiegelflächen, die alle unterschiedliche Qualitäten haben. Das, was beleuchtet wird, ist letztlich nur eine Sache – unser Selbst, das wir sehen.

Meine Schlussfolgerung daraus: Für einen stärkenden Umgang mit Kindern und Jugendlichen brauchen wir:

- einen stärkeren Fokus auf das Innere, das Selbst und weniger auf die Kompetenzen des Kindes.

- Gefühl, Zartheit, Leichtigkeit, Rhythmus und viel Herz im Umgang mit dem Selbst des anderen.
- die Erinnerung, dass unsere Werte nur als gelebte und für den anderen erfahrbare Werte ankommen und spürbar sind.

Wie sieht die Begleitung von Kindern aus, wenn wir ernst nehmen, dass sich der Selbstwert gesund und relativ stabil[189] entwickelt, wenn er selbstverständlich ist? Und wie, wenn wir wissen, dass Kinder mit niedrigem Selbstwert sehr wohl Unterstützung brauchen?

Wir können in folgender Weise unterstützen und stärken:

- wenn wir uns selbst als Gegenüber ernst nehmen und uns Wert beimessen.
- wenn wir uns nach innen orientieren und auf den Kern, die Würde und Integrität des Kindes schauen.
- wenn wir dem Gefühl des Kindes für sich selbst Raum und Bedeutung schenken.
- wenn wir neue Selbstkonzepte zu den schon vorhandenen dazulegen und das Kind in seinem Sein sehen.
- wenn wir die Kompetenzen des Kindes durch ehrliches Feedback stärken und seine Selbstbestimmungsmöglichkeiten ernst nehmen.

Kinder mit einem schwachen Selbstwert brauchen einen bewussten Platz in unserem Leben, auch wenn sich das nur über die Stunden erstreckt, die wir mit ihnen verbringen.

Das Gefühl für den Wert des Selbst stärken

»Nicht weil es schwer ist, wagen wir es nicht, sondern weil wir es nicht wagen, ist es schwer.«

Seneca d. J.[190]

Wenn ich mit Menschen über Gedanken zum Selbst rede, bekomme ich rasch die Rückmeldung, dass das »sehr viel Sinn macht«. Wir alle haben schnell mal ein Gefühl für den Unterschied, den die Orientierung nach innen oder nach außen macht, und ebenso für den Unterschied, ob wir abhängig sind von den Ansichten anderer über uns oder uns mit unserem Gefühl für uns selbst verbunden fühlen. Und wir wissen (außer wir haben starke narzisstische Tendenzen), wie leer sich Lob anfühlen kann, wenn wir nicht als ganze Person gemeint sind.

Es macht also sehr viel Sinn, die Innenorientierung bei Kindern zu stärken. Nur dann können sie es, in sich geerdet, mit der Realität und ihrer Umwelt aufnehmen. Was heißt das nun konkret? Wie sieht es aus, das Selbst des Gegenübers würdevoll in den Blick zu nehmen? Wie agieren wir als Fachleute oder Eltern, wenn Kinder, die ein schwaches Selbstwertgefühl haben, Unterstützung brauchen, und die, die in sich ruhen, kein zusätzliches Thematisieren brauchen, aber doch die existenzielle Notwendigkeit verspüren, von uns gesehen, gehalten und begleitet zu werden? Wie wir uns verhalten, hängt auch stark mit uns selbst zusammen, daher möchte ich im Folgenden wieder einen Blick auf uns Erwachsene werfen.

Überfordert oder neugierig?

Es ist immer wieder notwendig, den aktuellen Zwischenstand in mir zu erheben, wahrzunehmen, wer ich im Moment gerade bin, wie ich mich gerade fühle und spüre, welche Gedanken mich beschäftigen. Auch jetzt im Augenblick, hier vor diesem Buch sitzend. Verändert sich etwas, wenn ich aufschaue und mich im Zimmer oder im Park, wo auch immer ich gerade bin, umsehe und meine Umgebung auf mich wirken lasse? Spürst du auch den Unterschied, merkst du, wie deine Gedanken sich verändern und zu schweifen beginnen?

Da du die Person bist, die in Beziehung tritt, lade ich dich ein, einen Moment zu pausieren und dir die unten zusammengefassten Fragen (Selbstbefragung) langsam, bewusst und achtsam durch den Kopf, durch das Herz, durch deinen Körper gehen zu lassen.

Diese Fragen sind Leitfragen, um vom Allgemeinen zum Konkreten zu kommen. Sie sind Anregungen, um mit dir selbst sowie deinen Bildern, Gefühlen und Empfindungen in Bezug auf die Kinder, die du begleitest, in Berührung zu kommen. Es geht darum, dich ganz mit dir selbst, deinen Gedanken und Gefühlen, zu verbinden, bevor du weiterliest.

Eines der wirksamsten Tools, die wir haben, nenne ich »Tempo raus«. Wir alle haben die Möglichkeit, unser Tempo zu drosseln oder anzukurbeln. Wir haben die Möglichkeit, uns im Augenblick zu verlangsamen, unseren Gedanken und Begegnungen mehr Zeit zu geben.

Also hier die Einladung, zuerst einmal tief durchzuatmen, dich zu spüren und dich zu beobachten. Lasse jede der folgenden Fragen einzeln und bewusst auf dich wirken. (Am besten geht das, wenn du die Fragen darunter mit einem Blatt abdeckst.)

Spüre bei jeder Frage immer als Erstes nach, ob du diese Frage überhaupt beantworten willst. Sage selbst zu jeder Frage Ja oder Nein. Wenn du ein inneres Nein spürst, lass diese Frage ziehen und gehe weiter. Nimm dich und dein Gefühl zu jeder Frage ernst. Zwinge dich nicht, dich mit etwas zu beschäftigen, was eine Abwehr in dir auslöst. (Wenn du später Lust hast, kannst du auf Entdeckungsreise gehen und klären, warum das so ist, aber lass vorerst die Abwehr einfach Abwehr sein.) Und: Die Fragen sind nicht alle für ein einziges Mal gedacht ...

Spüre beim Lesen, was die jeweilige Frage an körperlichen Empfindungen, Gefühlen und Gedanken in dir auslöst. Beantworte dann die Frage aus dem Bauch, aus dem Herzen und/oder aus dem Kopf für dich. Wenn du gerne schreibst, dann mache die Selbstbefragung auf Papier. Ob so oder so: Vielleicht nimmst du als Erstes einen Gedanken wahr, dann spüre nach, welche Gefühle und/oder Körperempfindungen zu diesem Gedanken da sind. Vielleicht empfindest du zuerst etwas, dann gehe dem nach und erkunde, welche Gefühle und Gedanken damit verbunden sind und so weiter.

Selbstbefragung

Welche Werte sind mir wichtig?

Wie zeigen sie sich in meinem Leben?
Wie zeigen sie sich ganz konkret in den schwierigen Momenten mit anderen Menschen?

Wie spüre ich mich?

Spüre ich mich eher beim Bewegen, beim Singen, beim Musikhören, beim Lesen, beim Kreativsein, beim bewussten Meditieren, beim Reden, beim Arbeiten, beim Lieben, beim Atmen, beim Denken an meine Lieben, beim Tanzen ... Welche Zugänge habe ich zu mir selbst?

Wie beruhige ich mich?

Wie beruhige ich andere?

Welche Bilder habe ich von mir?

Was halte ich von dem, wie ich mich sehe?

Wie schätze ich mich wert?

Mag ich mich so, wie ich bin?
Zu welchen Teilen von mir selbst habe ich eine gelassene Einstellung?
Wann und wo erlebe ich: »Ich bin in Ordnung, so wie ich bin«?
Welche Anteile mag ich nicht? Welche Bilder von mir kann ich kaum liebevoll in den Arm nehmen?
Wann bin ich streng mit mir?
Wann werte ich mich ab?
Schäme ich mich für Teile meines Selbst?

Was stresst mich?

Was halte ich bei anderen Menschen nur schwer aus?

Was macht mich neugierig?

Was macht mir Lust?

Nimm nun erneut Tempo raus. Atme tief durch und spüre dich ganz bewusst. Und? Wie fühlt es sich jetzt gerade in dir an? Wahrscheinlich liest du hier jetzt weiter, ohne alle Fragen eingehend beantwortet zu haben. Kein Stress – es sind Fragen, die wir immer wieder beantworten können und auch müssen. Die Fragen können dabei helfen, dich in deiner aktuellen Situation zu verankern.

Deine Antworten auf die Fragen werden immer neu und anders sein. Du wirst dich selbst zunehmend besser kennenlernen, wenn du dir die Fragen wiederholt stellst. Du wirst klarer sehen, in welchen Bereichen du noch mehr Wohlwollen und Annahme entwickeln kannst und mit welchen Anteilen in dir du dich sicher und geborgen fühlst.

Deine Gedanken, Bilder, Gefühle und Empfindungen sind immer dein aktueller Istzustand; deine aktuelle Basis, in die du alles Weitere integrierst. Egal ob es die nächsten Seiten in diesem Buch oder die nächsten Begegnungen im Alltag sind, das nächste Posting im Netz oder eine Schlagzeile, die du liest. Alles trifft dich im Hier und Jetzt zum ersten Mal in genau dieser Konstellation. Und jede Erfahrung, die du zulässt oder sich in dir einprägt, verändert dich.

Wir haben auch die wichtige Fähigkeit, unser Selbst zu schützen, indem wir Dinge abwehren. Beispielsweise wenn wir etwas lesen oder hören, aber innerlich an uns abperlen lassen; wir lassen nicht zu, dass uns die Sache berührt und sich mit uns verbindet. Auch diese Abwehr verändert uns.

Auf den folgenden Seiten werde ich mich den verschiedenen Handlungsmöglichkeiten widmen. Die Möglichkeiten von Fachleuten sind naturgemäß anders als jene der Eltern. Wenn wir nicht in gegenseitigen Schuldzuweisungen hängen bleiben (was zugegebenermaßen in destruktiven Situationen leichter gesagt ist als getan), können wir uns als wirksam erleben und erkennen, wie wir uns selbst und unsere Fähigkeiten einsetzen können.

Aufbauend auf den Gedanken, was eine professionelle Beziehungsgestaltung ausmacht, werde ich im Detail das Wie unserer Interaktion und die Stress- und Regulationssysteme des Menschen beleuchten.

Beziehungen kompetent gestalten

Beziehung und Kompetenz, geht das überhaupt zusammen? Mit Kompetenz verbinden wir Können, Fähigkeiten, Lernbares und Sichtbares. Beziehung hingegen wird oft als warm, weich und schwer zu fassen bezeichnet. Vielfach haben wir den Eindruck, dass dieses Nichtgreifbare, aber Angenehme sogar die Qualität von Beziehung ausmacht.

Dass es immer auf die Beziehung ankommt, wissen wir. Was dies aber genau bedeutet, bleibt oft beliebig und offen. Klar ist, dass jede Beziehung individuell ist und von den jeweiligen Akteuren abhängt. Hartnäckig halten sich die Mythen, dass eine konstruktive Beziehungskultur nicht zu fassen und die Beziehungsfähigkeit etwas Gegebenes oder eben Nichtgegebenes sei. Das führt dazu, dass junge Menschen nicht begleitet werden, ihre individuelle Beziehungskompetenz zu entwickeln. Sie wissen oft gar nicht, was ihnen – über das in der Familie Erlernte hinaus – möglich sein kann.

Selbst erfahrene Fachleute fühlen sich schnell angegriffen, wenn es um dieses Thema geht. Auch sie haben das Bild, dass Beziehungen nicht gestaltbar sind, sondern etwas, was man einfach »können« sollte – und was auch von ihnen erwartet wird.

Und noch eine weitere Annahme lähmt uns manchmal: »Das braucht Zeit! So viel Zeit haben vielleicht andere, aber in unserer Arbeit ist das nicht drin« oder: »Da müssen wir einfach noch zuwarten«. Stimmt das wirklich? Natürlich tut die Zeit das Ihre, um die vorhandenen Qualitäten zur Blüte zu bringen. Natürlich brauchen Kinder Zeit, um sich in einem neuen Umfeld zu orientieren und zu entscheiden, ob sie sich öffnen können. Aber ist es nur die Zeit, die wirkt?

Diese Bilder der Beziehungsgestaltung überlassen dem Nichtgreifbaren sehr viel Macht und zeigen ihre Schwächen, wenn es kriselt. Sind meine Hände gebunden, wenn das Kind nicht mehr zugänglich und vertrauensvoll ist? Ist mein Verhalten einfach falsch, wenn ich das Kind nicht erreiche? Sind das die Grenzen der Macht bzw. Kraft der Beziehung? Muss ich allem nur Zeit lassen, oder was?

Wenn du an »Beziehungsqualität« denkst, fallen dir wahrscheinlich als Erstes die Begriffe Wertschätzung und Respekt ein. Selbst wenn wir uns darüber einig sind, meinen wir damit meist Unterschiedliches. Diese Begriffe werden beliebig und manchmal sogar als moralische Keulen verwendet statt gelebt. Das bringt dieser Satz, der oft an Kinder gerichtet wird, deutlich zum Ausdruck: »Ich respektiere dich. Und ich erwarte das Gleiche von dir!« Dieser Satz ist keinesfalls respektvoll und in einer asymmetrischen Beziehung obendrein manipulativ. Was bedeutet in diesem Fall »Ich respektiere dich«? Wen respektiert die SprecherIn? Wenn sie sich selbst ernst nimmt, müsste sie wohl sagen: »Ich will nicht so von dir behandelt werden.« Wenn sie das Kind ernst nimmt, müsste sie die jeweilige Botschaft des Kindes anerkennen. Das könnte so klingen: »… aber ich sehe, dass du wütend bist.«

Diesen Annahmen stelle ich entgegen, dass Beziehungsqualität trotz aller Individualität, was Personen und Situationen anbelangt, sehr wohl greifbar und gestaltbar ist. Wir gestalten Beziehungen vom ersten Augenblick an, ob wir uns dessen bewusst sind oder nicht.

Sicherheit und ebenso Brüche in Beziehungen entstehen in und durch Mikromomente: Augenblicke, in denen wir uns wirklich begegnen, die wir mit unseren Qualitäten bereichern können.

Wenn wir verstehen, wie wir Beziehung konkret gestalten können, bleiben wir auch in Situationen, in denen sich Kinder erst gar nicht öffnen oder abwenden, handlungsfähig. Wir können dann Ideen entwickeln, die individuell und an die Situation angepasst eine Beziehung aufbauen und stärken.

Beziehungskompetenz

Die Beziehungskompetenz ist eine Kompetenz von Fachleuten, die aufgrund ihrer Prozessverantwortung sowie erwachsenen und strukturellen Macht die Führung haben.[191]

Beziehungskompetenz heißt, mit sich selbst gut verbunden zu sein, sein Gegenüber zu sehen und dessen Realität anzuerkennen. Es heißt, das Miteinander stärkend und beziehungsstiftend zu gestalten.

Die drei Ebenen der Beziehungskompetenz: Das Selbst der Fachperson, das »Sehen« des anderen und die Interaktionsqualität.

Beziehungskompetenz umfasst Fertigkeiten in drei verschiedenen Bereichen. Der erste Bereich betrifft die Fachleute selbst: es sind Selbstkompetenzen, wie zum Beispiel sich selbst zu regulieren und sein Verhalten anzupassen, ohne sich zu verstellen oder zu verlieren.

Die Fähigkeiten und Fertigkeiten des zweiten Bereichs lassen sich mit den Fachbegriffen Mentalisierung und Containing überschreiben. Es sind die Fähigkeiten, die Welt des anderen aus dessen Blickwinkel zu sehen und sein Fühlen zu fühlen. Das bedeutet auch seine aktuelle Realität ernst zu nehmen.

Der dritte wichtige Bereich in Sachen Beziehungskompetenz ist die Gestaltung des Miteinanders im Hier und Jetzt. Dazu gehören Führungskompetenz, Interesse, zu Reaktionen einladen, die Verantwortung für die Stimmung der Interaktion und Achtsamkeit für die Mikromomente der Begegnung.

Alle diese Dinge kann man lernen, verfeinern und erweitern. Während des Heranwachsens entwickeln wir alle mithilfe unserer Erfahrungen individuelle Kompetenzen, die in dieser Definition zu finden sind. Wir kommen nicht als »geborene Fachleute« auf die Welt, und die Beziehungsanforderungen ändern sich sowohl mit den Kindern, die wir begleiten, als auch mit unserer Reifung im Erwachsenenalter. Wir brauchen daher eine Fach-Persönliche Entwicklung[192], eine, die die notwendigen Kompetenzen unseres beruflichen Alltags mit unseren persönlichen Entwicklungsprozessen verbindet.

Kehren wir nochmals zu oben genannter Definition zurück:

Beziehungskompetenz ist eine Kompetenz von Fachleuten, die aufgrund ihrer Prozessverantwortung sowie ihrer erwachsenen und strukturellen Macht die Führung haben.

Prozessverantwortung heißt, dass wir dafür verantwortlich sind, die Atmosphäre und Qualität einer Situation positiv zu beeinflussen. Es heißt nicht, dass wir für das Verhalten oder das Denken der anderen Person verantwortlich sind. Konkret schaut das so aus, dass eine LehrerIn dafür Verantwortung trägt, welche Stimmung sie in einer Klasse verbreitet, eine SozialpädagogIn, mit welcher Offenheit sie in eine Situation hineingeht. Es geht aber auch um die Verantwortung, Stopp zu sagen, wenn ein Gespräch verletzend oder abwertend wird.

Und warum (erwachsene und strukturelle) »Macht«? Das hat mit der oben schon ausgeführten Asymmetrie zwischen Fachleuten und Privatpersonen bzw. Erwachsenen und Kindern zu tun. Erwachsene haben mehr Wissen, mehr Erfahrung und können Zusammenhänge erkennen. Genauso haben Fachleute den Privatpersonen gegenüber eine strukturelle Macht. Diese kann konstruktiv und gestaltend sein und zur Partizipation und Auseinandersetzung einladen. Oder sie ist eine bestimmende, den anderen beherrschende Macht, die in weiterer Folge zur strukturellen Gewalt[193] werden kann.

Kinder brauchen Erwachsene, die bereit sind, die Asymmetrie der Beziehung ernst zu nehmen und ihnen Dinge anzubieten, die sie in ihren Systemen nicht erleben konnten.[194] Diese Verantwortung betrifft auch die Entscheidungen, die ich für eine Situation treffe: Wo spreche ich wie mit wem? Welche strukturellen Entscheidungen treffe ich, die die Person oder uns alle betreffen?

Selbstkompetenzen

Der Großteil der oben genannten Fertigkeiten bedarf der Fähigkeit, mit sich selbst in gutem Kontakt zu sein, denn Führung braucht Selbstführung, Beruhigung braucht Selbstberuhigung und so weiter. Um den eigenen Blick für die Qualitäten des anderen zu öffnen, brauchen wir die Fähigkeit, uns selbst zu sehen. Wir können andere nicht ernst nehmen und wertschätzen, wenn wir das bei uns selbst nicht tun. Wenn wir uns selbst nicht lieben, können wir auch den Selbstwert von anderen nicht stärken, weil wir in Rollen und Bildern, die wir über den anderen haben, hängen bleiben.

Zu den Selbstkompetenzen gehört auch die Fähigkeit, sich berühren zu lassen; die innere Offenheit, die Realität des anderen auch emotional zu spüren, sowie die Fähigkeit, sich getrennt vom anderen wahrzunehmen. Ich bin ich und du bist du. Ich muss mich und meine Gefühle spüren können und davon abgrenzen, was ich beim anderen wahrnehme und was es in mir auslöst. Auch das ist eine Fähigkeit, die man im Lauf des Lebens schärfen kann.

Weitere Selbstkompetenzen sind Achtsamkeit und Selbstreflexion. Im Kapitel über die Stressregulation werde ich dich noch mit der Fähigkeit der Selbstanbindung vertraut machen – ein sehr hilfreiches Tool in Jobs, die manchmal nervenaufreibend, bedrohlich oder auch berührend sind.

Den anderen wahrnehmen

Mentalisierung und Containing sind zwei Überbegriffe für die Fähigkeit, unser Gegenüber wahrzunehmen. Sie bauen wiederum auf der Fähigkeit auf, die gefühlte, gesehene und erlebte Wirklichkeit des anderen an uns heranzulassen.

Mentalisieren heißt, die Sicht des anderen auf seine Realität nachvollziehen und begreifen zu können. Es heißt nicht, dass die Sicht des anderen einen Sinn ergeben oder nachvollziehbar sein muss. Das tut in diesem Fall nichts zur Sache. Es bedeutet beispielsweise zu verstehen, wie sich die Trauer für jemanden darstellt, ob sie betroffen macht oder schockiert. Mentalisieren ist ein akzeptierendes Verstehen.

Containing ist die Fähigkeit, mit den Gefühlen des anderen in Resonanz zu gehen, ohne sich davon mitreißen zu lassen, sowie die Fähigkeit, co-regulierend einzuwirken, also der emotionale Teil der Mentalisierung. Wenn ein Kind erlebt, dass seine Gefühle verstanden werden und sie damit einen Umgang haben, der Sicherheit vermittelt, hilft es ihm, die Integrationsleistungen zwischen Gehirn, Fühlen und Empfinden zu vollziehen. Was wiederum zu einem inneren Gefühl der Stimmigkeit führt.

Der Umgang mit Gefühlen ist für viele von uns eine Herausforderung. Brené Brown erklärt in einem kurzen Video das Konzept von Mitgefühl. In dem Zeichentrickfilm sehen wir einen Bären, der sich in das Loch (Depression) eines Fuchses hineinbegibt.[195] Gezeigt wird, dass wir ein Gegenüber brauchen, wenn es uns schlecht geht, wenn wir in einer Krise stecken oder traurig sind. Die Idee, dass wir eine Person brauchen, die sich traut, ganz mit uns in unsere Gefühle hineinzugehen, und die uns gleichzeitig Halt gibt, weil sie nicht von den Gefühlen mitgerissen wird, ist leicht nachvollziehbar.

Aber, was braucht der Fuchs vom Bären, wenn er sich ärgert, sich unzulänglich, unfähig, anders, falsch, wütend, unsicher oder enttäuscht fühlt? Mitgefühl ist passend, wenn es um die Begleitung trauriger oder verletzter Kinder geht. Welche Beantwortung brauchen Wut und Angst?

Herausfordernd sind Kinder, die in der Schule widerspenstig, aufsässig oder provokant sind. Herausfordernd sind in der ambulanten Begleitung Kinder, die nicht sprechen oder bei denen man den Eindruck hat, sie nicht zu erreichen. Herausfordernd sind für WG-BetreuerInnen Kinder, die sich demonstrativ nicht an Regeln halten oder die sich selbst verletzen. Diese Aufzählung könnte man lange fortsetzen. Die Dynamik ist immer wieder ähnlich, nämlich dass Kinder ihre Beziehungsunsicherheiten und ihre Erfahrungen in neuen Beziehungen reinszenieren. Auch der kleine Lukas weiß sich in Szene zu setzen:

Lukas nimmt Maß

Lukas (5) fängt gleich zu Beginn einer Gruppenstunde mit einem anderen Jungen darüber zu streiten an, wer auf welchem Stuhl sitzen darf. Er will auf dem gleichen Stuhl sitzen, auf dem er letztes Mal gesessen ist. Die Pädagogin legt Wert darauf, dass sich die Kinder abwechseln dürfen, und weist Lukas darauf hin, worauf dieser laut wird und herumschreit: »Der Josef darf auch immer bestimmen, wo er sitzen will. Ich will auch bestimmen, wo ich sitze.«

Josef ist der neue Partner seiner Mutter.

Nicht immer liegen die Zusammenhänge so auf der Hand wie in diesem Beispiel, aber wir wissen, dass Kinder (und Erwachsene) immer einen guten Grund für ihr Verhalten haben. Nichtsdestotrotz muss die Pädagogin eine Entscheidung treffen und den Prozess begleiten. Wenn sie sich einen Moment ganz für Lukas nimmt und ihm Worte für seinen Frust gibt, kann sie beobachten, was passieren wird: Vielleicht beruhigt Lukas allein das »Gesehenwerden« und er bietet dem anderen Kind den Stuhl an. Vielleicht braucht er aber auch die Bestätigung, dass er bestimmen kann und es wert ist, dass eine Ausnahme gemacht wird. Viele Varianten wären hier möglich.

Kinder brauchen die Erfahrung, dass es jemanden gibt, der sie in ihrer inneren Zerrissenheit sieht und spürt. Sie brauchen liebevolle Worte für ihre Versuche etwas auszudrücken und jemanden, der ihre Gedanken zumindest ein Stück weit mitdenken kann – ohne zu bewerten, ob sie Sinn machen, logisch sind oder was auch immer.

Kinder brauchen Erwachsene, die den kindlichen Gefühlen Raum geben, sie spiegeln und sie mit ihnen »verdauen« (siehe nächsten Abschnitt). Sie brauchen Erwachsene, die fest auf beiden Beinen stehen und sich nicht vom emotionalen Strom der Kinder mitreißen lassen (Selbstkompetenzen); und die sich weder anstecken noch zu vorschnellen Handlungen verleiten lassen, die das Kind zum Objekt ihres Handelns machen. Auf diese Art und Weise greifen die drei genannten Bereiche der Beziehungskompetenz ineinander.

Das Miteinander im Hier und Jetzt gestalten

Kinder und Jugendliche brauchen Erwachsene, die ihnen immer wieder helfen, das, was sich gerade zeigt, in kleinen Schritten zu verdauen. Dafür ist die Bereitschaft notwendig, beziehungsstiftende Qualitäten in die Beziehung einzubringen: zu gegenseitigen Interaktionen und Austausch einzuladen, Resonanz zu geben, Neugier auf den anderen, seine Sicht und sein Erleben zu haben und sich auf die Wechselseitigkeit einer Beziehung einzulassen, ohne sich davon abhängig zu machen.

Hier geht es um die unmittelbaren Reaktionen. Höre ich zu, um eine Antwort zu geben, oder höre ich zu, um dem Gehörten in mir Raum zu geben? Lade ich zu Reaktionen auf das ein, was ich gesagt habe? Texte ich den anderen mit Erklärungen und Rechtfertigungen zu oder biete ich Erklärungen an? Es sind kleine Unterschiede, die den großen Unterschied ausmachen. Es sind die kleinen, feinen Dinge im Hier und Jetzt, die Beziehungen gedeihen lassen.

Das heilsam Wirkende liegt im Zwischenmenschlichen, im Feinen, Zarten und Abgestimmten.[196] Um diese Tatsache kommen wir trotz des Bedürfnisses nach schnellen und eindeutigen Lösungen nicht herum, weil das Wie das Vermittelnde ist. Das alles geht nur, wenn ich mit mir selbst halbwegs im Reinen bin und nicht mehr Verständnis vom anderen erwarte, als ich selbst geben kann.

Beziehungen sind »one-on-one«

Beziehungen sind direkte Verbindungen zwischen zwei Personen (one-on-one). Auch in einer Gruppe ist die Beziehung zwischen den einzelnen Mitgliedern individuell. Jede Gruppe hat ihre Dynamik, und meine Beziehung zu Lisa ist anders als meine Beziehung zu Peter. Das ist eine Tatsache. Egal ob ich etwas tue oder sage, ob ich Wut oder Betroffenheit zeige, es »landet« nur, wenn ich es an eine bestimmte Person richte. Meine grundsätzliche Freundlichkeit wird erst zur gespürten Freundlichkeit, wenn ich sie in der Interaktion mit einer anderen Person zeige. Wir kennen alle die Erfahrung, dass allgemeine Zurechtweisungen oder Hinweise an eine Gruppe diejenigen verfehlt, die wir eigentlich ansprechen wollen. Wenn wir einem Kind etwas sagen wollen, dann müssen wir ihm auf Augenhöhe sagen, worum es geht. Wir können je nach Anlass entscheiden, ob wir das im Rahmen einer Gruppe oder unter vier Augen machen. Wenn wir jemanden persönlich erreichen wollen, müssen wir diese konkrete Person auch anschauen, ansprechen und zur Reaktion einladen.

Das Wie unseres Tuns und Redens

»Schau mich nicht mit diesem Ton an!« – Dieser Spruch in der Küche einer befreundeten Musikerin hat mich sehr amüsiert. Vielleicht auch, weil er eine tiefe Wahrheit über unsere Art der Kommunikation auf den Punkt bringt. Es geht um den Ton, den Klang, die innere Resonanz, die unserem Schauen, Reden und Tun Bedeutung verleihen, Leichtigkeit, Ernsthaftigkeit, Freundlichkeit usw. Wenn ich über das Wie schreibe, dann meine ich den Ton, die Stimmung und Resonanz, mit der wir unsere Botschaften überbringen. Nicht immer ist uns bewusst, welchen

Druck wir beispielsweise »mitsenden«, wenn wir gestresst sind oder uns angegriffen fühlen. Manchmal unterdrücken wir auch Botschaften bewusst.

»Ihr seid kalt und desinteressiert!«

Ein Jugendlicher macht Jahre später die WG dafür verantwortlich, den Drogentod seines Freundes nicht verhindert zu haben. Er wirft den ErzieherInnen vor, kalt, unberührbar und desinteressiert zu sein. Wie sich herausstellt, hat das Team der WG nach dem tragischen Vorfall sehr viel Wert auf Normalität und Stabilität gelegt. Ihr eigener Schock, ihre Wut auf die Familie, die maßgeblich beteiligt war, und das Anerkennen ihrer eigenen Begrenztheit bekamen nur in Supervisionen und Teamsitzungen Raum. Den Kindern gegenüber zeigten sich die ErzieherInnen stabil, verlässlich und, wie sie im Nachhinein vermuteten, wahrscheinlich zu wenig betroffen.

In diesem Fallbeispiel geht es um das ganz bewusste und pädagogisch argumentierte Heraushalten der eigenen Empfindungen im Umgang mit Kindern und daraus resultierendes inkongruentes Verhalten. Der Jugendliche ist sich zunehmend unsicher, was er wem glauben soll, obwohl die ErzieherInnen ihn sehr bemüht und engagiert begleiten.

Wie ich am Anfang dieses Buchs schon beim Beispiel mit dem Lastenfahrrad (ein älterer Passant beschimpfte die Lenkerin) angedeutet habe, können der Tonfall, die Intention und die Authentizität einen himmelweiten Unterschied machen. Für Kinder mit traumatisierenden Erfahrungen hat dieser Unterschied eine noch größere Tragweite.

»Auf welche Weise Kinder ein Trauma körperlich, emotional oder psychologisch letztendlich überleben, hängt maßgeblich davon ab, ob die Menschen in ihrer Umgebung … ihnen mit Liebe, Unterstützung und Ermutigung beistehen. Feuer kann wärmen oder verzehren, Wasser kann Durst löschen oder ertränken, Wind kann streicheln oder schneiden. Und so ist es auch mit menschlichen Beziehungen.«[197]

Wie gehen wir in Kontakt? Wie setzen wir unsere Grenzen? (Diese Fragen könnten ein anderes Buch füllen …) Das Wie unseres Tuns macht das, was wir tun, erst menschlich und vollständig – oder eben abgeklärt und schwer greifbar. Damit der Inhalt unserer Aussage beim Gegenüber ankommt, muss es spürbar und glaubhaft sein.[198] Es muss authentisch spürbar sein, sowohl für uns selbst als auch für unser Gegenüber. Wir müssen glauben, was wir sagen, und unser Gegenüber muss uns »für voll« nehmen. Unsere Aussage muss vollständig sein – Inhalt und emotionale Bedeutung müssen übereinstimmen.[199]

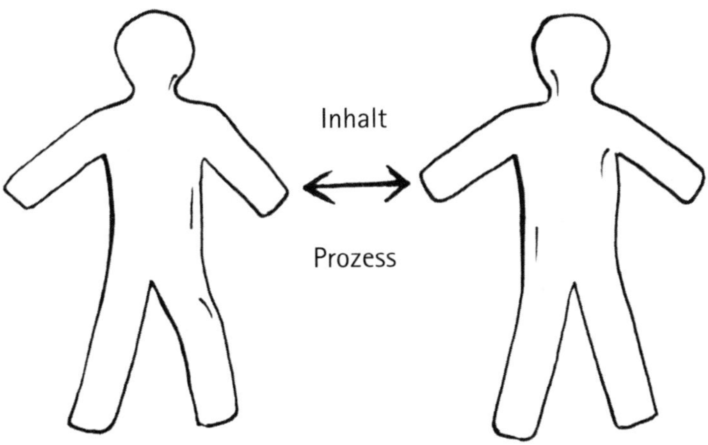

Die Prozessebene bestimmt immer die Inhaltsebene einer Aussage.

Wie laden wir zu Interaktionen ein, die das Selbst des Kindes stärken?

Um das Selbst des Kindes zu erreichen und es in seinem Wert zu stärken, brauchen wir zum einen freundliche, interessierte, einladende, spielerische und ehrliche Qualitäten. Zum anderen müssen wir uns selbst getrennt vom anderen wahrnehmen.

Sinnvollerweise werden gesunde Schutzmechanismen aktiviert, wenn wir anderen Menschen zu nahe kommen. Kinder »machen zu«, drehen den Kopf weg, werden trotzig, lenken ab, greifen an und vieles mehr, je nach Alter und Persönlichkeit. Bei Kindern, die Nähe und Liebe mit Grenzüberschreitungen erlebt haben, ist das Auf-die-eigene-Grenze-Achten eine große Herausforderung, weil sie manchmal sehr widersprüchliche Botschaften senden oder grenzüberschreitend nahekommen.[200]

Auch wenn das Wie unseres Tuns bestimmt, ob und welche Werte beim Kind und Jugendlichen ankommen, ist das keine »Erfolgsgarantie«. Beziehungen und Interaktion sind immer fragil, verletzlich und nicht bestimmbar. Die inneren Schutzmechanismen und Selbstbilder einer Person tragen ebenfalls ihren Teil zur Unsicherheit bei. Trotz dieser Unsicherheit vergeben wir uns viele Möglichkeiten, wenn wir diese Ressource nicht bewusst stärken und nutzen.

Auch wenn ich allein die Prozessebene nicht bestimmen kann, so kann ich sie doch beeinflussen. Das fordert uns umso mehr heraus, je komplexer die Situation ist. Wenn der Druck steigt und wir den Eindruck haben, etwas ändern zu müssen, wollen wir nicht nur beeinflussen, sondern auch bestimmen. Dies ist in menschlichen Beziehungen immer eine Gratwanderung, und wenn wir nicht sorgsam mit dem Selbst des Kindes umgehen, zieht es sich zurück und die unnahbare Fassade bleibt bestehen.

Es gibt viele Situationen, in denen wir Erwachsenen über Rahmenbedingungen entscheiden. Situationen, in denen wir Grenzen haben und diese auch klar machen müssen und dürfen. Wie wir das tun, entscheidet darüber, ob die anderen mit im Boot sind oder nicht.

Kinder kommen problemlos mit Entscheidungen zurecht, wenn sie klar vermittelt werden. Sie fühlen sich aber von Diskrepanzen zwischen dem, was gesagt wird, und dem, wie es transportiert wird, provoziert, verunsichert und häufig genug manipuliert. Selbst wenn es nicht zu einem Machtkampf führt, bleibt die Unsicherheit: »Stimmt mein Gefühl oder stimmt das der anderen – bin ich falsch?«

Als Erwachsene kann ich mir klar werden, welche Verantwortung und Macht ich in der Situation habe und welche Macht ich einsetzen will. Das geht mit einer realistischen Einschätzung einher, was ich bestimmen kann und was nicht. Und das ist manchmal weniger, als wir uns wünschen würden, und weist uns doch auf bisher nicht gedachte Möglichkeiten hin.

Sarah II – Bitch

Sarah, das Mädchen, das sich selbst als dunklen Charakter bezeichnet, wird von ihren LehrerInnen so beschrieben: »Sarah ist sehr auffällig, herausfordernd und häufig aggressiv. Sie wirft mit heftigen Worten wie ›Bitch‹ oder ›Fotze‹ um sich und zeigt sich oft kalt, herablassend und unnahbar. Ihre Wortwahl ist meist hart und trocken.«

Die herablassende Art von Jugendlichen ist beispielsweise für viele Erwachsene eine sehr große Herausforderung. Auch wenn wir etwas von der Geschichte des Kindes wissen und Verständnis dafür haben, dass es nicht so entspannt ist wie andere, trifft uns die Herablassung oft mehr als gehässige Worte. Viele LehrerInnen haben gelernt, diese Worte im Alltag zu überhören. Aber eine Jugendliche, die aggressiv und dann auch noch herablassend ist, ist einfach »zu viel«, wie eine Lehrerin es einmal ausgedrückt hat.

Wenn LehrerInnen über solche Kinder sprechen, kommt meist der Satz: »Ja eh, ich verstehe ja, dass sie es schwer hat, aber man kann doch nicht zulassen, dass ...« Sie wollen sowohl eine Veränderung zum Positiven beim Kind bewirken, als auch, dass ihr Unterricht störungsfrei verläuft. Aber das ist emotional zu viel.

Provokation und Ohnmacht

Auch für Sarahs Lehrerin Nicola war diese Situation oft grenzwertig. Sarahs herablassende Art brachte sie immer wieder richtig aus der Fassung. Nicola ist eine engagierte Lehrerin, macht sich Gedanken und will ihre Schüler ernst nehmen. Sie versuchte Sarah gleich zu behandeln wie alle anderen. Eines Tages antwortete Sarah im Unterricht provokant: »Keine Ahnung, ist mir doch egal, wie das auf Englisch heißt!«

Nicola ließ sich nicht aus der Ruhe bringen und versuchte weiterhin, freundlich und empathisch Sarah in ihren Unterricht zu integrieren. Aber als diese auf die nächste Frage mit »Bitch« antwortete, war es zu viel. Nicola fühlte sich ohnmächtig und wütend und hätte am liebsten alles hingeschmissen.

Sie reagierte, wie die meisten von uns, mit einer knappen pädagogischen Zurechtweisung: »So reden wir nicht in der Schule miteinander.« Darunter waren ihr Ärger und ihre Hilflosigkeit spürbar. Sie hoffte, dass Sarah jetzt nicht noch ausfallender werden würde, und versuchte sie zu ignorieren, während sie sich innerlich sammelte, um den Unterricht weiterzuführen. Jede weitere Reaktion von Sarah hätte, wie sie selbst wusste, zu einer Eskalation führen können.

Was landet bei Sarah von Nicolas Aussage »So reden wir nicht miteinander«? Es ist der Satz, den die Lehrerin in diesem Moment schafft und direkt an Sarah richtet. Manchmal wird so ein Satz noch von einem Schwall an Begründungen ergänzt.

Dass »Bitch« nicht der gewünschten Ausdrucksweise entspricht, weiß Sarah sehr genau. Aber die Aussage der Lehrerin klingt so, als ob sie das nicht wüsste.

Nicolas Ärger und Hilflosigkeit, die in der Zurechtweisung mitschwingen, kommen nicht zum echten Ausdruck. Ihre Aussage steht sozusagen frei schwebend im Raum und geht weder auf Sarahs Grenzüberschreitung noch auf die beteiligten Personen ein. Sarah muss sich davon auch nicht wirklich persönlich angesprochen fühlen. Es ist eine allgemeine Wiederholung einer »No-na-ned«-Aussage und hat weder mit der Lehrerin noch mit Sarah zu tun.

Wahrscheinlich war diese Situation eine von denen, die Sarah im Gespräch mit einer Beratungslehrerin so beschrieben hat: »Es gibt in mir die Zügellose, Kalte, aber ich will gar nicht so unfreundlich sein. Es schießt dann aus mir raus. Das ist das Weiche. Wie eine Kesselenergie, die kein Ventil hat – das Weiche, Verletzliche springt raus und sagt diese unfreundlichen Dinge.«

Das Verletzte konnte Nicola in diesem Moment weder wissen noch sehen, und Sarah konnte in ihrer emotionalen Überforderung und in der Unsicherheit der Klasse diese Information auch gar nicht weitergeben, obwohl sie in entspannteren Momenten sehr selbstreflektiert ist.

Gehen wir nun genau davon aus: Die Lehrerin weiß von der inneren Zerrissenheit Sarahs nichts und kennt sie nur als auffällige, herablassende und gelegentlich aggressive Schülerin. Spielen wir das Szenario anders durch:

Was wäre, wenn die Lehrerin zuerst tief durchatmen, ihre Füße gut am Boden und ihren Ärger und ihre Hilflosigkeit im Bauch spüren und dann Sarah in die Augen schauen würde. Wenn sie ihr mit einem bestimmten, höflichen Ton, der jedoch mit ihrer Wut und Hilflosigkeit verbunden ist, sagen würde:

»Sarah, ich weiß wirklich nicht, warum du mich so anredest, vielleicht hat es mit etwas zu tun, was ich gesagt habe, aber ich glaube, ich will es im Moment gerade nicht wissen. Ich bin wirklich hilflos. Ich weiß nicht, wie ich dir eine gute Lehrerin sein kann. Aber ich weiß, dass ich nicht ›Bitch‹ genannt werden will. Das verletzt mich. Falls du mir etwas sagen willst oder Gedanken dazu hast, freue ich mich, wenn wir in der Pause oder nach der Schule miteinander reden können.«

Diese Botschaft an die Schülerin braucht mehr Zeit, aber sie beeindruckt. Schauen wir uns die einzelnen Elemente genauer an:

Zuerst tief durchatmen, ihre Füße gut am Boden und ihren Ärger und ihre Hilflosigkeit im Bauch spüren.

Wenn Nicola dies macht, verbindet sie sich im Hier und Jetzt mit sich selbst, ihrer gesunden Aggression und ihrer Rolle als Lehrerin. Sie weiß: Ihre Reaktion bestimmt die Qualität der weiteren Interaktion. Auch wenn offen ist, inwiefern es Sarahs weiteres Verhalten beeinflusst, so bestimmt es doch, wie sie selbst präsent ist und sich fühlt.

Sarah in die Augen schauen und ihr mit einem bestimmten, höflichen Ton, der jedoch mit ihrer Wut und Hilflosigkeit verbunden ist, sagen: Sarah …

Nicola schaut Sarah an. Sie nimmt mit ihr als Person Kontakt auf und bleibt freundlich und bestimmt. Sie will sie als Person anreden und ernst nehmen. Wenn sie es schafft, zugleich mit ihrer Wut und Hilflosigkeit verbunden zu sein, wird Sarah Nicolas inneres Beben spüren, ebenso ihre reale Ohnmacht, die sich nicht auf die Gesamtsituation, sondern auf ihre Unsicherheit, wie sie Sarah besser begegnen kann, bezieht. Nicola nimmt sich selbst ernst, wenn sie nicht schaumgebremst antwortet, sondern sehr wohl ihre Wut und Verletztheit spürt.

Ich weiß wirklich nicht, warum du mich so anredest, vielleicht hat es mit etwas zu tun, was ich gesagt habe.

Nicola zeigt, dass sie nicht genau weiß, was Sarah zu dieser Aussage führte, und sie macht gleichzeitig das Feld dafür auf, dass vielleicht ihr eigenes Verhalten ein Auslöser, aber wahrscheinlich nicht der Grund war. Sie stellt keine vorschnellen Interpretationen an und macht Sarah keine Vorwürfe.

Ich glaube, ich will es im Moment gerade nicht wissen.

Nicola zeigt ihre persönliche Grenze auf. Noch deutlicher wäre, wenn sie das »ich glaube« weglassen würde. Es ist eben nicht eine statische und strenge Aussage, sondern eine echte.

Ich bin wirklich hilflos. Ich weiß nicht, wie ich dir eine gute Lehrerin sein kann.

Nicola zeigt ihre Verletzlichkeit und Unsicherheit, ohne in eine Opferrolle zu gehen. Sie benennt ihre aktuelle Realität. Sie will auch für Sarah eine gute Lehrerin sein, kommt dabei aber definitiv an ihre Grenze.

Aber ich weiß, dass ich nicht »Bitch« genannt werden will. Das verletzt mich.

Nicola stellt nochmals ganz klar, was sie verletzt, und nimmt selbst das Wort »Bitch« in den Mund. Sie lässt keinen Zweifel daran, was für sie verletzend ist. Sie zeigt sich als Person.

Falls du mir etwas sagen willst oder Gedanken dazu hast, freue ich mich, wenn wir in der Pause oder nach der Schule miteinander reden können.

Auch hier zeigt die Lehrerin eine Offenheit Sarah gegenüber. Sie beweist, dass sie sehr wohl an deren Kritik oder Gedanken interessiert ist, stellt aber auch unmissverständlich klar, dass sie nicht hier und jetzt darüber reden will. Auf diese Weise übernimmt Nicola auch dreierlei Verantwortung: für sich selbst (wahrscheinlich wäre sie noch zu aufgebracht für ein persönliches Gespräch), für Sarah (weil auch diese einen geschützten Ort braucht, wenn sie sich öffnen will) und für die Klasse (diese erlebt, dass Nicola sie vor einem offenen, vielleicht eskalierenden Streit schützt und nicht an demütigenden Konfrontationen mit SchülerInnen interessiert ist).

Die Klasse erlebt die Reaktion einer kompetenten Lehrerin, die zwar unsicher ist, wie sie Sarah eine gute Lehrerin sein kann, aber nicht unsicher ist, wie sie mit der herausfordernden Situation umgeht. Die SchülerInnen erleben eine Frau, die ihre persönlichen Grenzen hat und sich nicht scheut, diese direkt anzusprechen.[201]

In einem solchen Dialog nimmt die Lehrerin Nicola Einfluss auf ihre Interaktion und Kommunikation, auf ihre Beziehung mit Sarah und der Klasse. Sie nimmt auch Einfluss auf Sarah, weil sie diese direkt konfrontiert, mit ihr auf Augenhöhe geht und sie zur Reaktion und Interaktion einlädt – jedoch ohne zu bestimmen, was Sarah wann wie zu tun hat. Die Lehrerin offenbart ihre eigenen Grenzen, ihre Hilflosigkeit und Verletzlichkeit, kurz gesagt, ihre Menschlichkeit und nimmt Sarah als Person ernst.

Diese qualitativen Feinheiten zwischen Bestimmen und Beeinflussen machen letztlich den großen Unterschied in komplexen und schwierigen Situationen aus – in Situationen, in denen wir als Erwachsene und speziell als Fachleute die Verantwortung für die Beziehungen tragen, weil sie asymmetrischer Natur sind.

Stress und Regulation

Warum ist der Umgang mit Stress für unser Thema relevant? Unsere biologischen Regulationsfähigkeiten ermöglichen, dass wir flexibel und reaktionsfähig mit Stress, Druck und Erregung umgehen können. Dadurch beeinflussen sie, wie gut wir mit uns selbst in Kontakt sind.

Die körperlichen Stress- und Regulationsmechanismen spielen eine wichtige Rolle, wenn wir mit Kindern und Jugendlichen zu tun haben, die sehr starkem Bindungsstress, sozialem Stress und/oder Leistungsdruck ausgesetzt waren oder sind.

Samuel regt auf
Die Eltern von Samuel (5) kommen in die Beratung, weil er ähnlich wie Niklas ein Kind ist, das häufig aufgebracht und aggressiv reagiert. Er gerät regelrecht außer sich, wenn vor allem sein Vater ihn auch nur um kleinste Kleinigkeiten bittet.

Als ich im Lauf des Gesprächs eher nebenbei den Vater frage, wie er sich denn beruhige, wenn Samuel so aufgebracht ist, wird er sehr ruhig und nachdenklich. Er erklärt, dass er sich nur schwer beruhigen könne, eigentlich oft nicht wisse, wie. Und selbst wenn er sich äußerlich ruhig gebe, sei er innerlich noch aufgebracht und erregt.

Dem Vater fällt es wie Schuppen von den Augen, dass sein Sohn genauso emotional überfordert ist wie er und sich selbst nicht beruhigen kann. Es ging darum, dass der Vater weder den Sohn noch sich selbst beruhigen konnte. Hier galt es anzusetzen.

Ich merkte schon früh in meiner Begleitung von Eltern, dass die Frage »Wie beruhigen Sie sich denn?« oft eine Wende in das Gespräch brachte. Ich verstand aber lange nicht wirklich im Detail, warum der Blick auf die eigene Selbstberuhigung eine solche Tragweite hatte.

Der Kinderpsychiater Bruce Perry war einer der Ersten, der mich anregte, mir darüber Gedanken zu machen. »Wenn wir verstehen wollen, wie Kinder gesunden, müssen wir verstehen, wie sie zu lieben lernen, wie sie mit Herausforderungen umgehen, wie sie durch Stress beeinflusst werden.«[202] Das Ganze ist ein sehr komplexes Thema, das ich hier nur mit diesem spezifischen Blickwinkel anreiße.

Stress in der Kindheit hat verheerende Auswirkungen. Vincent Felitti und seine Kollegen[203] konnten zeigen, dass es einen engen Zusammenhang zwischen widrigen Bedingungen in der Kindheit (beispielsweise erlebte und/oder beobachtete Gewalt, seelischer, körperlicher und/oder sexueller Missbrauch, psychisch kranke Eltern und Ähnliches) und Krankheiten, gesundheitlichem Risikoverhalten und auch Todesursachen gibt.

Diese Stressfaktoren machen langfristig krank und schränken die eigenen Möglichkeiten, flexibel und angemessen zu reagieren, ein. Und auch ungelöste »normale« Ereignisse wie Verluste, Scheidung oder emotional heftige Erlebnisse können langfris-tig beeinträchtigend wirken.[204] Die Auswirkungen erklären sich daraus, dass unser Immunsystem aufgrund von Stress schneller altert.

Hinzukommt, dass das biologische Stressregulationssystem von Kindern auf den Schutz von Erwachsenen angewiesen ist. Erst mit der Pubertät greift das volle Programm, damit sich junge Erwachsene selbst vor Gefahren und Bedrohungen schützen können. Bei Kindern, die vorzeitigem, zu starkem Stress ausgesetzt sind, schaden hohe Werte des Stresshormons Cortisol nachhaltig.[205]

Aus neurobiologischer Sicht ist es verständlich, dass Menschen beispielsweise zu Alkohol und Drogen greifen, um ihre innere Erregung zu besänftigen (und das tut es in einem gewissen Sinn auch). Es hat auch einen Sinn, wenn Kinder und Jugendliche ihre Erregung ausagieren, aggressiv, ängstlich, depressiv oder auch wie autistisch reagieren, wenn sie emotional in einen Zustand der Überforderung geraten, den sie allein nicht regulieren können. Diese Substanzen und Verhaltensweisen wirken direkt auf das autonome Nervensystem und bieten eine vordergründige und kurzfristige Entlastung.

Die Polyvagal-Theorie[206] erklärt, warum unser Verhalten, aber auch unser Denken und Fühlen durch einen Erregungszustand begrenzt werden. Wenn ein Kind beispielsweise gedemütigt wird, trifft diese Kränkung auf sein Erregungssystem. Je nachdem, wie angespannt es ist und welche Vorerfahrungen das Kind hat, steigt sein Erregungszustand schnell oder langsam. Und je nachdem wird das Kind, um sich zu regulieren, »Du blöde Kuh« sagen, sich wegdrehen oder in einen Kampfmodus gehen und vielleicht sogar treten, hauen oder noch ausfallender reagieren.

Die gleiche Situation kann bei einem anderen Kind eine gänzlich andere Reaktion hervorrufen. Was nicht funktioniert, ist, dass wir bei einem psychischen oder physischen Angriff gelassen, freundlich und offen bleiben. Gott sei Dank nicht, denn dann wären wir schutzlos unserer Umwelt ausgeliefert. Auch wenn wir bedeutend mehr und flexiblere Handlungs-, Denk- und Fühlmöglichkeiten haben, wenn wir entspannt sind.

Drei Erregungszustände

Die Polyvagal-Theorie beschreibt drei verschiedene Erregungszustände unseres autonomen Nervensystems:

- den entspannten Modus, in dem wir für soziale Begegnungen offen und neugierig sind und mitfühlend auf unsere Umgebung reagieren können.
- den aktivierten Zustand, der uns im Fall einer Bedrohung entweder kämpfen oder fliehen lässt. Kämpfen heißt, wir bewegen uns zur Bedrohung hin – sind frustriert, irritiert, verärgert, bis wir wirklich wütend werden. Fliehen heißt, dass wir uns von der Bedrohung eher wegbewegen. Das kann sich in Form von Sorge, Angst, Furcht bis hin zur Panik zeigen.
- Im dritten Modus sind wir nach außen hin wieder ruhig, es handelt sich aber eigentlich um Überwältigung und Erstarrung. Wir erleben uns hilflos, ausgeliefert und hoffnungslos. Dieser Zustand kann bis hin zu Taubheit und Dissoziation, von der wir schon gesprochen haben, gehen.

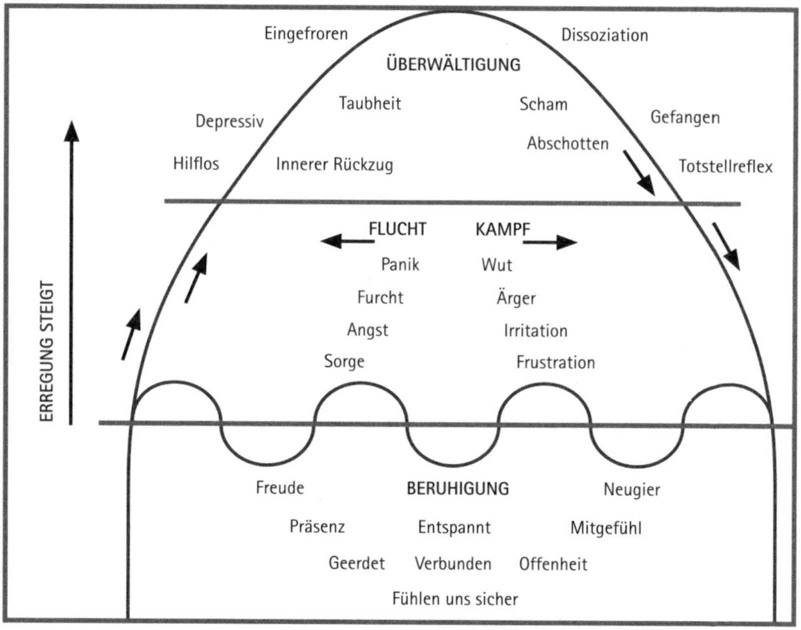

Die Erregungszustände nach dem polyvagalen System von Porges.

Wenn wir uns selbst regulieren können, pendeln wir, wie die untere Wellenlinie auf der Grafik zeigt. Es ist ein rhythmisches Abwechseln zwischen Anspannung, Herausforderungen meistern und wieder in die Entspannung zurückkehren. Egal ob beim Sport, nach einem Streit oder Test – unser System braucht die Gegenbewegung der Entspannung und des Loslassens, um uns zu regulieren.

Das Gegenteil dieser gesunden Regulierungsfähigkeit ist, wenn wir aufgrund von starkem Stress oder gefühlter Bedrohung in einen überwältigten Zustand gelangen. Wir sind dann weder mit uns selbst verbunden, noch können wir in Kontakt mit unserer Umwelt treten. Wir hören menschliche Stimmen schlechter, können keinen Augenkontakt aufnehmen, und auch unsere Immunabwehr ist niedrig.[207]

Kommt dir das bekannt vor? Natürlich kennen wir alle Kinder, die so beschäftigt und konzentriert sind, dass sie nichts hören oder sehen; wir kennen auch Kinder, die gelernt haben, wegzuhören, weil Erwachsene für sie zu viel oder zu wenig Wesentliches reden – auch eine Art Schutz; aber vor allem im Umgang mit Kindern, die traumatisierende Erfahrungen gemacht haben, erleben wir, dass ein Satz, ein Blick oder etwas anderes sie in einen Stressmodus bringt. Dieser begrenzt sowohl ihre Fähigkeiten, unsere Angebote aufzunehmen, als auch flexibel und angepasst zu reagieren. Sie frieren regelrecht ein oder schalten ab.[208]

Der Moment des Erstarrens ist uns im Romanausschnitt bei Andreas Séché schon begegnet. »... *›Dafür braucht man manchmal ein Hilfsmittel. Hier ist es‹, sagte Arif und hielt dem Jungen die geballte Faust unter die Nase. Als er Selims bestürztes Gesicht sah und darin Erlebnisse erblickte, die unreifer waren als der Junge selbst, zog er die Faust hastig wieder zurück.*«[209]

Die Polyvagal-Theorie versteht klinische Störungen als körperliche Probleme der neuronalen Regulation von Schaltkreisen. Darin unterscheidet sie sich von Lernmodellen, die annehmen, atypisches Verhalten sei erlernt und könne durch Erlernen neuer Verhaltensweisen verändert werden.[210]

Stephen Porges führt aus, dass man annehmen kann, »dass viele klinische Störungen Menschen betreffen, denen es schwerfällt, im Beisein anderer ihren Zustand zu regulieren, und die deshalb die Regulation mithilfe von Objekten vorziehen. Ob wir diese Menschen als autistisch bezeichnen oder als Menschen mit sozialen Ängsten, ist im Grunde unwichtig.«[211]

Eindeutig ist, dass offene Interaktionen für die Betroffenen aufgrund ihrer neuronalen Erregung unmöglich sind. »Sie fühlen sich nur selten in Gegenwart anderer sicher ... Soziales Verhalten ist für diese Menschen nichts Unterstützendes, sondern etwas Störendes.«[212]

Wie beruhigen wir uns?

Weißt du, wie du dich beruhigst, wenn du erregt, wütend oder verletzt bist? Das sind die Momente, in denen sich dein Umgang mit dir selbst zeigt, also dein Selbstwertgefühl. Kannst du dir selbst ein guter Freund sein, der den Arm um die Schulter legt und sagt: »Sch…, das tut weh! Das war echt nicht in Ordnung und du musst dich schützen« oder »Wow, da bist du aber ziemlich über das Ziel hinausgeschossen, das hat dich wohl mehr getroffen, als du geglaubt hast. Da wirst du etwas ins Reine bringen müssen, aber jetzt erzähl' mir mal, was denn eigentlich passiert ist …« und dir gleichzeitig vermittelt, er mag dich auch in diesem aufgebrachten Zustand?

Wie schauen deine inneren Dialoge aus? Kannst du dich liebevoll selbst in den Arm nehmen, auch wenn du gerade mit schwierigen Gefühlen zu kämpfen hast?

Wie oft hören wir doch Erwachsene sagen: »Jetzt beruhig' dich wieder mal«, »Jetzt krieg' dich wieder ein!« oder »Wer wird denn schon weinen!« und dann »Wenn du nicht sofort aufhörst, dann …« oder »Jetzt mach' nicht so ein Theater!« Solche Floskeln sind mir zuletzt im Kaffeehaus oder beim Einkaufen unzählige Male zu Ohren gekommen. Diese Sätze werden zu inneren Annahmen, die Kindern vermitteln, dass sie ihre Erregung willentlich kontrollieren können sollten, als ob sie einen Schalter umlegen könnten. Und sie gehen von der Annahme aus, dass »Gefühle regulieren« gleichzusetzen ist mit »Gefühle unterdrücken«.

Die Time-out-Technik, die in der Pädagogik ein Revival erlebt, geht davon aus, dass Kinder, die erregt sind oder unerwünschtes Verhalten zeigen, isoliert werden müssen, um sich zu beruhigen, weil sie mit ihrem Verhalten manipulieren wollen und durch die Reaktionen anderer in ihrem Verhalten bestärkt werden.

Durch die Isolierung will man erreichen, dass der Reiz in der Reaktionskette wegfällt und dadurch Beruhigung eintritt – was auch häufig der Fall ist. Dem Akt der inneren Beruhigung an sich wird dabei allerdings keine Beachtung geschenkt. Ähnlich wie im Fallbeispiel des fünfjährigen, schnell aufgebrachten Samuel wird hier ein äußeres Ruhig-gestellt-Werden mit echter Beruhigung verwechselt. Die betroffenen Kinder kommen nicht neuronal entspannt, offen und flexibel, also innerlich beruhigt aus dieser Erfahrung. Sie kommen nicht in den »grünen Bereich« und daher lässt eine neuerliche Eskalation meist nicht lange auf sich warten.

Die Isolierung an sich ist eine starke Bedrohung für das autonome Nervensystem eines Kindes. »Fehlende Zugehörigkeit zu einer Gruppe und Zurückweisung durch andere Menschen sind die stärksten ... Aggressionsauslöser.«[213] Das liegt daran, dass unser Gehirn körperlichen und psychischen Schmerz sehr ähnlich wahrnimmt. Aggression ist die natürliche Schutzreaktion des Menschen auf solche Angriffe und Schmerzreize. Wir können daher annehmen, dass die Methode deswegen funktioniert, weil das Nervensystem des Kindes sehr schnell in einen hilflosen und überforderten Modus gerät. Dieser ist das Gegenteil eines sozialen und offenen, entspannten Modus, den wir eigentlich anstreben sollten.

Der Gegenspieler zum Stresssystem ist das Bindungssystem[214]

Die Beruhigung von Erwachsenen und Kindern tritt in erster Linie durch Co-Regulation ein. Menschen beruhigen sich, wenn sie sich sicher fühlen, sich angenommen wissen, wenn Gefühle ausgedrückt werden können. Kinder brauchen, um das zu lernen, ein Gegenüber, das dem Ausdruck ihrer Gefühle einen sicheren emotionalen Raum gibt. Das heißt, einen Raum in sich, damit das Kind sich »gefühlt«, also wahrgenommen fühlt und die Gefühle gemeinsam verdaut werden können.

Erst im Grundschulalter entwickelt sich nach und nach die Fähigkeit, sich selbst bei angemessenem Stress zu regulieren. Das setzt voraus, dass das Kind Beruhigung durch Co-Regulation bereits erfahren hat. Selbst wenn der Stress nicht überfordernd ist, muss das Kind schon einen flexiblen und sicheren Umgang mit seinen Gefühlen entwickelt haben, damit es sich selbst wirklich regulieren kann.

Wir alle haben mindestens 27 Monate Regulation (Schwangerschaft, dann bis zum Alter von ca. 18 Monaten, wo langsam die linke Gehirnhälfte »online« geht) ausschließlich durch unseren Körper, ohne Sprache, emotional[215] und anhand einer anderen Person erlebt. Das ist das Wesen von Beruhigung.

Lässt man ein Baby schreien und es hört dann irgendwann auf, hat es sich nicht beruhigt. Diese vermeintliche Beruhigung ist immer mit einem Shutdown verbunden, also einer neuronalen Überwältigung, was man auch an den Cortisolwerten messen kann. Es ist ein angeborener Schutz gegen Überforderung und auch ein realer Schutz vor Gefahren. Wenn kein Erwachsener in der Nähe ist, ist es für einen Säugling lebensbedrohlich, da das Schreien, das nicht innerhalb einer gewissen Zeit beantwortet wird, nur auf das hilflose Wesen aufmerksam macht. Das bedeutet in der Tierwelt meistens, gefressen zu werden.

Für die Selbststärkung sind folgende vier Aspekte der Regulation besonders bedeutsam: das Zulassen von Gefühlen, die Resonanz von Angesicht zu Angesicht, Sicherheit sowie ein Gegenüber, das mit sich selbst verbunden ist.

Beruhigung braucht Zulassen der Gefühle

Das bewusste Zulassen von Gefühlen in einem gehaltenen Raum (Containing) ermöglicht, dass sie sich regulieren. Wenn unsere Gefühle ihren Höhepunkt erreichen – nicht im Sinn der Überforderung, sondern im Sinn der Anerkennung und des Fühlens im Hier und Jetzt –, regulieren sie sich von selbst wieder.

Durch die Erfahrung des emotionalen Gehaltenwerdens, der Mit-Verdauung und des Rhythmus erlernen wir einen inneren Umgang mit schwierigen Gefühlen. Wir lernen, sie zu durch neuronale emotionale Resonanz zu regulieren und zu beruhigen.

Grundsätzlich folgen emotionale Bewegungen inneren Pendelbewegungen. Bei trauernden Kindern zeigt sich das deutlich. Sie können bitterlich weinen, um dann kurze Zeit darauf entspannt zu spielen.[216] Wenn Gefühle Raum und Halt bekommen, haben sie eine natürliche Dynamik von Anschwellen und Abebben.

Beruhigung findet »face to face« statt

Kinder brauchen ein ruhiges Gegenüber, das ihnen hilft, sich zu regulieren. Da der beruhigende Teil unseres Nervensystems mit unserem Gesicht verbunden ist, macht es einen großen Unterschied, wenn wir jemanden in die Augen schauen können, also ein reales Gegenüber haben. Aus neuronaler Sicht müssen die neuronalen Schaltkreise im persönlichen Austausch trainiert werden.

Kinder entwickeln erst durch echte Interaktionen die Resilienz, die sie für die Regulation brauchen. »Bei einem Treffen mit einem wirklichen Menschen im echten Leben verarbeitet das Gehirn elf Millionen Bits pro Sekunde und schüttet das Bindungshormon Oxytocin aus, bei einer Chatnachricht sind [es hingegen] nur 40 Bits pro Sekunde.«[217] Stephen Porges vergleicht dieses gemeinsame Erleben mit einem Kombinationsschloss: Wenn es sich an der richtigen Stelle befindet, öffnet sich das Schloss – und wir finden zueinander. Diese Öffnung kann aber nur dann stattfinden, wenn auch Sicherheit geben ist.[218]

Beruhigung braucht Sicherheit

Unser Sicherheitserleben ist an unser »Reptiliengehirn« gekoppelt, also an unser unbewusstes Gespür für Gefahren, Bedrohung und Sicherheit. Diese empfundene Sicherheit ist die Voraussetzung für soziales Verhalten und für die Nutzung unserer kreativen und produktiven Gehirnstrukturen. »Adäquate soziale Interaktionen [nutzen] die gleichen neuronalen Verbindungen, die auch Gesundheit, Entwicklung und Genesung fördern. Bringt man einen kranken Menschen in eine Umgebung, in der er sich nicht sicher fühlt, schadet man ihm damit, statt ihm zu helfen.«[219]

Damit wir uns bei einer Person sicher fühlen, muss diese Person in sich ruhen. Wenn wir in Sicherheit sind und selbst bestimmen können, ob und wie uns eine andere Person berührt (psychisch oder physisch), richten wir mithilfe der Berührung automatisch unsere Aufmerksamkeit nach innen.[220] Das ist eine Grunddynamik vieler Unterstützungsangebote.

Beruhigung braucht Selbstanbindung

Der Psychologe und Körperpsychotherapeut Thomas Harms, der diesen Begriff geprägt hat, vergleicht die Wirkung der »Selbstanbindung« mit dem Leuchten eines Leuchtturms. Ein Erwachsener, der nicht mit sich selbst verbunden ist, kann weder beruhigend, ermutigend noch inspirierend wirken. Er macht eigentlich Angst. Er ist wie ein Leuchtturm im Sturm: Man weiß, dass er da ist, aber er leuchtet nicht.[221]

Ich selbst erlebe immer wieder die Faszination, wie sich die Interaktion im Raum verändert, wenn ich tief durchatme, meine Füße spüre und wahrnehme, was ich gerade fühle und aus dieser Verankerung heraus manchmal nur ein Wort sage. Oder auch jemandem in die Augen sehe, egal ob das im Einzelsetting oder mit einer Gruppe ist.

Selbstanbindung, die Fähigkeit, seine Aufmerksamkeit nach innen zu richten und sich auf einer körperlichen Ebene mit sich selbst zu verbinden, ist eine wichtige Voraussetzung zur tiefen Selbstberuhigung. Konträr zu unserer Erwartung wirkt der Abzug der Fokussierung auf den anderen (bei gleichzeitiger innerer Verbundenheit mit ihm) sehr beruhigend. Thomas Harms erklärt diese Mechanismen eindrücklich anhand seiner Arbeit und Untersuchungen mit Schreibabys.[222] Dieses Prinzip funktioniert bei Menschen aller Altersgruppen und bei anderen Formen der Erregung.

Tools von A–Z

»Der einzige Mensch, der sich vernünftig benimmt, ist mein Schneider. Er nimmt jedes Mal neu Maß, wenn er mich trifft, während alle anderen immer die alten Maßstäbe anlegen in der Meinung, sie passten auch heute noch.«

George Bernard Shaw

Wir müssen immer aufs Neue Maßstäbe anlegen, überlegen, hinspüren und herausfinden, wie wir Kinder individuell in ihrem Selbst am besten unterstützen können. Die folgenden Bausteine menschlicher Interaktionen sind nicht universell einsetzbare Werkzeuge. Es sind feine, zarte, abstimmbare Tools, die erst im Zusammenspiel mit deiner Person ihre Wirkung entfalten. Die Anlagen dafür trägst du in dir. Du musst sie nur zur Entfaltung bringen.

Alle Tools wurden im Buch schon erwähnt und kommen auch in den Fallbeispielen vor. Mithilfe der Kurzbeschreibung (alphabetisch) kannst du sie leicht nachschlagen, wenn du wieder mal in einer schwierigen Situation steckst und nicht weißt, wie du das Kind oder den Jugendlichen rund um dich »erreichen« kannst.

Die Tools ermöglichen neue Erfahrungen: Neue Erfahrungen sind das Medium, das Veränderungen im Gehirn bewirkt. Kinder und Jugendliche, die sich selbst nicht mögen, brauchen Erfahrungen, die ihre Zugehörigkeit stärken, die ihnen die notwendige Anerkennung geben und empathisch und liebevoll sind, auch wenn es die Kinder mit sich selbst (noch) nicht sind.

Hier noch ein paar Hinweise zur Nutzung der Tools:

a) Sprache ist immer individuell und situationsbezogen, und der Ton macht die Musik (was schwer zu Papier zu bringen ist). Du musst also selbst nachspüren, welcher Ton dein Anliegen passend transportiert.
b) Die angeführten Tools bedingen und verstärken sich gegenseitig und können nicht unabhängig eingesetzt werden. Ganz einzeln wirken sie einfach nicht.

c) Die Tools müssen immer an das Kind und seine aktuelle emotionale und kognitive Reife angepasst werden.
d) Alle Tools brauchen ein hohes Maß an Achtsamkeit und Bewusstheit. Achtsamkeit allein ist kein Tool der Beziehungsgestaltung, sondern eine Voraussetzung. Ein hilfreicher Ansatz zur Achtsamkeitsnutzung im pädagogischen Kontext findet sich im Buch »Hellwach und ganz bei sich« von Helle Jensen.

ANERKENNUNG
Anerkennung ist nicht Lob oder Bestätigung. Jemanden anerkennen heißt, ihn in seiner Ganzheit wahrnehmen und wertschätzen. Wenn ich jemanden anerkenne, gebe ich ihm Wert. Das kann mit seinen Kompetenzen zu tun haben, aber auch unabhängig davon sein. Anerkennung in diesem Sinn ist ein Fließen zwischen zwei Personen. Ein »Ich sehe dich« und ein »Ich werde gesehen«, die sich ergänzen und das mit allen Sinnen vermittelt wird. Es ist eine Ganzkörper-Kommunikation.[223]

AUGENKONTAKT
Jemandem in die Augen sehen, ist möglich, wenn wir entspannt sind und uns für den anderen öffnen wollen. Wenn wir uns schämen, schauen wir weg. Bei Kindern macht es viel mehr Sinn, Augenkontakt anzubieten, statt einzufordern. Unser offener Blick geht mit Klarheit, mit einem Über- und Durchblick, mit Weitblick und Einsicht einher. Es schadet nie, genauer hinzusehen und die Augen auch im übertragenen Sinn zu öffnen.

AUTHENTIZITÄT
... ist die Fähigkeit, in Übereinstimmung mit unserem inneren Kern zu handeln, mit unserer Integrität und Würde und den uns wichtigen Werten. Authentische Sprache bringt mein inneres Denken, Fühlen, Wollen und Sein zum Ausdruck und fühlt sich in mir stimmig an.

BEANTWORTEN

Ich finde die Idee des »Beantwortens« ziemlich inspirierend. Eine präzise Antwort braucht eine genaue Frage. Wenn wir ernst nehmen, was wir sehen, und dem nachspüren, was auf der menschlichen Ebene wirklich die Frage, das Problem oder die Herausforderungen sind, finden wir stimmigere Antworten. Dann machen wir nicht mehr »irgendwas«, damit etwas getan wird. Wir suchen gemeinsam mit dem Kind und dem, was wir über das Kind wissen, Antworten, die unterstützen und den kleinen oder großen Menschen vor uns auch ernst nehmen.

BENENNEN

Stimmige Worte zu finden, ist eines der wirkmächtigsten Tools in dieser Liste. Benennen geht eng mit der Fähigkeit einher, die Realität im aktuellen Moment zu erfassen und emotional richtige Worte dafür zu finden. Wenn die Worte zum eigenen Erleben passen, spüren wir eine tiefe innere Stimmigkeit, die meist entweder zu einer inneren Ruhe oder zu einer Berührtheit führt. Das können Worte sein, die wir selbst finden oder die uns von jemand anderem angeboten werden. Sie bewirken ein Landen im Moment, von dem aus dann neue Schritte möglich sind.

BERÜHRUNG

Emotionale und körperliche Berührung ist notwendig und notwendend. Nicht die Frage, ob, sondern wie wir (auch psychisch) berühren, sollte stärker im Fokus unserer Überlegungen stehen. Körperliche Berührung ist in vielen Institutionen in der Zwischenzeit ein Tabu, obwohl wir alle wissen, dass dieser Mangel an »guten« Berührungen dazu führen kann, dass Kinder aus der Bedürftigkeit heraus unangebrachte Nähe und Körperlichkeit suchen. Sowohl körperliche als auch emotionale Berührung kann Halt, Sicherheit und Geborgenheit vermitteln, wie es Worte nie können.

CO-REGULATION
... ist die Fähigkeit, ein Kind durch die eigene Regulierung mitzuregulieren. Sie hängt eng mit der körperlichen Selbstanbindung zusammen. Das Nervensystem des Kindes erlernt Selbstregulation, »indem es zum reiferen und besser regulierten Nervensystem eines anderen Menschen in Beziehung tritt«.[224] Co-Regulation ist nur möglich, wenn die vom Erwachsenen ausgehenden Signale Sicherheit und Vertrauen vermitteln.

CONTAINING
... ist das Fachwort für das emotionale Halten des Kindes. Das Kind braucht eine Person, die in sich ruht, einen inneren Raum zur Verfügung stellen und in weiterer Folge die erlebten Gefühle mit dem Kind nach und nach verdauen kann. Wesentlich ist, ob sich das Kind »gefühlt« fühlt und »gesehen« sieht. Das Benennen und Finden stimmiger Worte wirken eng mit der Fähigkeit des Containing zusammen.[225]

FEHLERFREUNDLICHKEIT
... ist die freundliche Gelassenheit rund um die Tatsache, dass jeder seine eigenen Fehler machen muss.[226] Fehler sind nicht per se das Problem, sondern Teil eines Ganzen, auch wenn sie schmerzen, verletzen und die Notwendigkeit der Anpassung deutlich machen. Mit jemandem in Beziehung treten, ist immer ein spontaner, unvorhersehbarer Prozess. Es gibt dabei oft eine »hohe Fehlerquote« an Entgleisungen, Missverständnissen und Unbestimmtheiten – sie alle verlangen schließlich Reparaturprozesse.[227]

FLEXIBILITÄT
Gesunde Organismen zeichnen sich durch Flexibilität und Anpassungsfähigkeit aus. Sie können mit Fehlern und der notwendigen Schlampigkeit der Findungsprozesse im Zwischenmenschlichen umgehen. Fehlende Flexibilität kann nicht durch Rigidität, Grenzsetzungen oder Strenge kompensiert werden,

kann aber durch die Stärkung der inneren Sicherheit und inneren Stabilität entwickelt werden.

FÜHRUNG

Kinder brauchen eine proaktive, empathische, flexible und fürsorgliche Führung.[228] Eine Führung, die auf Dialogen und Austausch aufbaut und den Mut hat, Entscheidungen zu treffen. Führung sieht den Einzelnen und gleichzeitig das Ganze. Führung nimmt sich selbst nicht zu wichtig und setzt sich für das Wohl der Anvertrauten bzw. Schützlinge ein. Echte Führung braucht kein Rampenlicht.

GETEILTE AUFMERKSAMKEIT

Als Fachleute brauchen wir die Fähigkeit, unsere Aufmerksamkeit zu teilen und trotzdem voll fokussiert zu bleiben. Die geteilte Aufmerksamkeit ist die Fähigkeit, im Moment sowohl meine eigene innere Befindlichkeit als auch die meines Gegenübers wahrzunehmen. Es bedeutet auch, dass wir mindestens die Hälfte unserer Wahrnehmung bei uns selbst haben, damit wir nicht innerlich die Balance verlieren. Wenn wir ausschließlich beim anderen sind, verlieren wir uns selbst.

INNENORIENTIERUNG

Das Selbst ist im Inneren des Menschen zu finden. Wenn wir das Selbstgefühl, den Zugang zum inneren Kern und damit das Gefühl von Wert steigern wollen, dann müssen wir unsere Aufmerksamkeit immer wieder nach innen richten. Das heißt, beim Kind nachfragen: »Wie siehst du das?«, und das dann als eine Möglichkeit stehen lassen (ohne Überreden oder Verändern); die eigenen Beobachtungen zur Verfügung stellen: »Ich sehe/erlebe dich ... – stimmt das?« oder »Das ... macht dir Spaß, sehe ich.« Da wir aber nie die Innensicht einnehmen können, muss alles mit Offenheit und Nachhaken in der Wechselseitigkeit stehen bleiben können.

KONTAKT

... ist der Moment, wo der Funke rüberspringt. Kontakt entsteht immer im Hier und Jetzt. Es ist der Moment des geteilten gemeinsamen Erlebens. Das geht nur mit voller Präsenz. Kontakt können wir nicht bestimmen, aber wir können dafür offen und bereit sein. Augenblicke des Kontakts sind die wesentlichen Bausteine unserer Beziehungen.

KONTUR

Ich fasse darunter die Notwendigkeit zusammen, dass Kinder unsere Kontur, unsere innere Klarheit, unsere persönlichen Grenzen und uns als Personen zu greifen bekommen. Diese Kontur gibt ihnen im Zusammenspiel mit uns Orientierung und Halt. Sie können dann mit uns ringen, streiten und werden mit der Realität eines Gegenübers, das auch verletzlich und sensibel ist, konfrontiert. Diese Kontur muss sich deutlich abheben. Wir brauchen auch die klare Abgrenzung für uns selbst, müssen immer wieder unser Leben und Wohlbefinden klar von dem anderer abgrenzen, um nicht emotional mit ihnen zu verschmelzen.

MENTALISIEREN

... ist die Fähigkeit, sich in die gedankliche und emotionale Welt eines anderen hineinversetzen zu können. Anhand dessen kann man für sich selbst, für den anderen und für die Gemeinschaft »mitdenken«.

MITGEFÜHL

... ist unsere bewusste Fähigkeit, empathisch mitzuschwingen und wertschätzend zu reagieren. Reine Empathie lässt die Trauer eines anderen zu Trauer in mir selbst werden. Mitgefühl hingegen lässt die Trauer im anderen zu Trost in mir werden; lässt Verzweiflung im anderen zu Halt in mir werden. Mitgefühl mit der Angst des anderen lässt mich ihm Sicherheit, Geborgenheit und Zugehörigkeit geben und vieles Ähnliche mehr.

MUT

Wir brauchen viel Mut! Mut, zu sagen, was wir denken. Mut, mit dem anderen Schwieriges anzugehen, und Mut zu schweigen. Mut bedeutet immer, sich ein Stück weit ins Ungewisse hinauszulehnen. (Wenn alles eindeutig und klar ist, brauchen wir keinen Mut.) Ohne Mut kommen wir nicht zu neuen Erfahrungen. Wir müssen mutig sein, um individuelle und passende Lösungen zu finden. Mutig sein, um die Sicherheit und Bequemlichkeit von Floskeln wie »Das macht man so« oder »Ich kann da nichts machen« hinter uns zu lassen.

NEUGIER

Neugier ist verpönt, weil sie oft mit manipulativem und ausnutzendem Verhalten einhergeht. Wenn wir ernsthaft an etwas interessiert sind, sind wir neugierig. Wir suchen, tasten ab, spüren nach, suchen Zusammenhänge und feine Facetten. Ob wir das Entdeckte dann missbrauchen oder als gemeinsame Erkenntnis wirken lassen, liegt an uns. Ehrliche, freundliche und vorsichtige Neugier öffnet Türen und ermöglicht gemeinsame Einblicke, die dem Kind sonst verwehrt bleiben. Neugier ist ein wichtiger Aspekt der keimenden Selbstreflexion.

PAUSE

Pause machen ist etwas anderes als »Tempo raus«. Es bedeutet, im unmittelbaren Moment einfach mal innehalten, nachspüren, Luft holen. Pausen geben unseren Interaktionen erst den notwendigen lebendigen Rhythmus. Uns selbst und unserem Gegenüber Pausen zu erlauben, erweitert unser aller Blick und Erleben. Wie bei vielen guten Musikstücken, passiert das Wesentliche in den Pausen. Dinge können besser landen – sei es ein Blick, ein Satz oder ein Gedanke.

REALITÄT ERNST NEHMEN

Die Realität ist komplex und oft hart. Das Kontrollbedürfnis und der Ruf nach Sicherheit sind dann der Versuch, »der eigenen Ohnmacht und Hilflosigkeit in einer schwierigen Situation nicht ansichtig zu werden«.[229] Wir wollen selbst der Realität nicht ins Auge sehen und sowohl uns als auch die Kinder davor schützen. Auch wenn die Realität manchmal unbarmherzig ist, hat sie oft doch etwas Befreiendes. Sie ist der sicherste Boden, auf dem wir stehen können. Kinder brauchen Menschen, die ihre Welt nicht schönreden, sondern mit ihnen an die herausfordernden Stellen ihrer eigenen Realität gehen.

SEHEN UND HÖREN

Durch Anschauen, Gesehen-Werden und Zuhören treten wir miteinander in Beziehung, und die Reaktionen sind körperlich messbar. »Die angeschaute Person [spürt], ob der Anschauende ihr offen und interessiert begegnet oder nicht an ihr interessiert ist.«[230] Wir spüren genauso, ob eine Person wirklich zuhört oder bereits an eine Antwort denkt. Das offene Sehen des anderen und das Zuhören, ohne Antworten zu überlegen, sind grundlegende Bausteine, mit denen all die verschiedenen Tools umgesetzt werden. In Bezug auf den Selbstwert hat unser Blick noch eine eigene wichtige Funktion. Durch unsere Sicht auf das Kind legen wir Bilder und Selbstkonzepte in das Kind hinein. Wie ich es sehe, bestimmt ein Stück weit, wie es lernt, sich selbst zu sehen.

SELBSTANBINDUNG

... ist die Fähigkeit, die Aufmerksamkeit nach innen zu richten und sich auf einer körperlichen Ebene mit sich selbst zu verbinden.[231] Dazu können wir die bewusste Bauchatmung und das körperliche Wahrnehmen unserer Beine und Füße (Verbundenheit mit dem Boden) nutzen. Unser Atem ist die einzige Möglichkeit, auf unser autonomes Nervensystem Einfluss zu nehmen, und unsere untere Körperhälfte ist mit dem beruhigenden Ast des

Sympathikus verbunden. Die Selbstanbindung erlaubt eine erhöhte Selbstwahrnehmung und stärkt die eigenen regulatorischen Fähigkeiten. Dadurch erweitert sich auch unsere Fähigkeit, intuitiv wahrzunehmen, was in einer Beziehung mitschwingt, und stimmigere Antworten zu finden.

SPARRINGSPARTNER

Manchmal verwechseln wir die Begriffe »in Beziehung sein« mit »beliebt und gemocht sein«. Vor allem Jugendliche brauchen aber öfter mal einen »Sparringspartner« – ein Terminus aus dem Boxtraining. Ein Sparringspartner gibt maximalen Widerstand, bei minimalem Schaden. Er ist ein Gegenüber, das am Wohl und an der Entwicklung des anderen interessiert ist. Er weiß auch, dass die Konfrontation mit der Realität hilfreich sein kann, und Hindernisse nicht aus dem Weg räumt. Vielmehr unterstützt er dabei, die Kraft zu entwickeln, sie zu überwinden. Solche Konfrontationen sind für unser realistisches Selbstbild sehr wertvoll.

SPIEGELN

Von Erwachsenen liebevoll gespiegelt zu werden, ermöglicht einem Kind einen neuen Blick auf sich selbst und auf seine Emotionen. Beim Spiegeln kommt es sehr auf die Wortwahl an. Sätze wie »Warum heulst du denn?« oder »Was ist denn jetzt schon wieder los?« bewirken ein Gefühl des Angegriffenseins. Hingegen lädt die Aussage »Ich sehe, dass du traurig bist, ich weiß aber nicht, warum« zur Innenschau und Selbstreflexion ein.[232]

SPIELEN

Spiel ist die natürliche Lernform des Kindes. Im Spiel sind die neuronalen Voraussetzungen des Gehirns optimal. Spielen heißt, sich auf einen wechselseitigen, lustvollen und rhythmischen Austausch einlassen. Spielen in diesem Sinn hat kein Ziel, es lässt sich auf den jeweiligen Moment und die sich daraus entwickelnde Kreativität ein.

TEMPO RAUS

Verlangsamung ist ein sehr universelles und wirksames Tool. Verlangsamung macht gerade dann, wenn der Druck steigt, unglaublich viel Sinn. Wir nehmen dadurch bewusster wahr, was passiert, und können uns selbst mit unserem Potenzial verbinden (siehe Tool »Selbstanbindung«). Überdies beruhigen wir dabei automatisch ein Stück weit sowohl uns selbst als auch unser Gegenüber.

UNTERSCHIEDE WERTSCHÄTZEN

Unterschiede und Widersprüche sichtbar machen und benennen, erhöht unsere Fähigkeiten, uns als Individuen und voneinander differenziert wahrzunehmen. Es stärkt die persönliche Sicht auf die Dinge. »Bei mir ist es so. Wie ist es bei Dir?«, ist eine hilfreiche Frage. Damit die Unterschiedlichkeit ihre Kraft entfalten kann, muss sie mit einer anerkennenden und wohlwollenden Haltung einhergehen, die die Zugehörigkeit nicht grundlegend infrage stellt.

UMGANG MIT DISSOZIATIONEN

Dissoziation ist bei einem Kind daran zu erkennen, dass es abwesend wirkt. Es scheint sein Gegenüber anzuschauen, aber sein Blick ist leer. Das Kind ist zwar körperlich anwesend, aber geistig nicht präsent. Wichtig ist in diesem Zusammenhang, sich nicht auf den Zustand der Dissoziation zu fokussieren. Selbst traumatisierte Kinder sind nicht durchgehend dissoziiert, dies ist manchmal stärker und manchmal schwächer ausgeprägt. Unsere Aufgabe ist es, in den Momenten der (teilweisen) Anwesenheit vorsichtig einzuhaken und einen Kontakt zum Kind herzustellen, es sozusagen wieder ins Hier und Jetzt einzuladen. Interaktionen und Beziehungsaufbau sind nur möglich, wenn das Kind sich öffnen kann. Dabei muss man behutsam vorgehen, da eine Überforderung oder zu hohe Ansprüche schnell wieder in ein Verschließen münden können, das aus dem System des Kindes heraus zwingend notwendig ist.[233]

VERÄNDERUNGEN ZULASSEN

In unserem Bedürfnis nach Sicherheit und Orientierung nageln wir andere manchmal auf einmal Gesagtes oder Getanes fest. Uns selbst gestehen wir zu, etwas neu und anders anzugehen, bei anderen akzeptieren wir das manchmal nicht. Veränderung ist nur möglich, wenn wir anerkennen, dass sich Sichtweisen ändern können. Jedes Kind ist ein komplexes Wesen, das sich auf eine sehr schöpferische Art und Weise mit dem auseinandersetzt, was das Leben ihm bietet. Es entwickelt eigene Ressourcen und Ideen, die oft stimmiger sind, als jemand von außen sie festlegen kann.

WERTGEDÄCHTNIS

Erinnere dich an deine eigenen Werte (und nicht Kinder an allgemeine Werte). Kinder müssen Werte im Außen bei anderen erleben, um sie nach und nach zu ihren eigenen zu machen. Werte und Normen werden übernommen und nicht anerzogen.

WERTFREI BEOBACHTEN

Echtes Interesse kommt nur an, wenn wir wertfrei neugierig sind und Kinder beobachten, wie sie Kontakte knüpfen, Herausforderungen meistern, scheitern und eigene Schritte machen. Nicht alle deine Beobachtungen müssen kommentiert oder formuliert werden. Wenn du in dir selbst eine annehmende beobachtende Haltung einnimmst, macht das einen inneren Entwicklungsraum auf und stärkt dein Zutrauen. Bewerten heißt auch, dass ich mir anmaße zu wissen, was jetzt gut oder schlecht ist. Da Entwicklungsprozesse nicht immer linear sind, ist das häufig eine Anmaßung. Manchmal ist das, was wir als Rückschritt erleben, ein wichtiger Zwischenschritt.

WERTVOLL SEIN

Kinder haben ein natürliches Bedürfnis, für andere wertvoll zu sein und ihren Beitrag zu leisten. Durch zu viel Fürsorge und Perfektion vermittelt man ihnen nach und nach, dass ihr Beitrag nicht relevant oder zu wenig gut ist. Binde Kinder ein, wenn sie dich unterstützen können, oder unterstütze du ihre Bestrebungen. Gib ihnen Aufgaben, auf die sie stolz sein können, und lege keine perfektionistischen Ansprüche an den Tag.

WENIGER REDEN, WENIGER ERKLÄREN

Wir verschießen viel zu viel Pulver und verlieren an Authentizität, wenn wir Kinder mit Erklärungen, nach denen sie nicht gefragt haben, zutexten. (Beachte: Erklärungen sind etwas gänzlich anderes als »Worte finden und Erfahrungen benennen«, siehe oben.) Wie Jesper Juul einmal gesagt hat, ist es nicht das Kind, das langsam lernt, wenn wir etwas schon hundertmal gesagt haben. Wähle deine Worte und erkläre Dinge, die dir wichtig sind, in ruhigen Momenten, wenn du dem Kind entspannt in die Augen sehen kannst. Erklärungen tragen auch nie zur emotionalen Beruhigung in einer aktuellen Erregung bei.

ZUGEHÖRIGKEIT

Menschen brauchen Zugehörigkeit und Bezogenheit. Dieser Aspekt muss bei allen Handlungen mitgedacht werden. Wenn die Zugehörigkeit bedroht ist, reagieren Kinder ängstlich und aggressiv. Sie sind in diesen Situationen leicht manipulierbar (ist eine Masche der Werbung). Das erklärt auch, warum Peer-Gruppen und leere Versprechungen anderer manchmal eine starke Anziehungskraft haben.

ZUTRAUEN

Dieses Tool mag wie das genaue Gegenteil von »Realität ernst nehmen« aussehen, aber sie sind nur zwei Seiten derselben Medaille. Wir alle brauchen innere Bilder der Hoffnung und Zuversicht. Gerade wenn wir die Tatsachen der aktuellen Realität ernst nehmen, ist es wichtig, Zutrauen in die Entwicklungsfähigkeit im Kind zu haben. Es lässt sich beispielsweise so ausdrücken: »Ich weiß, es ist sehr schwierig, aber ich glaube an die Fähigkeiten in dir und dass du einen guten Weg finden wirst.« Wir brauchen Hoffnung in unsere Bewältigungsfähigkeit, die Möglichkeiten zu wachsen und eigene Wege zu finden.[234]

Tools integrieren und nutzen

Ergänzendes zu den Tools

Das Schöne, fast schon Geniale an den Tools für die Selbststärkung ist, dass sie immer in uns selbst liegen. Sie werden durch dein Fachwissen, deine persönlichen Eigenschaften, Überzeugungen und Erfahrungen erweitert und dadurch zu deiner individuellen Herangehensweise.

Diese Anregungen sind ein Hilfsmittel – wir als Personen sind diejenigen, die durch unser Menschsein wirken. Erst wenn wir neue Sichtweisen und Tools zu unseren eigenen gemacht haben, werden sie für den anderen erfahrbar. Dann erleben wir uns als relevant, hören die Zwischentöne, können unsere Verantwortung leben, Prozesse bewusst gestalten und unser Mitgefühl nutzen. Und es fühlt sich stimmig an, weil wir Kopf, Herz und Hand verbinden.

Diese Tools sind für uns Erwachsenen. Sie fokussieren darauf, wie wir Kinder in und durch unsere Beziehungsgestaltung in ihrem Selbstgefühl, Selbstwert und Selbstvertrauen stärken können. Es sind keine Dinge, die wir Kindern beibringen. Wenn sie diese bei uns erleben, übernehmen sie sie intuitiv, sobald sie für diese Entwicklungsschritte bereit sind.[235]

Umgang mit Unbestimmtheit und Unsicherheit

In der Arbeit mit Menschen können wir Ergebnisse weder bestimmen noch vorhersagen. Es bleibt immer eine Unsicherheit. Unsere Offenheit beispielsweise kann zu etwas einladen, etwas ermöglichen, aber nicht erzwingen. Und häufig säen wir Samen, ohne zu wissen, ob, wann und wie sie aufgehen. Manchmal säen wir Samen, ohne uns dessen überhaupt bewusst zu sein, wie wir am Beispiel von Jakob gesehen haben (siehe Kapitel »Ich, die anderen und mein Gehirn«). Auch wenn wir nicht sofort eine entsprechende Reaktion erfahren oder das erwünschte Ergebnis sichtbar wird, darf uns das nicht daran hindern, das zu tun, was unseren Werten und der Würde des Kindes entspricht.

Tools verbinden – ein paar Beispiele

Im letzten Teil möchte ich anhand einiger Beispiele kurz aufzeigen, wie die konkrete Anwendung der Tools aussehen kann.

Aggression oder Angst

Ein ambulanter Familienbegleiter erzählt: »Ich habe viel mit Jungs zu tun, die durch Gewalttätigkeiten und zerstörerisches Verhalten aufgefallen sind. Wenn ich den Eindruck habe, dass der Junge, der so lautstark und aggressiv auftritt, eigentlich Angst hat, frage ich ihn einfach direkt, ob es sein könnte, dass er Angst hat. Ich habe schon so oft erlebt, dass solche Jungs unmittelbar mit einem klaren Ja antworten. Und dann können wir über die Angst und Wege sich zu schützen reden. Die Angst steckt so knapp unter der sichtbaren aggressiven Oberfläche, aber die Betroffenen können sie selbst nicht benennen. Da ich selbst ja auch nicht gerade klein und zerbrechlich wirke, sind die Jungen oft erstaunt, wenn ich zugebe, dass auch ich Angst kenne.«

In diesem kurzen Text lesen wir von einem Mann, der nach Worten für das sucht, was er empfindet, und diese Worte auch anbietet. Er benennt die Angst. Im Gespräch mit ihm fielen mir seine

Unerschrockenheit und sein Mut auf, die Dinge direkt anzugehen. Er zeigt Kontur, indem er von seiner Angst erzählt, und ermöglicht den Jugendlichen damit ein Gefühl von Zugehörigkeit.

Über Nina haben wir schon einiges gelesen (siehe Kapitel »Selbstwertgefühl – Ich bin in Ordnung!«). Hier ein weiterer Ausschnitt aus der Arbeit der Beratungslehrerin mit ihr, wo es erneut um die demütigende Erfahrung des Notenvorlesens geht.

Nina III

Die Beratungslehrerin nahm Ninas Schutzbedürfnis ernst und bestätigte ihr Gefühl mit den Worten: »Ja, du fühlst dich gedemütigt, wenn die Noten vorgelesen werden. Da würdest du dich am liebsten verstecken oder verschwinden. Das heißt, eigentlich willst du dich gerne schützen.« Nina reagierte auf dieses Angebot sehr dankbar, aber auch überrascht: »Es sollte mir ja nichts ausmachen!«

Das nutzte die Beratungslehrerin, um ihr nochmals zu sagen, dass in ihr etwas Schützenswertes sei und sie sich schützen dürfe. Sie überlegten dann gemeinsam, wie »sich schützen« aussehen könnte.

Nina beschloss daraufhin kurzerhand, die betreffende Lehrerin darauf anzureden, dass sie das Vorlesen ihrer Noten nicht mag. Dabei machte sie die Erfahrung, dass die Lehrerin sie nicht verstand und ihr sagte, sie solle kein Drama machen, so wäre das bei ihr nun mal.

Nun hatte die Beratungslehrerin die Gelegenheit, mit Nina an ihrer Wut, ihrer Enttäuschung und inneren Schutzmechanismen zu arbeiten.

Kleine Schritte der Anerkennung, Benennung und der gemeinsamen Suche sind wichtige Erfahrungen für ein Kind wie Nina. Sie erlebt eine Pädagogin, die keine vorgefertigten Antworten hat und gemeinsam mit ihr nach »ihren« Lösungen sucht. Und in der zweiten Runde mit der Beratungslehrerin erlebt Nina, dass jemand mit ihr die verletzende und enttäuschende Realität aushält. Eine Erwachsene, die ihr nicht das Gefühl gibt, »du bist falsch«, oder die sich auf die Seite der Lehrerin stellt, sondern bestätigt, dass es enttäuschend ist, wenn andere Menschen die Dinge anders sehen, als wir das gerne hätten. Wenn die Beratungslehrerin diese Haltung – ohne die Kollegin abzuwerten – vermittelt, wird Nina sanft, aber doch klar damit konfrontiert, dass es unterschiedliche Herangehensweisen im Leben gibt und sie sich auch schützen darf.

Sarah III

Im Vorfeld einer Klassenfahrt erzählte Sarah der Beratungslehrerin, dass sie Angst habe, dass ihr das gemeinsame Schlafen in einem großen Raum und das ständige Zusammensein mit den anderen zu viel sein würden. Sie konnte im Vorfeld im Einzelgespräch verbalisieren, dass sie Stille und Rückzug brauche.

Die beiden haben überlegt, was sowohl der helle als auch der dunkle Charakter dazu sagt und was ihr helfen könnte. Sie gingen gemeinsam auf Ideenfindung und fanden eine stimmige Lösung, damit sich Sarah zumindest in ihrem eigenen Schlafsack »zu Hause« fühlen und auch neben der Gruppe besser schützen konnte.

Nach der Klassenfahrt berichtete Sarah stolz, dass sie sogar einmal vor der Klasse weinen konnte, als es ihr zu viel wurde, und dies mit Freundinnen teilen konnte.

Wir sehen hier, wie die Anerkennung von Sarahs eigener Realität dazu beigetragen hat, dass sie einen besseren Zugang zu sich selbst gefunden hat. Es ging nicht darum, dass ihre »schwierigen Anteile« nicht sein dürfen, sondern darum, wie etwas anderes sie schützen und stärken kann.

Ihre Erleichterung war deutlich spürbar, als sie davon erzählte, sogar weinen zu können. Sich in ihrer Verletzlichkeit zu zeigen, war für ein Kind wie Sarah ein großer Schritt.

Aylin II

Die ambulante Familienbegleiterin Laura hatte den Eindruck, dass sie selbst im Zusammensein mit Aylin (13) zu viel redete. Anderen Erwachsenen ging es ähnlich, und da Aylin kaum sprach, steigerten sie ihre Aktivitäten, Angebote und Bemühungen. Ursprünglich versuchte Laura ihr mehr oder weniger Worte in den Mund zu legen, um herauszufinden, was sie wollte und brauchte, aber sie wurde auch zunehmend ungeduldiger und genervt.

Laura änderte ihren Fokus und begann sich mehr für Aylins Empfinden zu interessieren. Sie stellte sich vor, wie es wohl wäre, in der Haut von Aylin zu stecken, und versuchte dem Worte zu geben. Sie sprach immer noch sehr viel, bemerkte aber, dass das Mädchen ihr immer mehr zuhörte.

Als Laura eines Tages ihre Gefühlskarten[236] mitbrachte und Aylin fragte, welche von den Abbildungen sie im Moment am besten beschreibe, nahm Aylin die Karte mit einem ängstlichen Monster drauf. Laura fragte sie ganz spontan, was denn die Angst brauche, und Aylin deutete mit ihren Armen an, dass sie geschaukelt werden will. »So wie ein kleines Kind, wie ein Baby?«, fragte Laura und Aylin nickte.

Aylin ist ein Kind, das nach außen einen fast undurchdringlichen Schutz aufgebaut hat und, wie wir oben (siehe Kapitel »Selbstbewusstsein – Ich zeige mich«) schon gesehen haben, sich im Schutz von YouTube selbstbewusst darstellen kann, aber im direkten Kontakt mit Menschen sehr verunsichert wirkt. Dass sie ängstlich ist, ist keine wirklich überraschende Information. Der wesentliche Aspekt dieses Prozesses ist hingegen, dass sie das Gefühl selbst benannt hat und eine eigene Idee dazu hat, was sie brauchen könnte.

Hier hat es geholfen, dass die Sozialpädagogin ihren eigenen Druck und ihr Tempo verringert hat. Aylin braucht Menschen, die sie nehmen, wie sie ist, und nicht drängen, sie sein lassen, und dass sie spüren kann: »Es ist okay. Zurzeit ist es bei mir so.« Menschen, die mit ihr in ihrer Realität bleiben, sie nicht pushen und die es aushalten, dass nur wenig zurückkommt.

Wir begleiten auf diese Art und Weise nachhaltige Prozesse, die die Entwicklung der Mentalisierungsfähigkeit und der Selbstregulation unterstützen. Die Kinder werden in ihrer aktuellen Realität wahr- und ernst genommen und die Fachleute halten die Diskrepanz zwischen dem, was sie sich für Kinder grundsätzlich wünschen würden, und dem, was Realität ist, gut aus. Diese Fähigkeiten, gekoppelt mit Selbstannahme und zunehmender Selbstreflexion, sind wichtige Voraussetzungen für gelingende Beziehungen und eine erfolgreiche Lebensgestaltung.

Zum Schluss

Das Selbst ist komplex und diese Komplexität lässt sich nicht reduzieren – das ist eine Tatsache, mit der wir einen konstruktiven Umgang finden müssen. Aber Komplexität heißt auch, dass es viele Verbindungen zwischen unterschiedlichen Aspekten, zwischen Menschen und ihren Angelegenheiten und zwischen unseren Erfahrungen und Möglichkeiten gibt, die wir nach und nach erschließen können.

Dieses Buch ist ein Plädoyer, dem Gefühl für uns selbst mehr Wert zu geben, anstatt dem Selbstwertgefühl zu viel Beachtung einzuräumen.

Mein Anliegen ist es, Menschen, die mit Kindern und Jugendlichen arbeiten, drei Dinge an die Hand zu geben:

- Zum Ersten ein grundlegendes psychologisches Verständnis für die vielen Facetten unseres Selbst und die daraus resultierende Bedeutung unseres Gefühls für uns selbst und unsere innere Verbundenheit.
- Zum Zweiten die reichhaltige Welt der Werte und Gefühle für die Beziehungsarbeit sichtbar zu machen.
- Zum Dritten die Handwerkszeuge aufzuzeigen, mit denen wir unsere Werte spürbar leben können.

Selbstentwicklungsprozesse sind Prozesse des Sich-Suchens und -Verlierens, mit vielen Auf und Ab, und wir müssen in unserer Begleitung die »Schlampigkeit«[237] persönlicher und individueller zwischenmenschlicher Prozesse aushalten, um der Würde des Einzelnen gerecht zu werden.

Es gibt kein perfektes Aufwachsen und keine optimale Biografie, aber es gibt viele sehr interessante und starke Menschen, die

»ihren Glanz«[238] von innen heraus leben. Menschen, die trotz oder vielleicht gerade wegen ihrer biografischen Herausforderungen eine tiefe innere Verbundenheit mit sich und der Welt entwickelt haben, weil sie von ehrlichen und relevanten BegleiterInnen in ihrem Wert gesehen wurden.

Der Mann, der mich mit seiner starken inneren Verbundenheit beeindruckt und herausgefordert hat, war Jesper Juul. Er konnte mit seinem selbstverständlichen Zugang zum inneren Selbst seiner KlientInnen Türen aufmachen, die den Menschen selbst verborgen waren.

Jesper Juul ist im Sommer 2019 gestorben, während ich an diesem Buchprojekt gearbeitet habe. Bis zu unserer letzten Begegnung leuchtete ein spitzbübisches Lächeln aus seinen Augen, obwohl seine Erkrankung und der Dauerschmerz sehr an seinen Kräften zehrten.

Ich schrieb dieses Buch in Erinnerung an Momente, in denen er verzweifelte oder gebrochene Menschen zu ihrer inneren Würde zurückführte. Und das konnte er, weil er sich immer mit dem Wesenskern seines Gegenübers verband und den Wert der Person nie infrage stellte.

Nun bleibt mir zum Schluss noch, dir viel Freude mit meinen Gedanken, Anregungen, Ideen und Tools zu wünschen. Ich wünsche dir Freude an dir selbst, eine Verbundenheit mit deinen Werten und ein gutes Gefühl für dich selbst und die Menschen, mit denen du arbeitest, lachst und lebst.

Danksagung

Dieses Buch wäre ohne die engagierte Begleitung vieler Menschen nicht zustande gekommen, Menschen, mit denen ich lebe und arbeite, mit denen ich ringe und suche und lachen und streiten kann.

Im Besonderen möchte ich meinen Kindern Christian, Francesca und Alexandra danken für ihre Art, sich mir mit ihrer Unterschiedlichkeit und Ehrlichkeit immer wieder zuzumuten. Das gemeinsame Wachsen, Reifen und Lernen inspiriert mein Leben und Denken sehr.

Christian möchte ich für das gemeinsame Entwickeln der Illustrationen in diesem Buch danken; Francesca dafür, dass sie mich sehr ermutigte, dieses Projekt anzugehen und es mit Erzählungen aus ihrer Arbeit mit Jugendlichen bereicherte; Alexandra für die Gespräche und Auseinandersetzungen zu den Fallbeispielen.

Dieses Projekt reifte und wuchs auch an der Kritik und den Fragen meiner KollegInnen. Allen voran Katrin Stauder mit ihrem präzisen Blick für Formulierungen und ihrem Gespür, ob die Worte dem Inhalt gerecht werden. Das gemeinsame Arbeiten hat sehr viel Spaß gemacht.

Vielen Dank an Ursula Schoner, Silke Turek, Liesl Ehgartner, Rosemarie Lechner, Barbara Weber, Hanna Both und Heinz Senoner für euer Gegenlesen unterschiedlicher Teile, eure Inputs, Fragen und Meinungen. Es ist schön, gemeinsam auf dem Weg zu sein. Ich möchte auch meinen KlientInnen und SupervisandInnen danken, dass ich an ihren Fragen, ihrem Suchen und ihren persönlichen Prozessen teilhaben darf. Die Prozesse des Menschseins und der Entwicklung zu uns selbst und anderen hin fordern und faszinieren gleichermaßen.

Und noch ein Mensch stärkt meinen Rücken. Er ist da, wenn ich an mir und meinen Wegen zweifle, und hält meine Auf und Ab aus: Danke an Dietmar Menges, dass du unermüdlich an mich glaubst und mich und meine Formulierungen mit deinem »so gar nicht psychologischen Blick« hinterfragst.

Stichwortverzeichnis

Literaturnachweis

Ayan, S. (2019): Ich und andere Irrtümer. Die Psychologie der Selbsterkenntnis. Stuttgart: Klett-Cotta Verlag.

Bandura, A. et al. (2001): Self-Efficacy Beliefs as Shapers of Children's Aspirations and Career Trajectories. In: Child Development, Vol. 72, No. 1, pp. 187–206.

Bauer, J. (2011): Schmerzgrenze. Vom Ursprung alltäglicher und globaler Gewalt. München: Blessing.

Bentzen, M. & Hart, S. (2015): Neuroaffektive Therapie mit Kindern und Jugendlichen. Lichtenau: G.P. Probst Verlag.

Bischof-Köhler, D. (2011): Soziale Entwicklung in Kindheit und Jugend. Bindung, Empathie, Theory of Mind. Stuttgart: Kohlhammer.

Brown, B. (2012): Die Gaben der Unvollkommenheit. Bielefeld: J. Kamphausen.

Brown, B. (2012b): Daring Greatly. How the Courage to be Vulnerable Transforms the Way We Live, Love, Parent and Lead. London: Penguin Books.

Brummelman, E. et al. (2014): On Feeding Those Hungry for Praise: Person Praise Backfires in Children with Low Self-Esteem. In: Journal of Experimental Psychology, 2014, Vol. 143, No. 1, pp. 9–14.

Damasio, A. R. (2013): Ich fühle, also bin ich. Die Entschlüsselung des Bewusstseins. Berlin: List.

Davis, W. (2012): In Support of Body Psychotherapy. In: International Body Psychotherapy Journal. The Art and Science of Somatic Praxis, Volume 11, Number 2.

Davis, W. (2014): The Endo Self: A self Model for Body-oriented Psychotherapy? In: International Body Psychotherapy Journal. The Art and Science of Somatic Praxis, Volume 13, Number 1, pp. 31–51.

Davis, W. (2015): The Return to the Self: A Self Oriented Theory of Development and Psychotherapy. In: International Body Psychotherapy Journal. The Art and Science of Somatic Praxis, Volume 14, Number 2, pp. 28–46.

Davis, W. (in Druck): Working with Trauma Without the Drama: Abused and Still Alive. Paper presented at the congress of the European Association of Body Psychotherapy, Berlin 2018.

Döring, A. K. (2019): Werthaltungen. In: Dorsch Online-Lexikon der Psychologie. Bern: Hogrefe. Von https://portal.hogrefe.com/dorsch/werthaltung.

Eliacheff, C. (2011): Das Kind, das eine Katze sein wollte. Psychoanalytische Arbeit mit Säuglingen und Kleinkindern. München: dtv.

Felitti et al. (1998): Relationship of Childhood Abuse and Household Dysfunction to Many of the Leading Causes of Death in Adults: The Adverse Childhood Experiences (ACE) Study. American Journal of Preventive Medicine, 14 (4).

Gruen, A. (2015): Dem Leben entfremdet. Warum wir wieder lernen müssen zu empfinden. München: dtv.

Harms, T. (2018): Keine Angst vor Babytränen. Wie Sie durch Achtsamkeit das Weinen Ihres Babys sicher begleiten. Gießen: Psychosozial-Verlag.

Hart, S. (2017): Inclusion, Play and Empathy: Neuroaffective Development in Children's Groups. London: Jessica Kingsley Publishers.

Harter, S. (2013): New Directions in Self Development: Resurrecting the I-self. In: McInerney, D. M. et al.: Theory Driving

Research: New Wave Perspectives on Self-Processes and Human Development. Charlotte, NC: Information Age Publishing.

Harter, S. (2015): The Construction of the Self: Developmental and Sociocultural Foundations. New York: Guilford Press.

Henzinger, U. (2017): Bindung und Autonomie in der frühen Kindheit: Humanethologische Perspektiven für Bindungstheorie und klinische Praxis. Gießen: Psychosozial-Verlag.

Hüther, G. (2019): Würde. Was uns stark macht – als Einzelne und als Gesellschaft. München: Pantheon Verlag.

Jensen, H. & Jensen, E. (2016): Schule braucht Beziehung: Gelungene Lehrer-Eltern-Gespräche. Weinheim: Beltz.

Juen, B. & Werth, M. (2016): Dann geh' ich zu Mama ins Bett. Arbeitsbuch zum Thema Tod und Suizid. Innsbruck: Berenkamp.

Juul, J. (2006): Was Familien trägt. Werte in Erziehung und Partnerschaft. Ein Orientierungsbuch. München: Kösel-Verlag.

Juul, J. (2009): Dein kompetentes Kind. Auf dem Weg zu einer neuen Wertgrundlage für die ganze Familie. Hamburg: Rowohlt.

Juul, J. (2012): Pubertät. Wenn Erziehen nicht mehr geht. Gelassen durch stürmische Zeiten. München: Kösel-Verlag.

Juul, J. (2016): Leitwölfe sein. Liebevolle Führung in der Familie. Weinheim: Beltz.

Juul, J. et al. (2012): Miteinander: Wie Empathie Kinder stark macht. Weinheim: Beltz.

Juul, J. & Jensen, H. (2019): Vom Gehorsam zur Verantwortung. Wie Gleichwürdigkeit in der Schule gelingt. Weinheim: Beltz.

Kandel, E. (2014): Das Zeitalter der Erkenntnis. Die Erforschung des Unbewussten in Kunst, Geist und Gehirn von der Wiener Moderne bis heute. München: Pantheon Verlag.

Kegan, R. (1986): Die Entwicklungsstufen des Selbst. Fortschritte und Krisen im menschlichen Leben. München: Kindt.

Lempp, T. (2016): Kinder- und Jugendpsychiatrie. Basics. München: Urban & Fischer.

Levine, P. A. & Kline, M. (2004): Verwundete Kinderseelen heilen. Wie Kinder und Jugendliche traumatische Erlebnisse überwinden können. München: Kösel-Verlag.

Marks, S. (2013): Scham – die tabuisierte Emotion. Ostfildern: Patmos Verlag.

Orth, U. & Robins, R. (2014): The Development of Self-Esteem. In: Current Directions in Psychological Science, Vol. 23, Issue 5, pp. 381–387.

Perry, B. D. & Szalavitz, M. (2011): Der Junge, der wie ein Hund gehalten wurde. Was traumatisierte Kinder uns über Leid, Liebe und Heilung lehren können. Aus der Praxis eines Kinderpsychiaters. München: Kösel-Verlag.

Piaget, J. (2003): Meine Theorie der geistigen Entwicklung. (Hrsg.: Fatke, R.). Weinheim: Beltz.

Porges, S. W. (2017): Die Polyvagal-Theorie und die Suche nach Sicherheit. Traumabehandlung, soziales Engagement und Bindung. Lichtenau: G.P. Probst Verlag.

Potreck-Rose, F. (2006): Psychotherapeutische Interventionen zur Stärkung des Selbstwerts. Psychotherapie im Dialog (PiD), Heft 3, S. 313–317.

Rahm, Dorothea (2014): Vom Wunder der Resilienz. Wie Kinder mit Traumafolgesymptomatik bei einer resilienten Bewältigung unterstützt werden können. In: Trialog. Erziehung und Familienberatung im Gespräch, 15/2014.

Reddemann, L. (2009): Trauma und Würde. Vortrag: Jahrestagung der DeGPT am 7. Mai 2009 in Bielefeld.

Ryan, R. M. & Brown, K. W. (2003): Why We Don't Need Self-Esteem: On Fundamental Needs, Contingent Love, and Mindfulness. In: Psychological Inquiry, Vol. 14, No. 1, 27–82 (71–76).

Ruppert, Franz: Psychische Bindung und das »Trauma der Liebe«. Wie das Fundament der menschlichen Psyche entsteht und wie es beschädigt werden kann. Vortrag ZOI-Tagung, April 2016.

Sachse, R. (2010): Persönlichkeitsstörungen verstehen. Zum Umgang mit schwierigen Klienten. Köln: Psychiatrie-Verlag.

Satir, V. (2004): Kommunikation. Selbstwert. Kongruenz. Konzepte und Perspektiven familientherapeutischer Praxis. Paderborn: Junfermann Verlag.

Schubert, Christian: Psychoneuroimmunologie. Wie Umwelt und psychosoziale Faktoren unsere Gesundheit beeinflussen. Vortrag in Innsbruck am 7.12.2017.

Schultz-Venrath, U. (2013): Lehrbuch Mentalisieren. Psychotherapien wirksam gestalten. Stuttgart: Klett-Cotta Verlag.

Séché, A. (2013): Zeit der Zikaden. Cadolzburg: ars vivendi Verlag.

Spork, P. (2017): Gesundheit ist kein Zufall. Wie das Leben unsere Gene prägt. Die neuesten Erkenntnisse der Epigenetik. E-Book: DVA.

Stern, D. N. (2004): The Present Moment as a Critical Moment. In: Negotiation Journal, April 2004, pp. 365–372.

Stern, D. N. (2010): Der Gegenwartsmoment. Veränderungsprozesse in Psychoanalyse, Psychotherapie und Alltag. Frankfurt/M.: Brandes & Apsel.

Storch, M. et al. (2011): Embodiment. Die Wechselwirkung von Körper und Psyche verstehen und nutzen. Bern: Hans Huber Verlag.

Trautmann-Voigt, S. & Voigt, B. (2012): Grammatik der Körpersprache. Ein integratives Lehr- und Arbeitsbuch zum Embodiment. Stuttgart: Schattauer.

Twenge, J. M. (2018): Me, My Selfie and I. Was Jugendliche heute wirklich bewegt. München: Mosaik Verlag.

Wardetzki, B. (2018): Narzissmus, Verführung und Macht. Was Narzissten ausmacht und wie sie verführen. München: Goldmann Verlag.

Wiest, G. (2012): Neural and Mental Hierarchies. In: Frontiers in Psychology, 26. November 2012, 3: 516.

Yazdi, K. (2013): Junkies wie wir. Spielen. Shoppen. Internet. Was uns und unsere Kinder süchtig macht. Wien: edition a.

Endnoten

1. In Deutschland wird diese Tätigkeit »ambulante Hilfe zur Erziehung« genannt. In Südtirol »aufsuchende Familienarbeit«. Ich verwende den österreichischen Begriff »ambulante Familienbegleitung« als Überbegriff. Allen gemeinsam ist, durch Unterstützung zur Erziehung einen Beitrag zum Wohl des Kindes zu leisten. Meist findet das im Rahmen eines Auftrags durch die Kinder- und Jugendhilfe statt. Es kann aber auch freiwillig angefordert werden.

2. Buchtipps für Eltern: »Dein kompetentes Kind« von Jesper Juul; »Warum dänische Kinder glücklicher und ausgeglichener sind« von Jessica Joelle Alexander und Iben Dissing Sandahl.

3. Kegan (1986), S. 14.

4. Einen Überblick über die Sichtweisen auf den Selbstwert in unterschiedlichen Therapieschulen gibt Eva Maria Waibel in ihrem Buch »Erziehung zum Selbstwert«.

5. Ein Vertreter aus unserem Kulturkreis ist Anselm Grün. Aber auch in anderen Religionen wird von einem zentralen Kern und einer inneren Weisheit gesprochen. Das Gefühl für diesen innersten Kern lässt sich schwer in Worte fassen. Die meisten Menschen meinen, dass Worte zu kurz greifen und dann platt klingen, obwohl die Erfahrung des In-Kontakt-Kommens mit diesem innersten Kern sehr stabilisierend und haltgebend erlebt wird.

6. Davis (in Druck).

7. Harter (2015) und Wardetzki (2018).

8. Ayan (2019). Der Better-than-Average-Effekt wurde schon sehr vielfältig nachgewiesen, am eindrücklichsten wohl in den 1970er-Jahren in einer Studie an einer Million Collegestudenten. Praktisch jeder hielt sich für überdurchschnittlich nett und beliebt. Fast drei Viertel glaubten, für Führungspositionen nicht nur geeignet, sondern auch prädestiniert zu sein.

9. Ein eindrückliches Beispiel findet sich im aktuellen Handbuch »Kinder- und Jugendpsychiatrie« von Thomas Lempp, in dem vorgeschlagen wird, dass ein Kind, das aufgrund einer übermäßigen Bindung an die Mutter den Schulbesuch verweigert, stationär aufgenommen werden sollte. Therapiemaßnahmen für die Mutter werden nicht weiter thematisiert.

10. Reddemann (2009).

11. Döring (2019).

12. Siehe Endnote 8.

13. Ayan (2019), S. 71 ff.

14. Die Texte und Gedanken von Immanuel Kant lassen sich unter anderem auf www.textlog.de online gut aufbereitet nachlesen.

15. Hüther (2019).

16. Juul & Jensen (2019).

17. Facebookseite der Schriftstellerin Lena Gorelik, gepostet am 19.6.2019, abgedruckt mit persönlicher Genehmigung.

18. Juul (2012), S. 25.

19. Newsletter der IGfB.org vom 27.5.2019 https://us2.campaign-archive.com/?u=20091e985cf4d3925e1c93235&id=d5e50c1a20. Abgerufen am 3.9.2019.

20. Juul (2006).

21. Strukturelle Gewalt wurde erstmals vom norwegischen Soziologen und Friedensforscher Johan Galtung (1978) beschrieben. Der Begriff beschreibt die Manipulation oder den Zwang, der jemandem durch strukturelle Gegebenheiten auferlegt wird. Es geht um eine sehr perfide und nachhaltige Art, Dinge durchzusetzen, und bringt Betroffene in einen Zustand der Ausweglosigkeit und Ohnmacht. Vergleiche auch: https://www.gewaltinfo.at/uploads/pdf/bmask_gewaltbericht_2002.pdf. Abgerufen am 3.9.2019.

22. Brown (2010): https://www.ted.com/talks/brene_brown_on_vulnerability. Abgerufen am 3.9.2019.

23. Brown (2012b).

24. Marks, S. (2013), S. 60.

25. Vgl. Endnote 21.

26. Perry (2011), S. 17.

27. Beispielsweise Holzkamp, K. (1993): Lernen. Subjektwissenschaftliche Grundlegung.

28. Mehr über diese spannenden Entwicklungsprozesse, die immer wieder von dem Einssein zur Differenzierung, von der Objekt- zur Subjekthaftigkeit führen, ist bei Kegan (1986) nachzulesen.

29. Hüther (2019), S. 123.

30. Ebd., S. 125.

31. Der Psychiater Kurosch Yazdi (2013) beschreibt sehr alltagsnah die neurobiologischen Zusammenhänge von Sucht, Gesellschaft und die Notwendigkeit gelingender Beziehungen.

32. Juul & Jensen (2019), S. 21.

33. Ebd., S. 94.

34. Hart (2017), S. 57 und 59. In diesem Buch finden sich viele weitere Gedanken zur Bedeutung des Spiels und des rhythmischen Austausches für die Gehirnentwicklung; mit Beiträgen von Jaak Panksepp, Marianne Bentzen, Helle Jensen, Dorothea Rahm und anderen.

35. Juul & Jensen (2019), S. 60.

36. Weiterführende Gedanken in: Juul & Jensen (2019), S. 35 ff.

37. Van Hout, Mies (2012): Heute bin ich. Zürich: Aracari Verlag.

38. Eine Einführung und Zusammenfassung vieler Forschungsarbeiten finden sich in: Kandel (2014), 21. Kapitel: Unbewusste Emotionen, bewusste Gefühle und ihre Äußerung durch den Körper.

39. Spannende Übersichtsartikel zum Thema Komplexität finden sich im deutschen Wirtschaftsmagazin »brand eins«, 7/2019, sowie weitere Gedanken im folgenden »Klassiker« zum Thema: Dörner, D. (1994): Die Logik des Misslingens. Strategisches Denken in komplexen Situationen.

40. Bischof-Köhler (2011), S. 146 ff.

41. Der 1929 in Wien geborene Neurowissenschaftler, Mediziner und Nobelpreisträger Eric Kandel nimmt in seinem Spätwerk »Das Zeitalter der Erkenntnis – Die Erforschung des Unbewussten in Kunst, Geist und Gehirn« (2014) genau diese Herausforderung an, einerseits reduktionistisch und andererseits integrativ unterschiedliche Lebenswelten zusammenzuführen.

42. Bentzen & Hart (2015).

43. Kandel (2014), S. 429.

44. Elsebeth und Helle Jensen (2016): Schule braucht Beziehung. Gelungene Lehrer-Eltern-Gespräche. Weinheim: Beltz.

45. Hart (2017), S. 56.

46. Hinweise zur Selbstregulation und zur Begleitung von Eltern und Babys finden sich in den Büchern von Thomas Harms, der die Emotionelle Erste Hilfe entwickelt hat. Als Einstieg in die Selbstregulation eignet sich sein Buch »Keine Angst vor Babytränen« (2018).

47. Das Modell des Triune Brain (deutsch: dreieiniges Gehirn) ist eine Vereinfachung und stellt die hohe Integration und Zusammenarbeit der unterschiedlichen Hirnareale nicht ausreichend dar. Diese Perspektive ermöglicht jedoch eine Einordnung der unterschiedlichen Ebenen, auf denen wir Menschen reagieren, und wird auch von Neurowissenschaftlern deshalb geschätzt. Zur Kritik und Bedeutung neuronaler und mentaler Hierarchien und einer aktuellen Einbettung des Modells von Paul D. MacLean siehe: Hart, S. (2017) sowie Wiest, G. (2012).

48. Wiest, G. (2012), S. 3.

49. Vgl. Damasio (2013).

50. Henzinger (2017), S. 115.

51. Hart (2017) nutzt das Bild der Synchronisation für den nonverbalen Austausch des Kindes mit der Bezugsperson über Berührung, Mimik, Augenkontakt, Prosodie (Sprachmerkmale, vgl. Endnote 67), Körperbewegungen und andere Formen des wechselseitigen Kontakts, die sich unmittelbar in der Bildung von Synapsen darstellt. Es ist eine Form der spielerischen, reflektierenden und beantwortenden Co-Regulation zwischen Eltern und Kindern (S. 56 und 66 f.).

52. Krichmayr, K.: Wie Mutter und Kind auf eine Wellenlänge kommen. Artikel auf Derstandard.at vom 12.5.2019 https://www.derstandard.at/story/2000102886999/wie-mutter-und-kind-auf-eine-wellenlaenge-kommen. Abgerufen am 3.9.2019.

53. Henzinger (2017), S. 117.

54. de Waal, F. (2009), in: Schultz-Venrath (2013).

55. Perry (2011), S. 46.

56. Kandel (2014), S. 407.

57. James, in: Kandel (2014), S. 404 und 407.

58. Kandel (2014), S. 407 und 410.

59. Ebd., S. 414.

60. Hart (2017), S. 12 f.

61. Die Gedanken des Stressforschers Aaron Antonovsky sind im folgenden Buch detailliert beschrieben: Schiffer, E. (2011): Wie Gesundheit entsteht. Salutogenese: Schatzsuche statt Fehlerfahndung.

62. Vgl. Spork (2017).

63. Hart (2017), S. 56.

64. Ebd., S. 56.

65. Ebd., S. 56 f. Den stimmlichen Ausdruck von Emotionen nennt man Prosodie. Die Emotionen hängen eng mit dem aktuellen Erregungsniveau des dorsalen Vagus zusammen (Porges, 2017, S. 218).

66. Spork (2017).

67. Hart (2017), S. 56.

68. Stern (2004). In diesem Artikel fasst Daniel Stern seine Konzepte von Present Moment, Now Moment und Moment of Meeting als kritische Momente und ihre Bedeutsamkeit für Veränderung in der menschlichen Entwicklung zusammen.

69. Definition von Synchronisation, vgl. Endnote 52.

70. Wustmann, Corinna (2005), in: Bohn, Irina: Dokumentation der Fachtagung »Resilienz – Was Kinder aus armen Familien stark macht«. https://www.ssoar.info/ssoar/handle/document/36813.

71. Spork (2017).

72. Gastbeitrag des Verhaltensgenetikers Robert Plomin: »Sie werden, was sie sind«. In: »Die Zeit« vom 3.10.2018.

73. Hart (2017).

74. Sachse (2010), S. 47.

75. Die folgenden Aufzählungen und Beschreibungen fußen auf der Auflistung in: Hart (2017), S. 64 f.

76. Juen & Werth (2016).

77. Zusätzlich zu den Büchern in meiner Literaturliste empfehle ich: Bentzen, M. (2016): Das Neuroaffektive Bilderbuch. Milton Keynes: Lightning Source.

78. Schweitzer, Albert: Vorträge, Vorlesungen, Aufsätze (Werke aus dem Nachlass; entst. 1917–1918), hg. von C. Günzler, U. Luz u. J. Zürcher. München: C.H.Beck, 2003.

79. Juul & Jensen (2019), S. 60 ff.

80. Vertiefende Gedanken über Widersprüche und Dissonanzen als Entwicklungsmotor auch im Erwachsenenalter finden sich in: Kegan, Robert & Laskow Lahey, Lisa (2009): Immunity to Change. Boston: Harvard Business Review Press.

81. Séché, Andreas (2013). Zeit der Zikaden. Cadolzburg: ars vivendi Verlag. – Ein Roman über den Strassengeiger Selim, eine besondere Liebe in Zeiten der Diktatur und den Zauber und die Macht der Musik. Diese Zeilen sind dem Kapitel »Piano«, S. 32–34, entnommen.

82. Kandel (2014), S. 404. Das hat William James schon im 19. Jahrhundert erforscht. Er beobachtete, wie »unser Körper auf ein emotional besetztes Objekt oder Ereignis reagiert und wie unser Gehirn die Reaktion des Körpers liest«. Er beschrieb, dass sich das erfasste Objekt in ein emotional empfundenes Objekt in uns verwandelt.

83. Davis (2012), S. 60.

84. Davis (2014), S. 34.

85. Ryan & Brown (2003), S. 71.

86. Pagis (2009), in: Davis (2012), S. 63.

87. Vgl. Davis (2015), S. 32.

88. Hüther (2019).

89. Juul (2006) und Juul & Jensen (2019).

90. Hüther (2019), S. 97.

91. Davis (2014), 36 f.

92. Vgl. Davis (2012), S. 69. Allan N. Schore nennt es das implizite Selbst, António Damásio das Proto-Selbst, Daniel Stern das auftauchende Selbst. Auch H. Maturana und F. Varela betonen in ihrem bahnbrechenden Buch »Der Baum der Erkenntnis. Die biologischen Wurzeln menschlichen Erkennens« (1984), dass es kein Leben ohne Bewusstsein gibt (S. 3), dass es eine Art vorbewusstes Bewusstsein oder ein unbewusstes Bewusstsein von Anbeginn geben muss.

93. Jensen (2015) und Juul et al. (2012).

94. Levine & Kline (2004), S. 87.

95. Ebd., S. 87 f.

96. HONY Blogbeitrag vom 17.7.2019 https://www.facebook.com/humansofnewyork/. Abgerufen am 17.7.2019, Übersetzung: Mag. Robin Menges.

97. Levine & Kline (2004), S. 60 ff.

98. Levine & Kline geben in ihrem Handbuch sehr konkrete und wertvolle Tipps für die Begleitung traumatisierter Kinder und Jugendlicher.

99. Brown (2012), S. 121–126, und Yazdi (2013).

100. Kandel (2014), S. 411.

101. Grün, A. & Reepen, M. (1988). Gebetsgebärden. Münsterschwarzach: Vier-Türme-Verlag, S. 8 f.

102. Davis (2012), S. 64.

103. Freud, in: Trautmann-Voigt & Voigt (2012), S. V.

104. Weiteres zu den Ansätzen des Embodiment (deutsch: Verkörperung) findet sich bei Storch et al. (2011), S. 31.

105. Davis (2012), S. 67.

106. Ayan (2019), S. 123 f.

107. Ausführliche Gedanken über diese Entwicklung und die Bedeutung der Bewegungsentwicklung finden sich bei Zimmer, Renate (2012): Handbuch Sinneswahrnehmung. Grundlagen einer ganzheitlichen Bildung und Erziehung. Freiburg: Herder; Pikler, Emmi (1997): Lasst mir Zeit. Die selbstständige Bewegungsentwicklung des Kindes bis zum freien Gehen. München: Pflaum; Ayres, A. Jean (1992): Bausteine der kindlichen Entwicklung. Berlin: Springer-Verlag.

108. Harter (2013).

109. Ryan & Brown (2003), S. 71.

110. Juul (2009) und Juul & Jensen (2019).

111. Bischof-Köhler (2011), S. 396.

112. Juul (2009).

113. Ayan (2019).

114. Cierpka, M. (2013), in: Reddemann (2009).

115. Juul (2009), S. 96.

116. Die Theorien und Erfahrungen von Daniel Stern lassen sich am besten in seinen eigenen Worten im Buch »Tagebuch eines Babys« nachlesen. Wer einen Einblick in seine Phasen der Selbstentwicklung sucht, findet im Text von Fernandes, Frédéric: »Die Entwicklung des Selbstempfindens nach Daniel N. Stern« eine lesenswerte Einführung: https://www.kita-fachtexte.de/fileadmin/Redaktion/Publikationen//KiTaFT_Fernandes_2013.pdf. Abgerufen am 3.9.2019.

117. Kegan (1986).

118. Bischof-Köhler (2011).

119. Wie die Entwicklung vom Subjekthaften zum Objekthaften und zwischen Autonomie und Zugehörigkeit pendelt, beschreibt Robert Kegan (1986) ausführlich.

120. Eliacheff (2011).

121. Bonuseltern ist ein Begriff, den Jesper Juul für »zusätzliche, nicht leibliche Eltern« in Patchworkfamilien geprägt hat.

122. Ayan (2019), S. 125 ff.

123. Spruch, im Goethe-Museum in Weimar ausgestellt.

124. Harter (2015), S. 1 ff.

125. Schütz, in: Dorsch, Online-Lexikon Psychologie.

126. Vgl. Schütz, in: Potreck-Rose (2006).

127. Die folgenden Gedanken sind eine Zusammenschau wichtiger Aspekte aus dem Buch der Narzissmusexpertin Bärbel Wardetzki (2018).

128. Harter (2013), S. 12.

129. Wardetzki (2018), S. 16.

130. Wolf, in: Wardetzki (2018), S. 17 und 19.

131. Wardetzki (2018), S. 145.

132. Wardetzki (2018), S. 146.

133. Harter (2013), S. 21.

134. Harter (2013 und 2015).

135. Ryan & Brown (2003).

136. Wardetzki (2018), S. 149 ff.

137. Richard M. Ryan hat gemeinsam mit Edward L. Deci die sehr einflussreiche Selbstbestimmungtheorie entwickelt, die erklärt, warum wir viel motivierter sind, wenn wir selbst bestimmen können.

138. Ryan & Brown (2003), S. 74.

139. Ebd., S. 71.

140. Ebd., S. 71.

141. Erst durch die Sprache kann sich das Selbst eines Kindes zeigen. Daher sind Sicherheit bietende Erziehungsmethoden, damit Kinder lernen, ihre Gefühle stimmig zu ihrem inneren Empfinden auszudrücken, für die Entwicklung eines inneren Zugangs zur Authentizität wesentlich. Harter (2015), S. 18.

142. Susan Harter (2015) verwendet aufgrund ihrer Beobachtungen den Begriff »true self«.

143. Harter (2015), S. 17.

144. Sachse (2010).

145. Harter (2015), S. 5.

146. Wardetzki (2018), S. 16.

147. Kant, Immanuel. Ethik: Kritik der praktischen Vernunft. www.textlog.de/kant-8.html.

148. Juul & Jensen (2019), S. 60 ff.

149. Kant, nach Hüther (2019), S. 55.

150. Satir (2004), S. 42–43.

151. Vgl. Harter (2013).

152. Ryan & Brown (2003), S. 72.

153. Ebd., S. 72.

154. Harter (2015), S. 18.

155. Satir (20014), S. 42.

156. Juul & Jensen (2019).

157. Stern und Fonagy, in: Juul & Jensen (2019), S. 71. Die folgenden Ausführungen sind eine Sammlung der Aspekte, die sich in der psychotherapeutischen Arbeit mit Erwachsenen rückblickend als sehr einflussreich zeigen.

158. Ryan & Brown (2003), S. 71.

159. Jesper Juul verwendet den Begriff »spiegelverkehrte Kooperation« für Situationen, in denen Kinder vermeintlich nicht kooperativ sind, aber mit einer unbewussten Thematik der Eltern oder ihrer Situation kooperieren. Vgl. Juul & Jensen (2019), S. 286 f.

160. Sachse (2010), S. 16.

161. Eine knappe, schöne Zusammenfassung der Begriffe »Containing« und »Holding« in der Psychotherapie und ihre Ableitung von den Konzepten von Bion und Winnicott auf Englisch unter http://www.relational-integrative-psychotherapy.uk/wp-content/uploads/2015/02/Chapter-5-Therapeutic-Holding-and-Containing-handout.pdf. Abgerufen am 3.9.2019.

162. Felitti et al. (1998)

163. Gruen (2015), S. 45.

164. Gruen, in: Reddemann (2009).

165. Satir (2014), S. 54.

166. »Power Posing« ist der nonverbale Ausdruck von Macht und wird in High Power Posing (dominante, raumeinnehmende Körperhaltungen) und Low Power Posing (zusammengesunkene, submissive Körperhaltungen) unterteilt. https://www.uni-bamberg.de/perspsych/news/artikel/beitrag-zu-power-posing-in-der-encyclopedia-of-personality-and-individual-differences-1/. Abgerufen am 14.8.2019.

167. Auch Susan Hart bezieht sich auf solche Beispiele in ihrer umfassenden Abhandlung über die Konstruktion des Selbst (2015).

168. Ayan (2019), S. 149 f.

169. Pollak, K. Interview mit dem Neurologen Wolfgang Lalouschek auf derStandard.at vom 29.5.2019. https://derstandard.at/2000102894966/Neurologe-Lalouschek-Burnout-wird-von-vielen-missbraucht. Abgerufen am 3.9.2019.

170. Harter (2015), S. XVII.

171. Vgl. Universität Konstanz, Journal of Behavioral and Experimental Economics. http://dx.doi.org/10.1016/j.socec.2016.11.001; Feb. 2017 auf https://psylex.de/psychologie-lexikon/motivation/lob.html, abgerufen über Psychlex.de. Abgerufen am 17.8.2019.

172. Vgl. Brummelman, E. et al. (2014).

173. Piaget (2003).

174. Ayan (2019), S. 23.

175. Davis (2015), S. 25.

176. Hüther (2019), S. 121.

177. Bandura et al. (2001).

178. Twenge (2018), S. 294.

179. Ebd., 147 ff.

180. Wardetzki (2019), S. 23.

181. Juul & Jensen (2019), S. 79.

182. Dieses Zitat wird Virginia Satir zugesprochen. Den genauen Verweis konnte ich nicht ausfindig machen. Die tiefe Weisheit dieses Satzes spricht für sich und würde ihrem Ansatz, Beziehungsdynamiken zu verstehen, gut entsprechen.

183. Bauer (2011), S. 61.

184. Im Internet finden sich unter den Suchbegriffen zum »Still-face-Experiment« (deutsch: Experimente mit ausdruckslosem Gesicht) des Entwicklungspsychologen Edward Tronick etliche kommentierte Ausschnitte dieser Versuchsreihe.

185. Hüther (2019), S. 113 f.

186. Hart (2017), S. 62.

187. Ruppert (2016).

188. Juul & Jensen (2019), S. 31 f., und Bauer (2011).

189. Vgl. Orth (2014). Selbstwert ist eine veränderliche Eigenschaft: Ein hohes Selbstwertgefühl ist über den Lebenslauf eher stabil. Ein niedriger Selbstwert hat Höhen und Tiefen.

190. Seneca, A. L. (d. J.). Moralische Briefe an Lucilius. XVII/XVIII, CIV, 26.

191. Diese Gedanken bauen auf der Definition und den Gedanken zur Beziehungskompetenz von Jesper Juul und Helle Jensen (2019) auf. Sie sind hilfreich, um zu verstehen, wie wir elterliche Kompetenzen auf die Arbeit mit Kindern übertragen können, ohne diese zwei sehr unterschiedlichen Beziehungsqualitäten miteinander zu vermischen. Ihre Definition lautet: »Beziehungskompetenz ist die Fähigkeit des Lehrers, das Kind und seine jeweilige Realität (es zu seinen Bedingungen) zu sehen und sein persönliches Verhalten entsprechend anzupassen, ohne seine Führungsrolle aufzugeben. Es ist auch die Fähigkeit, authentisch im Kontakt zu bleiben, sowie die Fähigkeit und Bereitschaft, die volle Verantwortung für die Qualität der Interaktion zu übernehmen.«, S. 136.

192. Der Begriff »Fach-persönliche Entwicklung« wurde von Jesper Juul und Helle Jensen eingeführt, um die berufsspezifischen Entwicklungsprozesse benennen zu können. Vgl. Juul & Jensen (2019), S. 212 ff.

193. »Neben der personalen Gewalt, die direkt von einem Täter ausgeübt wird, wird in der Forschung auch von struktureller Gewalt oder struktureller Rücksichtslosigkeit gesprochen. Strukturelle Gewalt geht nicht von einer handelnden [Person] aus, sondern ist in das Gesellschaftssystem eingebaut.« (www.gewaltinfo.at).

194. Hart (2017), S. 59.

195. Brené Brown on Empathie https://www.youtube.com/watch?v=1Evwgu369Jw. Abgerufen am 30.8.2019.

196. Vgl. Sachse (2010).

197. Perry (2011), S. 16.

198. Warum wir Menschen auf Heilsversprechen und narzisstische Selbstdarsteller trotzdem manchmal hereinfallen, beschreibt Bärbel Wardetzki (2018) sehr präzise.

199. Einer der bekanntesten Kommunikationswissenschaftler unserer Zeit, Paul Watzlawick, hat in der Erforschung dieser Prozesse festgestellt, dass die Beziehungsebene im Gespräch immer die Inhaltsebene bestimmt (es ist in seiner Theorie das 2. Axiom). Jesper Juul nennt diese Ebene die Prozessebene.

200. Ich kann dieses Thema hier nur anreißen. Jeder Fall und jede Situation ist und bleibt individuell, und es macht Sinn, gemeinsam mit dem Team und/oder Fachleuten den Umgang mit diesen Grenzen zu entwickeln. Bruce Perry (2011) beschreibt seinen Umgang und seine Suche nach diesem persönlichen Umgang im Kapitel »Tinas Welt« sehr detailliert und schön.

201. Diese Fähigkeit ist eine der wichtigsten, um nicht Opfer von Mobbing oder Belästigung zu werden.

202. Perry (2011), S. 17.

203. Felitti et al. (1998) und Schubert (2017).

204. Levine & Kline (2004), S. 14.

205. Schubert (2017).

206. Porges (2017), S. 20.

207. Porges (2017) und Levine & Kline (2004).

208. Rahm (2014).

209. Séché (2003), S. 32.

210. Vgl. Davis (2012), S. 23.

211. Porges (2017), S. 82.

212. Ebd., S. 82.

213. Vgl. Bauer (2011), S. 60.

214. Rupert (2016).

215. Davis (2015), S. 34.

216. Grunddynamiken des Trauerns bei Kindern sind in Juen & Werth (2016) zusammengefasst.

217. Pollak, K.: Interview mit dem Neurologen Wolfgang Lalouschek auf derStandard.at vom 29.5.2019. https://derstandard.at/2000102894966/Neurologe-Lalouschek-Burnout-wird-von-vielen-missbraucht. Abgerufen am 3.9.2019.

218. Porges (2017), S. 26, 27, 70 und 83.

219. Porges (2017), S. 68 und vorangegangene Gedanken auf S. 22.

220. Harms (2019).

221. Ebd.

222. Ebd.

223. Dieser Begriff stammt von der Anerkennungsforscherin Anne-Lise Løvlie Schibbye. Vgl. persönliche Kommunikation zum Vortrag: »Conference Helsingør Oct 2011«.

224. Bentzen & Hart (2015), S. 28.

225. Diese Ausdrucksweise stammt vom Säuglingsforscher Daniel N. Stern (2010).

226. Mehr dazu in: Menges, R. (2009): Umgang mit Fehlern beim Selbstregulierten Lernen, in: Eckert, E. und Hammerer, F. (2009): Untersuchungen und Ansätze zur Weiterentwicklung der Montessori-Pädagogik in Österreich. Weitere Gedanken zum Umgang mit Scheitern: https://www.robinmenges.at/blog/gscheit-scheitern. Abgerufen am 3.9.2019.

227. Stern (2004), S. 368.

228. Juul (2016), S. 21.

229. Döner, in: »brand eins«, 07/19, S. 39.

230. Porges (2017), S. 26.

231. Dieser Begriff stammt von Thomas Harms und wird in seinem Buch »Keine Angst vor Babytränen« sowie in anderen Büchern über die EEH (Emotionelle Erste Hilfe) ausführlich behandelt.

232. Juul & Jensen (2019), S. 179.

233. Bentzen & Hart (2015), S. 225 f.

234. Im Blog »HONY – Humans of New York« finden sich viele Geschichten von Menschen, die unter schwierigen Voraussetzungen ihren eigenen Weg gefunden haben. Der Fotoblogger Brandon Stanton hat eine sehr unkomplizierte und persönliche Art, Menschen direkt in dem wahrzunehmen, was sie in ihrem Selbst ausmacht, und das in eigenen Worten zu Papier zu bringen. www.humansofnewyork.com. Abgerufen am 3.9.2019.

235. Wenn du Anregungen für die Arbeit mit Kindern suchst, die ihren Zugang zu sich selbst, ihre Empathie und Achtsamkeit stärken, empfehle ich das Buch von Helle Jensen (2015): »Hellwach und ganz bei sich. Achtsamkeit und Empathie in der Schule«.

236. www.gefuehlsmonster.de. Abgerufen am 3.9.2019.

237. Daniel N. Stern verwendet diesen Begriff, um die Lebendigkeit der Prozesse der Synchronisation zwischen Mutter und Baby zu beschreiben.

238. Dieser Begriff stammt von einer Klientin von mir, ich finde ihn sehr stimmig und schön.

Über die Autorin

Mag. Robin Menges
Geboren 1969, beschäftigt sich als klinische Psychologin, Supervisorin und Familientherapeutin in freier Praxis in Innsbruck intensiv mit Fragen der alltäglichen Beziehungsgestaltung sowie der professionellen Beziehungskompetenz in der sozialen Arbeit, Schule und Beratung. Seit 2005 arbeitete sie an der Seite von Jesper Juul (gestorben im Juli 2019) und Helle Jensen an der Weiterentwicklung der erlebnisbasierten und beziehungsorientierten Beratung und leitet das Ausbildungsinstitut IGfB (Internationale Gesellschaft für Beziehungskompetenz) in Innsbruck.

»Egal was wir tun, wir kommen um uns selbst nicht herum, und doch ist das Verhältnis zu uns selbst meist nicht ganz entspannt. Um nicht zu sagen, dass uns dieses Verhältnis eigentlich oft das Leben schwer macht. Die Stärkung des Selbstwertgefühls ist Beziehungsarbeit: zu sich selbst und zu anderen.«
Robin Menges

www.robin-menges.at
www.igfb.org